"十二五"职业教育国家规划教材
经全国职业教育教材审定委员会审定

汽车底盘检测与维修实训

第3版

主　编　吉武俊　娄学辉
副主编　王　彪　杨　超
参　编　刘凌飞　陈小强　翟慧颖

机械工业出版社

本书是"十二五"职业教育国家规划教材《汽车底盘检测与维修实训（第 2 版）》的修订版。

本书通过对汽车底盘典型实例的分析，系统阐述了汽车底盘的构造、工作原理，以及汽车底盘及其总成的拆装、维护、检修方法。本书的主要内容包括汽车维修工具的使用、离合器的拆装与检修、手动变速器的拆装与检修、自动变速器的拆装与检修、传动轴与万向传动装置的检修、驱动桥的检修与调整、行驶系统的拆装与检修、转向系统的拆装与检修、制动系统的拆装与检修，并附有汽车安全作业个人安全防护规则。

本书主要供高等职业院校汽车运用与维修专业教学使用，也可作为相关行业人员岗位培训或自学用书，还可供汽车维修技术人员参考。

本书配有电子课件、教学视频等资源。凡使用本书作为教材的教师均可登录机械工业教育服务网（http://www.cmpedu.com）注册后免费下载电子课件，关注"大国技能"公众号后回复"70530"即可获取教学视频。

图书在版编目（CIP）数据

汽车底盘检测与维修实训/吉武俊，娄学辉主编. —3 版. —北京：机械工业出版社，2022.6

"十二五"职业教育国家规划教材

ISBN 978-7-111-70530-7

Ⅰ.①汽… Ⅱ.①吉… ②娄… Ⅲ.①汽车-底盘-检测-高等职业教育-教材 ②汽车-底盘-车辆修理-高等职业教育-教材 Ⅳ.①U472.41

中国版本图书馆 CIP 数据核字（2022）第 058928 号

机械工业出版社（北京市百万庄大街 22 号　邮政编码 100037）
策划编辑：陈玉芝　王　博　责任编辑：王　博　关晓飞
责任校对：肖　琳　刘雅娜　封面设计：张　静
责任印制：任维东
北京圣夫亚美印刷有限公司印刷
2022 年 7 月第 3 版第 1 次印刷
184mm×260mm · 17.5 印张 · 442 千字
标准书号：ISBN 978-7-111-70530-7
定价：49.80 元

电话服务	网络服务
客服电话：010-88361066	机　工　官　网：www.cmpbook.com
010-88379833	机　工　官　博：weibo.com/cmp1952
010-68326294	金　　书　　网：www.golden-book.com
封底无防伪标均为盗版	机工教育服务网：www.cmpedu.com

前 言

"十四五"期间,向高质量发展转变,将是我国国民经济和社会发展的重中之重。要完成这种转变和调整,就必须有一大批高素质的技术技能型人才作为后盾。为了积极推进职业教育课程改革和教材建设,更好地满足职业教育改革与发展的需要,我们按照教育部颁布的《汽车运用与维修专业领域技能型紧缺人才培养培训指导方案》的要求,紧密结合目前汽车维修行业的实际需求,对《汽车底盘检测与维修实训(第2版)》进行了修订。

本书符合国家对技术技能型紧缺人才培养和培训工作的要求,注重以就业为导向、以能力为本位,面向市场、面向社会,体现了职业教育的特色,能够满足汽车运用技术领域高技能型人才培养的需要。

在本书的编写过程中,认真总结了全国开设汽车专业院校多年来的教学经验,注重吸收发达国家先进的职业教育理念和方法,形成了以下特色:

1. 与《汽车发动机检测与维修实训》《汽车电控系统检测与维修实训》《汽车电器检测与维修实训》《汽车故障诊断与排除实训》组合,搭建专业基本能力培养平台,以若干专门化的项目来适应各地院校的实际需求。

2. 打破传统教材的章节体例,以专项能力培养为模块确定知识目标和能力目标,使学生培养过程实现"知行合一"。

3. 以行业关键技术操作岗位和技术管理岗位的能力要求为核心,确定专业知识和能力培养目标,在内容选择上注重汽车后市场岗位对人才知识、能力方面的要求,力求与相应的职业资格标准衔接,并较多地反映新知识、新技术、新工艺、新方法,为毕业生能顺利进入汽车后市场岗位奠定了良好的基础。

4. 力图形成开放体系,将随行业实际变化对内容及时进行更新或改编。

本书由河南职业技术学院吉武俊、娄学辉担任主编,王彪、杨超担任副主编,刘凌飞、陈小强、翟慧颖参与编写。

在本书的编写过程中,参考了相关文献资料,在此向这些文献资料的作者表示衷心的感谢!

由于编者经历和水平有限,本书内容难以覆盖全国各地的实际教学情况,希望各教学单位在积极选用和推广本书的同时,随时提出修改意见和建议,以便再版时改正。

编 者

目　录

关注大国技能公众号
回复"70530"获取教学视频

大国技能

前言

绪论 ………………………………………………………………………………………… 1

模块一　汽车维修工具的使用 ……………………………………………………… 4
项目 1.1　常用工具的使用 …………………………………………………………… 4
项目 1.2　常用量具的使用 …………………………………………………………… 12
项目 1.3　汽车常用举升起重设备的使用 …………………………………………… 20

模块二　离合器的拆装与检修 ……………………………………………………… 29
项目 2.1　离合器及操纵机构的拆装 ………………………………………………… 29
项目 2.2　离合器总成主要零件的检修 ……………………………………………… 34
项目 2.3　离合器及操纵机构的调整 ………………………………………………… 41

模块三　手动变速器的拆装与检修 ………………………………………………… 47
项目 3.1　手动变速器的拆装 ………………………………………………………… 47
项目 3.2　手动变速器的检修 ………………………………………………………… 53
项目 3.3　东风 EQ1090E 型载货汽车变速器的拆装 ………………………………… 58
项目 3.4　分动器的拆装 ……………………………………………………………… 63

模块四　自动变速器的拆装与检修 ………………………………………………… 67
项目 4.1　自动变速器基本部件的拆装 ……………………………………………… 67
项目 4.2　自动变速器行星齿轮的拆装 ……………………………………………… 73
项目 4.3　液力变矩器的检修 ………………………………………………………… 79
项目 4.4　液压泵的检修 ……………………………………………………………… 83

项目 4.5　行星齿轮机构的检修 …………………………………………………… 87
项目 4.6　制动器的检修 …………………………………………………………… 90
项目 4.7　离合器的检修 …………………………………………………………… 94
项目 4.8　阀板的检修 ……………………………………………………………… 98
项目 4.9　01M 型自动变速器的拆装与检修 …………………………………… 101

模块五　传动轴与万向传动装置的检修 ……………………………………… 126

项目 5.1　万向传动装置的拆装与检修 ………………………………………… 126
项目 5.2　万向传动装置的装配 ………………………………………………… 133
项目 5.3　载货汽车万向传动装置的维修 ……………………………………… 137

模块六　驱动桥的检修与调整 …………………………………………………… 148

项目 6.1　主减速器的拆卸与分解 ……………………………………………… 148
项目 6.2　差速器的拆装 ………………………………………………………… 152
项目 6.3　主减速器的调整 ……………………………………………………… 156
项目 6.4　载重车辆主减速器和差速器的拆装与调整 ………………………… 160

模块七　行驶系统的拆装与检修 ………………………………………………… 175

项目 7.1　前桥及前悬架的拆装与检修 ………………………………………… 175
项目 7.2　减振器的检修 ………………………………………………………… 180
项目 7.3　后桥及后悬架的拆装与检修 ………………………………………… 185
项目 7.4　轮胎的检修 …………………………………………………………… 188
项目 7.5　电控悬架的检修 ……………………………………………………… 193
项目 7.6　四轮定位仪的使用与车轮定位检测 ………………………………… 197
项目 7.7　车轮定位的调整 ……………………………………………………… 205

模块八　转向系统的拆装与检修 ………………………………………………… 211

项目 8.1　机械转向系统的检修 ………………………………………………… 211
项目 8.2　液压动力转向系统的检修 …………………………………………… 217
项目 8.3　电子控制动力转向系统的检修 ……………………………………… 222

模块九　制动系统的拆装与检修 ………………………………………………… 232

项目 9.1　气压制动系统的分解与检修 ………………………………………… 232
项目 9.2　气压制动系统的安装与调整 ………………………………………… 240
项目 9.3　液压制动系统的拆装与测量 ………………………………………… 243
项目 9.4　制动液与真空助力器的更换 ………………………………………… 260

附录　汽车安全作业个人安全防护规则 ……………………………………… 270

参考文献 …………………………………………………………………………… 273

绪 论

一、汽车底盘维修实训的目的和要求

1. 汽车底盘维修实训的目的

1)使学生掌握汽车底盘维修的基本操作技能,进一步掌握汽车底盘各总成、主要零部件的检测与维修方法,掌握汽车底盘的装配、调整,以及故障诊断与排除的工艺和方法,具有一定解决实际问题的能力,并进一步巩固和充实所学的知识。

2)使学生具有辩证思维的能力,实事求是、严肃认真的科学态度与工作作风,养成良好的职业道德和劳动观念。

2. 汽车底盘维修实训的要求

1)具有操作汽车底盘维修常用工具、量具、仪表和设备的能力。

①熟练掌握汽车底盘维修常用工具、量具、仪表等的使用方法。

②了解汽车底盘维修及试验设备的功用、性能、工作原理及应用范围。

③掌握汽车举升机、千斤顶、传动轴动平衡试验机、车轮动平衡仪、四轮定位仪等维修机具设备的使用方法。

2)具有汽车底盘维护的能力。

①了解汽车底盘维护作业的内容和要求。

②掌握汽车底盘各总成的清洁、润滑、检查、调整、紧固等维护作业的操作方法。

3)具有汽车底盘修理的能力。

①理解汽车底盘各总成的结构及各总成之间的装配连接关系。

②了解汽车底盘主要零件的修理加工方法。

③掌握汽车底盘各总成就车拆卸与安装、总成解体与装合、零部件检测与分类的要求和方法。

二、汽车零件的清洗及除锈

为了保证零件检修的质量,必须对拆下的零件进行清洗、除锈等工作。

(1)清洗油污 清洗油污的方法大体上有有机溶剂清洗、碱溶液清洗和化学合成水基清洗等几种。

1)有机溶剂清洗。常用的有机溶剂有煤油、汽油、柴油和酒精等。其溶解油污的能力强,不需要特殊设备,不损伤零件,但易燃、不安全、清洗成本高。

2)碱溶液清洗。碱溶液的主要成分是碱性物质与乳化剂。常用的碱性物质有烧碱(氢氧化钠)、碳酸钠和硅酸钠等。由于烧碱腐蚀性较大,故不能用于有色金属、塑料和橡胶等零件的清洗。常用的乳化剂有肥皂、液态肥皂和合成洗涤剂等。清洗时先将配好的碱溶液加热至80~90℃，再把零件放入其中浸煮10~15min，然后进行清洗，接着用清水冲洗，最后用压缩空气吹干。

3) 化学合成水基清洗。水基金属清洗剂是以表面活性剂为主的合成洗涤剂，在80℃左右清洗效果最好。

(2) 除锈　零件表面锈蚀物可用机械方法和化学方法除去。常用的机械方法有刷、磨、喷砂等。化学方法除锈是指用酸性溶液洗刷，常用的酸性溶液有经过配制的盐酸溶液、硫酸溶液和磷酸溶液等。

(3) 清除旧漆　旧漆层一般用有机退漆剂和碱性溶液退漆剂清除。使用时将退漆剂刷在旧漆层上，待其膨胀后用木刮板刮掉，然后再用甲苯或汽油擦拭。

三、汽车底盘维修实训的方法

为达到上述教学目的，建议采取以下两个教学步骤：

1) 由指导教师边操作示范边讲授，学生以观察为主，辅以适当的实际操作，结合课堂教学内容进行讨论，使课堂教学得以深化和巩固。

2) 按实训要求由指导教师指导学生独立完成实训内容，并进行记录。

四、实训安全教育

1. 安全注意事项

1) 注意人身和机件的安全，不了解的要先了解，后动手。特别注意在车下工作时的人身安全。

2) 未经许可，不准搬动机件和乱动电器开关。

3) 注意防火、防腐蚀。

4) 认真接受实训前的安全知识教育。

2. 操作注意事项

1) 注意工、量具和教具的正确使用方法。

2) 严格按技术规范、操作工艺要求进行操作。

3) 在拆装机件时，应首先弄清该部位是否可拆，再进行拆卸，不能强行拆卸；应将拆下的零件按一定顺序放置于零件盘内，做到工具零件不落地。

4) 清洗金属机件时应用专用的清洗液，清洗后用压缩空气吹干。清洗非金属机件时应根据不同的材质，采用不同的清洗液。例如，制动皮碗、皮圈等应用酒精或制动液清洗，不得用汽油、柴油或碱溶液清洗；又如，离合器摩擦片和制动蹄摩擦片可用少许汽油刷洗，但不能用碱溶液清洗。

5) 润滑时应按各部位润滑点的规定，加注相应质量和数量的润滑油（脂），严防漏油、错加或混加。

6) 装配时，应先将零部件用规定的清洗液清洗干净，然后吹干，并按规定对需加润滑油的零件加注润滑油。

7) 对于需调整的部位，应按出厂技术数据或技术规程规定的数据进行调整。

8) 注意拧紧螺钉、螺母、螺栓的顺序；有规定力矩要求的，必须以规定力矩拧紧。

9) 使用千斤顶时，要严格按操作规程进行。

10）进行车底作业时应挂牌示意。
11）应保持实训场地的清洁、整齐。

3. 环保要求

在维修过程中要做好环境保护工作，对废水、废油及废液等，不乱放乱倒，做到专门回收处理，要妥善处理好维修过程中产生的有害物质（如废气、烟尘和噪声等）。

模块一　汽车维修工具的使用

项目1.1　常用工具的使用

1) 掌握汽车常用工具的规格、构造。
2) 掌握汽车常用工具的使用方法。
3) 熟悉汽车常用工具的维护和保养方法。
4) 准确地识别和选择各种类别、型号的工具,并能够正确地使用。

 　　（注：凡有 标识处均可在扫描目录处二维码后,按提示获取视频资源。）

一、普通扳手

1. 呆扳手（见图1-1）

呆扳手是最常见的一种扳手,按形状分类有双头呆扳手和单头呆扳手两种。其作用是紧固、拆卸标准规格的螺母和螺栓。其开口的中间平面和本体中间平面成一定角度（有15°、45°、90°等多种）,这样既能适应人手的操作方向,又可降低对操作空间的要求,以便在受限制的部位扳动。双头呆扳手的规格以两端开口的对边尺寸 $S_1 \times S_2$ 表示,如 8mm×10mm、12mm×14mm 等,通常为成套装备,有8件套和10件套等。呆扳手一般用45钢或50钢锻造,并经过热处理。

图1-1　呆扳手

2. 梅花扳手（见图1-2）

梅花扳手与呆扳手的用途相似,但其两端是环状的,环的内孔由两个正六边形互相同心错转30°而成,可将螺栓或螺母头部套住。使用时,将梅花扳手扳动30°后即可换位再套,因而适用于狭窄场合。与呆扳手相比,梅花扳手强度高,使用时不易滑脱,但套上、取下不方便。双头梅花扳手（俗称眼镜扳手）的规格以对边尺寸 $S_1 \times S_2$ 表示,如 8mm×10mm、12mm×14mm 等,通常为成套装备,有8件套、10件套等。梅花扳手一般用45钢或40Cr钢锻造,并经过热处理。

3. 棘轮扳手（见图1-3）

棘轮扳手（全称为棘轮套筒扳手）除了具有一般扳手的用途外,特别适用于旋转部位很狭小或隐蔽于较深处的六角螺母和六角头螺栓。其材料、环孔形状与梅花扳手相同。棘轮扳手主要由套筒头、手柄、棘轮手柄、快速摇柄、接头及接杆等组成，不同的手柄适用的场合不同。由于棘轮扳手各种规格是组装成套的，所以使用方便、效率高。常用棘轮扳手的规格是8～32mm。

图1-2 双头梅花扳手

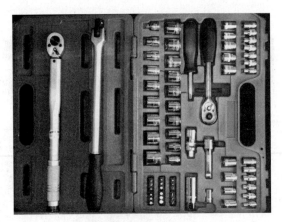

图1-3 棘轮扳手（套装）

4. 活扳手（见图1-4）

活扳手由固定扳唇、活动扳唇、扳口、调节螺杆、手柄和轴销组成，使用场合与呆扳手相同。活扳手的开口尺寸能在一定的范围内任意调整。其优点是遇到不规则的螺母或螺栓时能更好地发挥作用，因此应用较广。其规格以最大开口宽度（mm）表示，有14mm、19mm、24mm、30mm、36mm、46mm、55mm和65mm等；另外，其规格还可以长度（mm）表示，有100mm、150mm、200mm、250mm、300mm、375mm、400mm和600mm等。活扳手通常由碳素钢或铬钢制成。

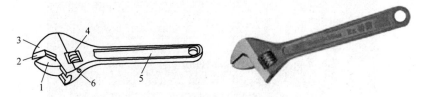

图1-4 活扳手

1—活动扳唇 2—扳口 3—固定扳唇 4—调节螺杆 5—手柄 6—轴销

5. 扭力扳手（见图1-5）

扭力扳手是一种可读出所施力矩大小的扳手，由扭力杆和套筒头组成。凡是对螺母、螺栓的力矩有明确规定的（如气缸盖、曲轴与连杆的螺栓和螺母等），都要使用扭力扳手。其规格以最大可测力矩表示，汽车装配常用的有 0～300N·m、0～500N·m 两种。扭力扳手除用来控制螺纹件的旋紧力矩外，还可以用来测量旋转件的起动转矩，以检查配合、装配情况。

6. 内六角扳手

内六角扳手用于拆装六角头螺栓（螺塞）。其规格以六角形对边尺寸 S 表示，在 0.7～36mm 范围内共有34种。汽车维护作业中使用成套的内六角扳手来拆装规格为 M4～M30 的内六角头螺栓。

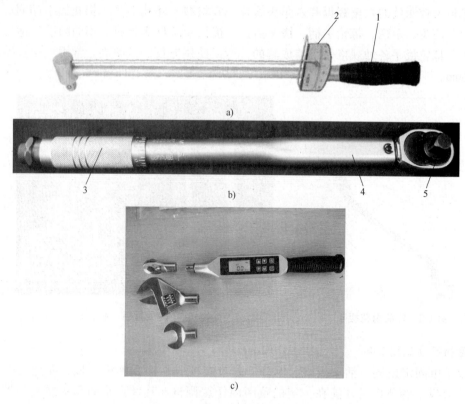

图 1-5 扭力扳手

a）指针式扭力扳手 b）预调式铰接扭力扳手 c）数显式扭力扳手
1—手柄 2—刻度盘 3—带刻度的手柄 4—预调试铰接 5—棘轮头

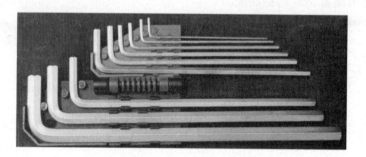

图 1-6 内六角扳手

二、螺钉旋具

螺钉旋具是用来拧动螺钉的工具,由手柄、刀体和刃口组成,通常分为一字槽螺钉旋具和十字槽螺钉旋具两类,如图 1-7 所示。

1. 一字槽螺钉旋具

一字槽螺钉旋具用于旋紧或松开头部开一字沟槽的螺钉。其工作部分一般用碳素工具钢制成,并经淬火处理。其规格以不含握柄刀体部分

图 1-7 螺钉旋具

的长度表示，常用的规格有 50mm、65mm、75mm、100mm、125mm、150mm、200mm、250mm、300mm、350mm 和 400mm 等，刀体直径有 3mm、4mm、5mm、6mm、7mm、8mm、9mm 和 10mm 等几种。使用时，应根据螺钉头部沟槽的宽度选用相应规格的一字槽螺钉旋具。

2. 十字槽螺钉旋具

十字槽螺钉旋具用于旋紧或松开头部带十字沟槽的螺钉。其材料和规格与一字槽螺钉旋具相同。

三、锤子

锤子按锤头的材料不同分为铜锤、铁锤、木锤、橡胶锤等。汽车维修中常用的是铁锤，铁锤又分为圆头锤和横头锤两种，而又以圆头锤最为常用。圆头锤如图 1-8 所示，锤头一端平面略呈弧形，是基本工作面；另一端是球面，用来敲击凹凸状的工件。其规格以锤头质量来表示，以 0.5~0.75kg 的锤子最为常用。锤头用 45 钢、50 钢锻造，两端工作面经过热处理后，硬度一般为 50~57HRC。

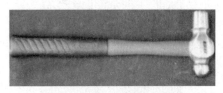

图 1-8　圆头锤

四、手钳

常见的手钳有钢丝钳、鲤鱼钳、尖嘴钳和卡簧钳等。

1. 钢丝钳

钢丝钳如图 1-9 所示。钢线钳按长度可分为 150mm、175mm 和 200mm 三种，主要用于夹持圆柱形零件，也可以代替扳手旋动小螺栓或小螺母，钳口后部的刃口可用于剪切金属丝。

2. 鲤鱼钳

鲤鱼钳如图 1-10 所示。钳头的前部是平口细齿，适用于夹捏普通小零件；中部凹口粗长，用于夹持圆柱形零件，也可以代替扳手旋动小螺栓或小螺母；钳口后部的刃口可用于剪切金属丝。由于一片钳体上有两个互相贯通的孔，又有一个特殊的销子，所以操作时钳口的张开度能够很方便地变化，以适应不同大小的零件。鲤鱼钳是汽车维修作业中经常使用的工具。其规格以长度表示，一般有 165mm 和 200mm 两种。锂鱼钳通常用 50 钢制成。

3. 尖嘴钳

尖嘴钳其因头部细长而得名，如图 1-11 所示。尖嘴钳能在较小的空间里使用，刃口能剪切细小金属丝，但使用时用力不能太大，否则钳口头部易变形或断裂。其规格以长度表示，汽车拆装时常用的是规格为 160mm 的尖嘴钳。

图 1-9　钢丝钳　　　　　图 1-10　鲤鱼钳　　　　　图 1-11　尖嘴钳

4. 卡簧钳

卡簧钳也称挡圈钳，有多种结构，适用于拆装发动机中的各种卡簧（挡圈）。使用时应根据卡簧（挡圈）的结构，选择相应的卡簧钳。图 1-12a、b 所示分别为常用的孔用卡簧钳和轴用卡簧钳。

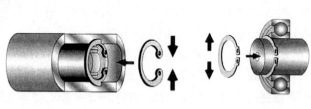

a) b)

图 1-12 卡簧钳

a) 孔用卡簧钳 b) 轴用卡簧钳

一、呆扳手的使用

使用呆扳手时有以下注意事项：

1）所选用呆扳手的开口尺寸必须与螺栓或螺母的尺寸相符合，开口过大易滑脱并损伤螺母的角。维修进口汽车时，应注意扳手公制尺寸和零件英制尺寸的换算。各类扳手的选用原则一般为：优先选用套筒扳手，其次为梅花扳手，再次为呆扳手，最后选活扳手。

2）为防止扳手损坏和滑脱，应使拉力作用在开口较厚的一边，如图 1-13 所示。对受力较大的呆扳手尤其应该注意，以防开口出现"八"字形，损坏螺母和扳手。

3）普通扳手是按人手的力量来设计的，因此遇到较紧的螺纹联接件时，不能用锤击打扳手。除套筒扳手外，其他扳手都不能套装加力杆，以防损坏扳手或螺纹联接件。

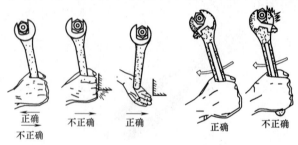

图 1-13 扳手的正确和不正确使用方法

二、梅花扳手的使用

梅花扳手的钳口呈双六角形，可以容易地装配螺栓或螺母，即使在有限的空间内也可实现重新安装。另外，由于螺栓或螺母的六角形表面被包住，因此没有损坏螺栓角的危险，同时可施加大力矩。由于手柄具有一定的角度，因此可用于在凹进空间或在平面上旋转螺栓或螺母。

使用时首先应选择合适的尺寸，否则极易损伤扳手和螺母。应尽量使用拉力，如果由于空间限制无法拉动工具，可用手掌推。对于已经拧得很紧的螺栓或螺母，可以通过施加冲击力来将其轻松松开，如图 1-14 所示。但是，不能使用锤子和管子（用来加长手柄）来增加力矩，如图 1-15 所示。

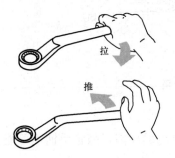

图 1-14 梅花扳手的正确使用

图 1-15 扳手的不正确使用

三、活扳手的使用

活扳手可通过旋转调节螺杆来改变开口尺寸。一把活扳手可代替多把呆扳手，特别是可适用于尺寸不规则的螺母或其夹紧操作。使用时转动调节螺杆，使开口与螺母或螺栓头部配合完好，并注意使拉力作用在固定扳唇的一边，否则将使压力作用在调节螺杆上，导致其损坏，如图 1-16 所示。

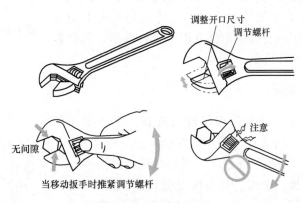

图 1-16 活扳手的使用

四、棘轮扳手的使用

扳动棘轮扳手上的换向手柄可以改变扳手的用力方向，对于常用的螺母和螺栓，往左转为拧紧，往右转为松开，因此不需要取下套筒头就可以对螺母和螺栓进行往复操作，从而提高了工作效率。另外，棘轮扳手可以以小的回转角锁住，以便在有限的空间中工作。但应注意，内部的棘轮不能承受较大的力，因此不要施加过大的力矩，以防损坏棘爪的结构，如图 1-17 所示。

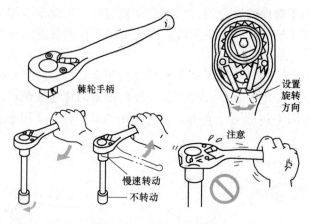

图 1-17 棘轮扳手的使用

注意：

1）棘轮手柄适合在狭窄的空间中使用。由于棘轮结构的原因，棘轮手柄不可能获得很大的力矩。

2）滑动手柄要求极大的工作空间，但能够提供最快的工作速度。

3）旋转手柄在调整好手柄后可以迅速工作，但此手柄很长，很难在狭窄的空间内使用。

五、扭力扳手的使用

扭力扳手的使用方法如图 1-18 所示。使用时一只手按住套筒一端，另一只手平稳地拉动扭力扳手的手柄，并观察扭力扳手指针指示的力矩数值。切忌在过载的情况下使用扭力扳手，以免造成读数失准或扳手损坏。使用后应将扭力扳手平稳放置，避免由于重物撞压而造成扭力杆或扳手指针变形，从而影响其测量精度，甚至损坏扳手。

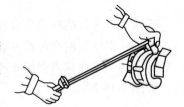

图 1-18 扭力扳手的使用方法

六、螺钉旋具的使用

正确的使用方法是：以右手握住螺钉旋具，手心抵住柄端，使螺钉旋具与螺钉同轴心。当开始拧松或最后拧紧时，应用力将螺钉旋具压紧后用手腕扭转。当螺钉松动后用手心轻压螺钉旋具，用拇指、中指、食指快速扭转，如图 1-19a 所示。使用长杆螺钉旋具时，可用左手协助压紧和拧动手柄。刃口应与螺钉槽口大小、宽窄、长短相适应，刃口不得残缺，以免损坏槽口和刃口，如图 1-19b 所示。

螺钉旋具使用时的注意事项：

1）使用前先擦净油污，以免工作中滑脱而发生意外。

2）选用的螺钉旋具应与螺钉上的槽口吻合，刃口太薄

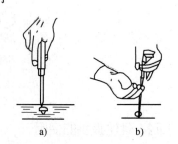

图 1-19 螺钉旋具的正确使用
a）右手握住螺钉旋具 b）左手协助

易折断,太厚则易使螺钉旋具和螺钉槽口损坏,如图1-20a所示。

3) 使用时不允许将工件拿在手上拆装螺钉,以免螺钉旋具从手中滑出而伤手。

4) 不允许将螺钉旋具当撬杠使用(见图1-20b),不允许用锤子敲击旋柄(见图1-20c)。

5) 不允许用扳手转螺钉旋具的尾端来增加扭力,以免使螺钉旋具发生弯曲或扭曲变形,如图1-20d所示。

6) 使用完毕后擦拭干净。

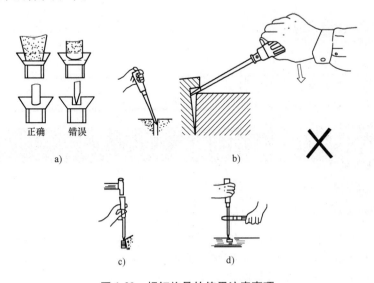

图1-20 螺钉旋具的使用注意事项

a) 与槽口吻合 b) 不许当作撬杠 c) 不许敲击旋柄 d) 不许用扳手转尾端

七、锤子的使用

1) 敲击时,右手握住锤柄后端(食指距尾端约10mm处),握力适度,眼睛注视工件,握锤方法如图1-21所示。

2) 挥锤方法有三种:手挥、肘挥和臂挥。手挥时只有手腕动,锤击力小,但准、快、省力。肘挥时手腕与肘部一起挥动做锤击动作,挥动幅度较大,锤击力较大。臂挥时大臂和小臂一起运动,锤击力最大。挥锤方法如图1-22所示。

图1-21 握锤方法

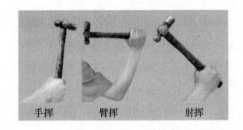

图1-22 挥锤方法

3) 手柄应安装牢固,用楔塞牢,防止锤头飞出伤人。

4) 锤头应平整地击打在工件上,不得歪斜,防止破坏工件表面。

5) 拆卸零部件时,禁止直接锤击重要表面或易损部位,以防破坏或损伤表面。

八、手钳的使用

1) 用手握住钳柄后端，使钳口打开后关闭，夹紧工件。
2) 不能用手钳代替扳手来拧紧或拧松螺栓、螺母，以免损坏螺栓、螺母头部棱角。
3) 不能将钳柄当撬杠使用，以免将其弯曲、折断或损坏。
4) 不能用力太大，否则钳口头部会变形，销轴会松动。

1. 怎样正确使用扭力扳手？
2. 简述选用扳手的优先顺序。

项目1.2　常用量具的使用

1) 掌握汽车常用量具的规格和结构。
2) 掌握汽车常用量具的工作原理和读数方法。
3) 熟悉汽车常用量具的使用和保养方法。
4) 准确地识别和选择各种类别、型号的量具，并能够正确运用。

相关知识

在汽车维修作业中，正确地使用量具是确保测量精度、严格执行技术标准、提高维修质量的重要保证。因此，车辆维修人员必须熟悉常用量具的使用和维护方法。量具的种类很多，汽车维修中常用量具有金属直尺、游标万能角度尺、游标卡尺、千分尺、百分表等。

一、金属直尺

金属直尺是一种简单的、可直接读数的长度测量量具，用薄钢板制成，常用于粗测工件长度、宽度和厚度。金属直尺的规格分为150mm、300mm、500mm、1000mm和1200mm等数种，最常用的是150mm、300mm两种。

二、游标卡尺

游标卡尺是一种较精密的量具，能较精确地测量工件的长度、宽度、深度及内外圆直径等尺寸，常用的规格有0～125mm、0～150mm、0～200mm、0～300mm和0～500mm等多种。游标卡尺按其分度值可分为0.1mm、0.05mm、0.02mm三种。

1. 游标卡尺的结构

游标卡尺由尺身、游标、外测量爪、刀口内测量爪、深度尺、紧固螺钉等组成，如图1-23所示。

模块一　汽车维修工具的使用

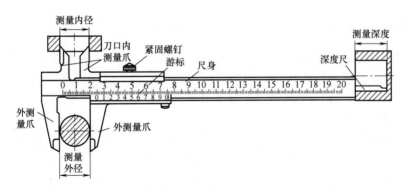

图 1-23　游标卡尺

内、外固定测量爪与尺身制成一体,而内、外活动测量爪和深度尺与游标制成一体,并可在尺身上滑动。尺身上的刻度每格为 1mm,游标上的刻度每格不足 1mm。当内、外测量爪合拢时,尺身与游标上的零刻度线应重合;当内、外测量爪分开时,尺身与游标上的刻线即相对错开。测量时,根据尺身与游标错开情况,即可在尺身上读出整数(单位为 mm),在游标上读出小数(单位为 mm)。为了使读数更准确,可拧紧紧固螺钉,使游标不再滑动。

2. 刻线原理和读数方法

游标卡尺的刻线原理和读数方法见表 1-1。

表 1-1　游标卡尺的刻线原理和读数方法

分度值/mm	刻线原理	读数方法及示例
0.1	尺身 1 格为 1mm,游标 1 格为 0.9mm,共 10 格,尺身、游标每格之差为 1mm-0.9mm=0.1mm	读数=游标零刻度线指示的尺身整数+游标与尺身重合线数×分度值 示例: 读数=90mm+4×0.1mm=90.4mm
0.05	尺身 1 格为 1mm,游标 1 格为 0.95mm,共 20 格,尺身、游标每格之差为 1mm-0.95mm=0.05mm	读数=游标零刻度线指示的尺身整数+游标与尺身重合线数×分度值 示例: 读数=30mm+11×0.05mm=30.55mm
0.02	尺身 1 格为 1mm,游标 1 格为 0.98mm,共 50 格,尺身、游标每格之差为 1mm-0.98mm=0.02mm	读数=游标零刻度线指示的尺身整数+游标与尺身重合线数×分度值 示例: 读数=23mm+13×0.02mm=23.26mm

三、千分尺

千分尺又称螺旋测微器，是比游标卡尺更精确的一种精密量具，其测量精度可达 0.01mm。其按用途可分为外径千分尺、内径千分尺、深度千分尺和螺纹千分尺等。这里只介绍常用的外径千分尺的结构、刻线原理和读数方法。

1. 外径千分尺的结构

外径千分尺是用来测量工件外部尺寸的。图 1-24 所示为外径千分尺的结构，它由测砧、测微螺杆、螺纹轴套、固定套管、微分筒、调节螺母、测力装置、锁紧装置等组成。其测量的范围分为 0~25mm、25~50mm、50~75mm、75~100mm、100~125mm 等多种。

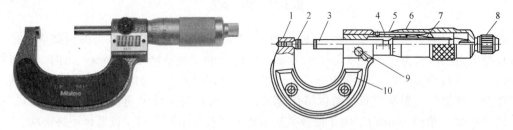

图 1-24 外径千分尺的结构

1—尺架 2—固定测砧 3—测微螺杆（移动测砧） 4—螺纹轴套 5—固定套管 6—微分筒
7—调节螺母 8—测力装置 9—锁紧装置 10—隔热板

2. 刻线原理

外径千分尺利用螺旋副传动原理，借助螺杆与螺纹轴套的精密配合，将回转运动变为直线运动，以固定套管和微分筒（相当于游标卡尺的尺身和游标）所组成的读数机构，读得被测工件的尺寸。

固定套管外面有尺寸刻线，上、下刻线每 1 格为 1mm，相邻刻线间距离为 0.5mm，如图 1-25a 所示。测微螺杆后端有精密螺纹，螺距是 0.5mm。当微分筒旋转 1 周时，测微螺杆和微分筒一同前进（或后退）0.5mm，同时，微分筒遮住（或露出）固定套管上的 1 条刻线。在微分筒圆锥面上，1 周被等分成 50 条刻线，当微分筒旋转 1 格时，即 1 周的 1/50，测微螺杆就移动 0.01mm，故外径千分尺的测量精度为 0.01mm。

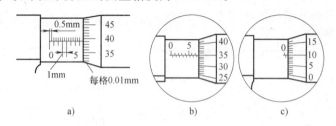

图 1-25 外径千分尺的刻度和读数示例

a）正确读数为 7.89mm b）正确读数为 7.85mm c）正确读数为 0.60mm

3. 读数方法

1）读固定套管上的 mm 和 0.5mm 数。

2）看微分筒上第几条刻线与固定套管的基线对正，即有几个 0.01mm。

3）将两个读数相加就是被测量工件的尺寸。

在图 1-25a 中，固定套管上露出来的数值是 7.50mm，微分筒上第 39 格线与固定套管上的基线正对齐，即数值为 0.39mm，此时，外径千分尺的正确读数为 7.50mm + 0.39mm = 7.89mm。在图 1-25b、c 中，外径千分尺的正确读数分别为 7.50mm + 0.35mm = 7.85mm 和 0.50mm+0.10mm=0.60mm。

四、百分表

1. 百分表的结构

百分表是一种精度较高的齿轮传动式测微量具，如图 1-26 所示。它利用齿轮齿条传动机构将测杆的直线移动转变为指针的转动，由指针指出测杆的移动距离。因为百分表只有一个测量头，所以它只能测出工件的相对数值。百分表主要用来测量机器零件的各种几何偏差和表面相互位置偏差（如平面度误差、垂直度误差、圆度误差和跳动量），也可用来测量工件的长度，故常用于工件的精密校正。它具有体积小、质量小、使用方便等特点。

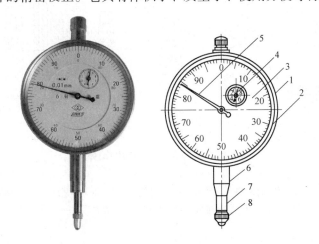

图 1-26 百分表

1—表体 2—表圈 3—表盘 4—小指针 5—主指针 6—装夹套 7—测杆 8—测头

2. 百分表的工作原理与读数方法

百分表的工作原理是：将测杆的直线位移经过齿条与齿轮传动转变为指针的角位移。百分表的刻度盘圆周被划分成 100 等分，其分度值为 0.01mm。主指针转动 1 周，测杆的位移量为 1mm；小指针转 1 格，测杆的位移量为 0.01mm，此时读数为 0.01mm。表圈和表盘是一体的，可任意转动，以便指针对准零位。小指针用以指示大指针的回转圈数。常见百分表的测量范围为 0～3mm、0～5mm、0～10mm 等。

五、内径百分表

内径百分表在汽车行业中俗称量缸表，是一种以百分表为读数机构，并由杠杆传动系统或楔形传动系统的杆部组合而成。它是用比较法来测量孔径及其几何偏差的，也可以用来测量工件上孔的尺寸精度和几何精度。

配备杠杆传动系统的内径百分表如图 1-27 所示。它的上部是百分表，下部是量杆装置，上、下部分有联动关系。测量时，被测孔的尺寸偏差借活动测头的位移，通过杠杆和传动杆传递给百分表。由于传动系统的传动比为 1，因此测头所移动的距离与百分表的指示值相等。

要想测量不同直径的气缸,需要配备长短不同的固定量杆,并在各量杆上标有测量范围,以便于选用。内径百分表的规格是按测量直径的范围来划分的,如18~35mm、35~50mm、50~160mm等。汽车维修作业中常用的规格为50~160mm。

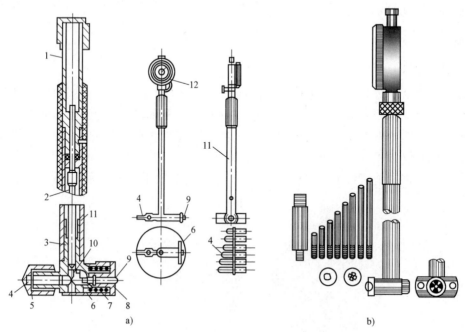

图1-27 内径百分表的结构和外形
a)结构 b)外形
1—插口 2—传动杆 3—三通管 4—固定量杆 5、8—锁紧螺母 6—活动套
7—弹簧 9—活动量杆 10—杠杆 11—表管 12—百分表

六、其他量具

1. 塞尺

塞尺也被称为厚薄规,一般是成套供应的,如图1-28所示。塞尺由不同厚度的金属薄片组成,每个薄片均有两个相互平行的平面并有较准确的厚度。塞尺的规格以长度和每组片数来表示。其长度分为50mm、100mm、200mm、300mm几种,每组片数有11~17等多种。

塞尺主要用于测量两平面或接合面之间的间隙。塞尺与平尺及等高垫块结合使用,可检验平台台面的平面度。在汽车检修中,塞尺常用来测量零件之间的配合间隙,如气门间隙、曲轴轴向间隙等。

图1-28 塞尺

2. 螺纹样板

螺纹样板俗称螺距规、螺纹规,有米制和英制两种。米制螺纹样板用来测量螺距;英制螺纹样板用来测量每寸(指英寸)牙数。它们一般是成套供应的,米制上注60°和螺距数字,英制上注有55°和每寸牙数,以区分米制、寸制和螺纹的牙型角。米制螺纹样板一套由20片组成,它的螺距有0.4mm、0.45mm、0.5mm、0.6mm、0.7mm、0.75mm、0.8mm、1mm、1.25mm、

1.5mm、1.75mm、2mm、2.5mm、3mm、3.5mm、4mm、4.5mm、5 mm、5.5mm 和 6mm。

使用时，先目测螺距，然后选择近似的一片与螺纹吻合，如果吻合严密，则该片上的数字为所测的螺距或每寸牙数。

3. 弹簧秤

弹簧秤用于测量拉力或弹力，其外壳的正面刻有量度单位，单位为 N。使用时把待测物体挂在钩上，拉动或提起圆环，弹簧就伸长，固定在弹簧上的指针也跟着移动，即可测得力的大小。

一、金属直尺的正确使用

1）在测量长度时，金属直尺应与工件平面（或轴线）保持平行，或与其顶面相垂直，否则将影响测量的准确度。

2）测量直径时，将金属直尺的尺端挤靠在圆柱边缘固定不动，而使其另一端左右摆动通过圆心时量出的最大数值即是直径的尺寸。

3）判断平面是否平直时，常将金属直尺垂直搁在平面上，通过透光来检查，从直尺侧面与平面接触处透光的强弱程度来判断平面的平直度，透光面越大，说明该平面越不平直。

4）当尺端磨损或刻线不清时，为使测量结果准确，可使工件端面与金属直尺的第二段整数刻线相齐，量出全长并减去前面空出的尺寸，即是工件的实际测量尺寸。读数时，视线应与金属直尺垂直，否则将引起测量误差。

5）不适宜用金属直尺测量温度过高工件的尺寸，否则不仅损坏金属直尺，而且由于材料的热胀冷缩特性，还会影响工件测量的准确性。

6）金属直尺必须经常保持良好的状态，不能损伤或弯曲，尺的端边和长边应保持相互垂直。

二、游标卡尺的正确使用

1. 使用方法

1）测量前应将被测工件表面擦净，使游标卡尺测量爪保持清洁。

2）测量工件外部尺寸时，应先使游标卡尺外测量爪间距略大于被测工件的尺寸，再使工件与尺身外测量爪贴合，然后使游标外测量爪与被测工件表面接触，并找出最小尺寸。测量时，要注意使外测量爪的两测量面与被测工件表面接触点的连线与被测工件表面相垂直。

3）测量工件孔内尺寸时，应使游标卡尺内测量爪的间距略小于工件的被测孔径。将测量爪沿孔中心线放入，先使尺身内测量爪与孔壁一边贴合，再使游标内测量爪与孔壁另一边接触，找出最大尺寸。同时，注意使内测量爪两测量面与被测工件内孔表面接触点的连线与被测工件内表面垂直。

4）用游标卡尺的深度尺测量工件的深度时，要使卡尺端面与被测工件的顶端平面贴合，同时保持深度尺与该平面垂直。

2. 注意事项

使用游标卡尺时应注意以下事项：

（1）检查零刻度线　使用前应先擦净卡尺，合拢测量爪，检查尺身与游标的零刻度线是否对齐,若未对齐,则应记下误差值,以便测量后修正读数。

(2) 放正卡尺　测量内外圆的尺寸时,卡尺应垂直于轴线;测量内圆的尺寸时,应使两测量爪处于直径处,避免图1-29所示的几种游标卡尺错误使用方法。

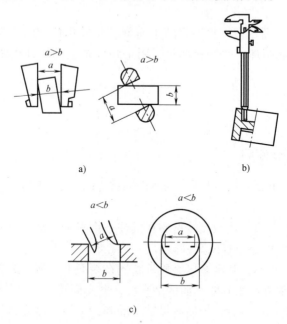

图 1-29　游标卡尺的错误使用方法

a) 几种测量外径的错误方法　b) 测量深度的错误方法　c) 测量内径和沟槽的错误方法

(3) 用力适当　测量爪与测量面接触时,用力不宜过大,以免测量爪变形和磨损,导致读数误差增大。

(4) 视线垂直　读数时视线要对准所读刻线并垂直于尺面,否则读数不准。

(5) 防止松动　取出卡尺时应使固定测量爪紧贴工件,轻轻取出,防止活动测量爪移动。

(6) 勿测毛面　卡尺属于精密量具,不得用于测量毛坯表面。

游标卡尺不能测量旋转中的工件。禁止把游标卡尺的两个测量爪当作扳手或刻线工具使用。

游标卡尺受到损伤后,绝对不允许用锤子、锉刀等工具自行修理,应交专业修理部门修理,经检定合格后才能使用。

三、外径千分尺的正确使用

1) 测量前,先将测量面擦净,并检查零位。具体检查方法为:旋转测力装置使测量面与标准棒端面接触,观察微分筒前端面与固定套管零线、微分筒零线与固定套管基线是否重合,若不重合,则应通过附带的专用小扳手转动固定套管进行调整。图1-30所示为外径千分尺零位的调整方法。

2) 测量时,左手拿尺架隔热板,右手旋转微分筒,使外径千分尺测微螺杆的轴线与工件的中心线垂直或平行,先用手转动活动套管,当测量面接近工件时,改用测力装置的螺母转动,直到听到"咔咔"的响声,说明测微螺杆与工件接触力适当,应停止转动,并严禁拧动微分筒,以免用力过度,造成测量不准确。这时外径千分尺上的读数就是工件的尺寸。为防

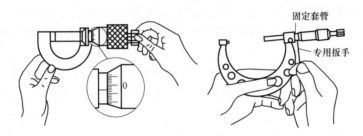

图 1-30 外径千分尺零位的调整方法

止一次测量不准,可旋松棘轮,进行多次复查,以确保测量读数的准确性。

3) 读数要细心,必要时用锁紧装置将测微螺杆固定,取下外径千分尺读出测量的数值。需特别注意,不要读错 0.5mm。

4) 不准测量毛坯或表面粗糙的工件,不准测量正在旋转的发热工件,以免损伤测量面或得不到正确的读数。

5) 外径千分尺应保持清洁,用后要擦净、涂上专用油,并妥善保管。

四、百分表和内径百分表的正确使用

1) 使用磁座百分表测量工件时,必须将其固定在可靠的支架上,如图 1-31 所示。

2) 百分表的夹装要牢固,夹紧力应适当。夹紧力过大易导致装夹套筒变形,卡住测杆。

图 1-31 百分表架及百分表的固定

3) 夹装后检查测杆是否灵活,夹紧后不可再转动百分表。

4) 测量时,测杆与被测工件表面必须垂直,否则会产生测量误差。百分表的正确位置如图 1-32 所示。

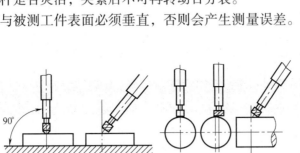

图 1-32 百分表的正确位置

5) 依被测工件表面的不同形状选用相应形状的测头,如用平测头测量球面工件,用球面测头测量圆柱形或平面工件,用尖测头或曲率半径很小的球面测头测量凹面或形状复杂的表面。

6) 测量时,应轻提测杆,缓慢放下,使测杆端部的测头抵在被测工件的测量面上,并要有一定的压缩量,以保持测头有一定的压力,再转动刻度盘,使指针对准零位。同时,应注意不使测头移动距离过大,不准将工件强行推至测头下,也不准急速放下测杆而使测头突然落到零件表面上,以免造成测量误差或者损坏百分表。

7）测量时，使被测量的工件按一定要求移动或转动，从刻度盘指针的变化直接观察被测工件的偏差尺寸，即可检测出工件的平面度、平行度、垂直度或轴的弯曲度及轴颈磨损程度等。

8）使用时应注意百分表与支架在表座上安装的稳固性，以免造成倾斜或摆动现象。

9）对于磁性表座，一定要注意检查按钮的位置，测杆与测头不应粘有油污，否则会降低其灵敏性。

10）使用后，应将百分表从支架上拆下，擦拭干净，然后涂上专用油装入盒中，并妥善保管。

五、塞尺的正确使用

1）测量时要注意工件和塞尺片的清洁。

2）用塞尺测量间隙时，应先用较薄的一片塞尺插入被测间隙内，若仍有间隙，则选较厚的依次插入，也可取若干片相叠插入，直到塞尺插入工件之后感到有摩擦力为合适，此时的厚度即为间隙。

3）塞尺很薄，容易弯曲和折断，测量时不能用太大的力。

4）不能用塞尺测量温度较高的工件。

5）塞尺使用后要擦拭干净，及时合到夹板（保护片）中。

六、弹簧秤的正确使用

1）用弹簧秤测力时，拉动的方向应与测力的方向一致。

2）施加在弹簧秤上的拉力应在其量程之内。

  想一想，做一做

1. 怎样正确使用百分表？
2. 外径千分尺如何校零？

 项目1.3　汽车常用举升起重设备的使用

 项目目的

1）熟悉汽车用举升起重设备的基本结构与工作原理。
2）掌握汽车用举升起重设备的操作方法和安全使用规则。

 相关知识

在汽车维修时常常要将汽车举升起来，以便人到汽车下面作业，通常使用各种千斤顶等举升机械举升汽车。

一、千斤顶

千斤顶是一种最常用、最简单的起重工具。其按照工作原理可分为液压式和机械式两类，

按照其承载能力可分为 3t、5t、8t、10t、15t、20t 等规格。两种千斤顶都具有体积小、质量小的优点。液压式千斤顶省力，但对工作环境有一定要求；机械式千斤顶在高温、低温环境下有更大的优越性，其举升高度能满足工作的需要，维护较简单。目前广泛使用的是液压式千斤顶。

1. 机械式千斤顶

机械式千斤顶（见图 1-33）举升质量小、操作费力，通常只用于一般机械维修工作。常用的机械式千斤顶有立式和桥式两种。立式机械千斤顶采用棘轮提升汽车，较为笨重，适合在车间内使用，常用规格为 3t 和 5t。桥式机械千斤顶采用螺杆转动带动杆系形变的原理来举升重物，其举升质量较小，但轻巧方便，较适合轿车的检修。

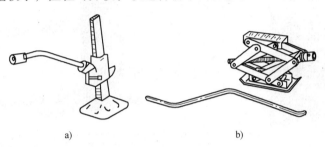

图 1-33 机械式千斤顶

a) 立式机械千斤顶 b) 桥式机械千斤顶

2. 液压式千斤顶

液压式千斤顶立式和卧式两种类型，其结构紧凑、工作平稳、有自锁功能，故使用广泛。其缺点是起重高度有限，起升速度慢。其按照所能顶起的质量可分为 3t、5t、10t 等多种规格。目前广泛使用的是立式液压千斤顶，如图 1-34 所示。

卧式液压千斤顶（见图 1-35）行程较长，使用更方便，是汽车维修企业常用的设备，但其尺寸较大，不宜随车携带。

图 1-34 立式液压千斤顶　　　　图 1-35 卧式液压千斤顶

二、安全支架

安全支架（见图 1-36）常用作在地面上举升不同质量的物体。举升车辆时，将千斤顶、安全支架支撑在汽车底盘部件（如车架、桥壳等）上。跟千斤顶一样，安全支架也有一个额定举升能力，使用时切勿超过这个值。

三、举升机

举升机主要有单柱式、双柱式、剪刀式、四柱式等类型，一般采用电动液压操纵系统驱动。举升机设有双保险自锁保护装置，具有升降平稳、安全可靠、使用方便等特点。

1. 单柱式举升机

单柱式举升机只有一根立柱，其代表型式是单柱地基式液压举升机，如图 1-37 所示，在地面下的地基中埋有一根立柱和一个顶升液压缸，工作时通过液压将汽车顶起。

图 1-36　安全支架

图 1-37　单柱地基式液压举升机

这种举升机的优点是结构简单，还可以在举起汽车后将其旋转 360°（这一特点是其他型式的举升机所不具备的）。另外，由于它的大部分构件都埋于地下，可以最大限度地减少对工作场地的占用。但它的缺点也是十分明显的：立柱、举升部件都在汽车底部，会妨碍修理人员进入汽车底部作业。

2. 双柱式举升机

双柱式举升机也叫地上起重机（见图 1-38），用于抬起汽车，以便工人们可以在车下进行修理工作。这类举升机顶部的两个柱之间有交叉，为车下提供了宽敞的工作区域。

图 1-38　双柱式举升机

电动液压式或电动链条牵引式举升机使用开关操纵，升降方便。其立柱为固定式，适合用于 3t 以下的轿车、轻型车的专业维修。

图 1-39 所示为用双柱式举升机支起汽车时的支点位置。注意，举升车体时，应尽可能使支臂伸出的长度相等，并使车体前后保持平衡。安装支臂时，不要碰到制动管和燃油管。

3. 剪刀式举升机

剪刀式举升机专用于制动系统或轮胎维护，适用于在车下工作且有限定高度的场合，如

图 1-40 所示。剪刀式支架有利于四轮定位的测量和调整。

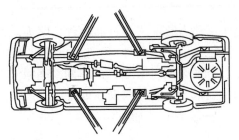

图 1-39　双柱式举升机支车的支点位置

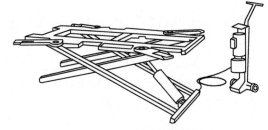

图 1-40　剪刀式举升机

4. 四柱式举升机

四柱式举升机有电动液压式和电动链条牵引式两种，采用开关操纵，升降方便，提升质量可达 8t，稳定性好，能满足载货汽车等较大车辆的维护。其缺点是占用场地大，适合在综合性汽车修理厂使用。

四、起重机

在发动机整体拆装过程中，离不开起重机。它具有移动方便、吊装能力强等特点，在汽车维修企业得到广泛应用。经常使用的起重机有门式、悬臂式、单轨式以及梁式四种类型。在汽车拆装实训中使用最多的是悬臂式起重机，它分为机械式和液压式两大类。

1）机械式悬臂起重机通过手柄转动绞盘以及棘轮收缩或放长铁链，使重物上升或下降，可作短距离移动。

2）液压式悬臂起重机起吊时，由于液压泵的作用，使液压油进入液压缸内，推动顶杆外移，将重物吊起；打开放油阀，液压缸内的油流回油箱，压力降低，使重物下降。液压式悬臂起重机如图 1-41 所示。

五、变速器千斤顶

如果没有变速器千斤顶或者其他辅助工具，要想将变速器移出来是很困难的，因为变速器的重量使它很难被移动。变速器千斤顶与变速器的底面相对接，并且用链锁扣住，如图 1-42 所示。这些链锁使得变速器在变速器千斤顶上很安全，变速器的重量都作用在变速器千斤顶的座上。

图 1-41　液压式悬臂起重机

图 1-42　典型的变速器千斤顶

变速器千斤顶有两种基本样式：一种样式是将汽车放在变速器千斤顶支架上；另一种样式在汽车被起重机抬起时使用。

六、压力机

维修变速器和动力驱动装置时,多数情况下需要使用动力装配或者拆卸零件,因为这些零件通常是使用压力机给以适当的压力压在一起的。压力机可以是液体、电力、空气驱动的,也可以是手动的。它能够提供 0~150t 的压紧力,压紧力根据其尺寸和设计的不同而不同。小的心轴和 C 形框架压力机是基座或工作台式的,有的独立放置,有的固定在地上。固定在地上的液压式压力机如图 1-43 所示。

七、齿轮和轴承的拔具

很多工具都是有其特殊用途的。齿轮和轴承的拔具(见图 1-44)便是具有特殊用途工具的一个典型例子。很多齿轮和轴承在被装入轴上或者孔内时是有轻微干涉的。有一定的压力就会有一定的干涉。例如,孔的内径比轴的外径稍微小一些,当将轴放进孔的时候必须对其施加压力以克服干涉力,但这个压力也会阻碍零件之间的相互传动。移动这些齿轮和轴承时必须小心,以防止对齿轮、轴承或者轴造成伤害,撬开或者将零件敲进去都容易使零件失效。应该使用带有合适的爪牙和调配器的拔具去移动齿轮和轴承,如图 1-45 所示。在使用合适拔具的时候,用于移动齿轮或者轴承的力能够通过轻微而且稳重的动作提供。

图 1-43　固定在地上的液压式压力机

图 1-44　用万向节轴承拔具拆卸主减速器一侧的轴承

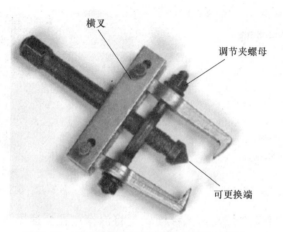

图 1-45　万向节齿轮和轴承拔具的主要零件

模块一　汽车维修工具的使用

一、千斤顶和安全支架的安全操作规则

千斤顶是一种简便的汽车局部举升设备，使用时应确保千斤顶的支撑垫片正确支撑在汽车底盘支撑点上。举升前要用楔块将车轮楔住。楔块应放在不举升车轮的前后部，防止车辆前后移动。操作液压式千斤顶的驱动手柄时，液压泵随之转动，将液压油压入液压缸。在液压的作用下，液压缸柱塞向上移动，带动千斤顶垫片将汽车举高。在卸载液压液降下汽车时，应缓慢转动操作手柄或卸荷操纵杆。

车辆举升后，用安全支架支撑好，同时将千斤顶移开。决不能用千斤顶做支撑。如果不移开千斤顶，而千斤顶的操作手柄又露在外面，工作时就有可能碰到手柄，将千斤顶卸荷，使车辆突然落下。

警告：支撑车辆时，千斤顶和安全支架要配合使用，切勿单独使用千斤顶，而且要确保安全支架支撑在车辆正确的支撑点上。同时，安全支架必须安放在平整的水泥地面上，千万不能放在脏的、凹凸不平的砾石地面上。

为了防止事故的发生，使用千斤顶和安全支架时应严格遵守以下安全操作规程：

1）在未将安全支架牢靠固定前，切勿在车下工作。

2）在使用移动式千斤顶举升车辆前，要确保举升臂准确支撑在车辆支撑点上。局部举升汽车前部时，为了防止损坏散热器，切勿将举升臂支撑在散热器支架下方。

3）将安全支架支撑在车辆底盘车架、桥壳等牢固部件上，确保安全支架与支撑部件牢靠接触。

4）在把车辆从移动式千斤顶移到安全支架上时，为了防止车辆和千斤顶移动，安全支架不能倾斜，并要支撑在底盘下面，并确保所有支撑脚都与地面接触。

二、举升机的使用

1. 举升机的安全操作规则

举升机用于整车的升举，以方便汽车维修技术人员在车下工作。举升汽车时，要先确定正确的举升支撑位置。举升机有双柱式的，也有单柱式的。一些举升机的动力机构是由电动机带动的液压泵。也有一些举升机直接用维修车间里的压缩空气作为动力源，将压缩空气的压力能转变成举升缸内液压油的压力能。这种举升机有一个控制杆和一个开关，控制杆用于控制压缩空气与举升缸的通断，开关控制液压泵的电动机。将车辆举升悬空后，一定要关上锁止阀，否则举升立柱有可能会缓慢降下。

使用举升机举升汽车时，一定要格外小心。为了防止汽车从举升机上掉下砸坏车或砸伤人，举升支撑臂必须支撑在正确的支撑位置上，否则会损坏汽车支撑处的零件。每台汽车都设计有几处专门的支撑位置，用于全车的举升。维修时如果需要把汽车从地面上举升起来，则必须先查阅汽车维修手册，找准支撑位置。车架和承载式车身的举升支撑点如图1-46所示，该图仅仅是简单的说明，具体情况应参照汽车制造维修说明书。开动举升机前应阅读使用说明书，操作时应严格遵守操作规程。

警告：使用举升机、千斤顶举升重物时，重物的质量切勿超过设计的额定举升力。如果千斤顶的额定举升力为2t，就不能用它举升5t重的汽车，否则对人、对车都很危险。

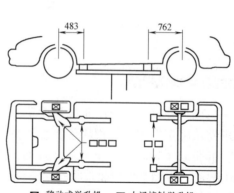

图 1-46　车架和承载式车身的举升支撑点

在将车辆开到举升机上面时，要预先留出位置，切勿推翻或碰撞举升机、连接器或支撑物，否则有可能损坏举升机、车辆和车轮。

警告：在升起的车辆下面工作时，始终要把举升机锁定好，以防止工作时车辆下滑。切勿使用锁定机构损坏的举升机，因为锁定机构可以保证举升机损坏时车辆不会下滑。

举升之前，要确保车辆准确定位，按规定对准车辆的举升支撑点，确保支撑器与车辆完全接触。举升汽车前，应先晃动车辆，检查支撑是否平稳牢靠，再将车辆升到合适的位置。另外，举升汽车前，应先关好车门、发动机罩、行李箱盖，并确保车内无人。

车辆举升的高度不能高于其安全值。在举升的汽车上拆装零部件或总成时，可能会改变车辆的质量分布，所以拆装时要注意车体的平衡，最好事先阅读相关防护手册。

降下车辆前，应确保所有工具和设备已从车辆下面移开，尤其是确保无人站在车辆的下面。另外，切勿在车辆下面放置氧气瓶或乙炔瓶。在将车辆降到地面前，切勿打开锁定机构。

2. 用举升机举升车辆

1）参照维修说明书，找准车辆举升支撑点。

2）确定车辆重心或平衡点，将支撑臂移到车辆重心处。

3）如图 1-47 所示，将支撑垫移动到举升支撑器上，并调节支撑垫的高度，直至车辆与支撑垫完全接触。

4）先将车辆举高 20~30cm，检查车辆是否平稳牢固，如图 1-48 所示。如果车辆支撑不稳或有异响，则必须降下车辆，重新调整支撑垫。

图 1-47　调整支撑垫的高度

图 1-48　检查车辆支撑的稳定性

5）将车辆举升到适当高度后，应锁止举升机的锁定机构，如图 1-49 所示。在锁定机构未锁止前，切勿到车辆下面去。

6）在降下车辆前，应先打开锁定机构（见图 1-50），并将控制阀扳到低挡，在车辆降到地面后，将支撑垫移到车辆两侧。

图 1-49　锁止举升机的锁定机构

图 1-50　打开锁定机构落下车辆

三、千斤顶的安全使用与保养

1）在使用千斤顶前，要弄清其额定的承载能力。千斤顶的顶举能力一定要大于或等于承载物的质量，否则会发生危险。

2）在汽车顶起或下降过程中，禁止在汽车下面作业。

3）下降时应缓缓拧松液压开关，使汽车缓慢下降。汽车下降速度不能过快，否则易发生事故。

4）千斤顶要放在坚实的地面上。如果必须在松软的路面上使用千斤顶，则应在千斤顶底座下加垫一块有较大面积且能承受压力的材料（如木板等），防止工作时由于汽车重压，而使场地基础下沉或千斤顶歪斜。千斤顶与汽车接触的位置应正确、牢固。

5）在用千斤顶把汽车顶起后，当液压开关处于拧紧状态时，若汽车自动下降，则应立即查找原因，排除故障后方可继续使用。

6）千斤顶所需操作力过大时，应检查原因，不要强行施力，更不允许接长操纵手柄对其进行操作，这样容易使千斤顶超载。

7）如果要顶举坚硬物体，则应在物体与千斤顶之间垫防滑的垫料。

8）需要用几台千斤顶同时顶举一件较大而且重的物体时，必须核准各个千斤顶可以承受的最大载荷，同时应保证千斤顶同步起升或下降。

9）液压千斤顶不能长时间支撑重物，因为时间一长，千斤顶泄漏会使重物坠落。需要较长时间支撑重物时，应在重物下面垫安全支架，这样即使千斤顶有泄漏，也可保证安全。

10）当发现千斤顶缺油时，应及时补充规定的油液，不能用其他油液或水代替。

11）千斤顶必须垂直放置，以免因油液渗漏而失效。

12）不能用火烘烤千斤顶，以防其内的皮碗、皮圈损坏。

13）维护与保养螺旋千斤顶时，应经常在螺纹加工面上涂以防锈油脂。液压式千斤顶应根据制造厂的要求灌注合适且足量的工作介质，根据使用情况每隔半年至一年清洗一次，滤清杂质。

14）存放千斤顶时，应将滑塞杆或螺柱、齿条降到最低位置，在加工面上涂以防锈油脂，并放在干燥处，以防生锈。当发现千斤顶的零件有裂纹时，应停止使用。

 想一想，做一做

1. 怎样正确使用液压式起重机？
2. 如何正确使用双柱式举升机？

模块二 离合器的拆装与检修

项目2.1 离合器及操纵机构的拆装

项目目的

1) 熟练掌握拆装各种离合器的方法。
2) 掌握离合器各部件的分解步骤,并能够说出离合器操纵机构在离合器分离、接合过程中的动作过程。
3) 掌握拆装液压操纵机构主要部件的方法。

项目内容

1) BJ2020型吉普车离合器操纵机构的拆装与总成的分解。
2) 桑塔纳2000GSi型轿车离合器操纵机构的拆装与总成的分解。

相关知识

离合器位于发动机和变速器之间,如图2-1所示。它的作用是保证汽车平稳起步,便于在汽车行驶过程中换挡和防止汽车传动系统过载。离合器包括离合器总成和离合器操纵机构。离合器总成又可分为从动盘总成和离合器盖及压盘总成。

1. 离合器的总体结构

桑塔纳2000GSi型轿车采用单片干式膜片弹簧离合器。如图2-2所示,它主要由离合器盖、压盘、从动盘、膜片弹簧等零件组成。

膜片弹簧用优质弹簧钢薄板制成,形状为碟形,开有径向切槽。切槽内端开通,外端为圆孔,形成多个弹性杠杆。它既是压紧杠杆,又是分离杠杆。压紧装置由离合器盖、压盘、膜片弹簧、支承环、定位铆钉、分离钩及传动钢片组成。传动钢片共有三组,均布于压盘周围,其两端分别与离合器盖和压盘连接。支承环在膜片弹簧中部,左右各一根,由定位铆钉固定,作为膜片弹簧变形时的支点。压盘周边对称固定有多个分离钩,把膜片弹簧的外边缘和压盘钩在一起,膜片弹簧外边缘就压在压盘的环形台上。

当离合器盖没固定到飞轮上时,膜片弹簧不受力,处于自由状态,此时,离合器盖与飞轮安装面之间有一定的距离,如图2-3a所示。当离合器盖固定到飞轮上时,由于离合器盖靠向飞轮,右侧支承环压膜片弹簧,使之发生弹性变形,这样膜片弹簧对压盘和从动盘就会产生压紧力，离合器处于接合状态，如图 2-3b 所示。当分离离合器时，分离轴承左移，膜片弹簧以左侧支承环为支点，进一步变形，其外缘通过分离钩拉动压盘，使离合器分离，如图 2-3c 所示。

图 2-1 离合器的安装位置

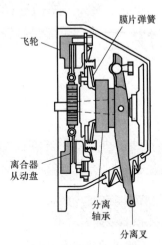

图 2-2 离合器的总体结构

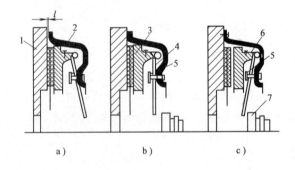

图 2-3 膜片弹簧离合器的工作原理示意图

a）安装位置 b）接合状态 c）分离状态
1—飞轮 2—离合器盖 3—压盘 4—膜片弹簧
5—支承环 6—分离钩 7—分离轴承

2. 离合器操纵系统的结构

桑塔纳 2000GSi 型轿车的离合器采用液压操纵系统，具有摩擦阻力小，布置方便，接合柔和，在长期工作中不会增加离合器踏板踩踏力，减轻驾驶人的劳动强度等优点。

储液罐有两个出油孔，分别把制动液供给制动主缸和离合器主缸。

（1）离合器主缸 离合器主缸的结构如图 2-4 所示。主缸体借补偿孔 A、进油孔 B，通过进油软管与储液罐相通。主缸内装有活塞，活塞中部较细，且为十字形断面，使活塞右方的主缸内腔形成油室。活塞两端装有皮碗。活塞左端中部装有单向阀，经小孔与活塞右方主缸内腔的油室相通。当离合器踏板处于初始位置时，活塞左端皮碗位于补偿孔 A 与进油孔 B 之间，两孔均开放。

（2）离合器工作缸 离合器工作缸的结构如图 2-5 所示。工作缸内装有活塞、皮碗、推

模块二　离合器的拆装与检修

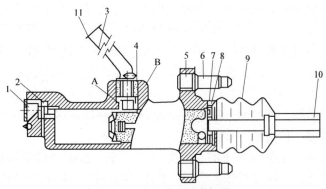

图 2-4　离合器主缸的结构

1—保护塞　2—壳体　3—管接头　4—皮碗　5—阀芯　6—固定螺栓　7—卡簧　8—挡圈　9—护套　10—推杆　11—保护套
A—补偿孔　B—进油孔

杆等，缸体上还设有放气螺塞。当管路内有空气存在而影响操纵时，可拧出放气螺塞进行放气。工作缸活塞直径为 22.2mm，主缸活塞直径为 19.05mm。由于工作缸活塞直径略大于主缸活塞直径，故液压系统稍有增力作用，以补偿液流通道的压力损失。

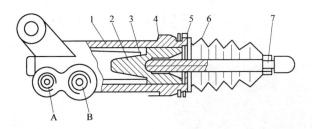

图 2-5　离合器工作缸的结构

1—壳体　2—活塞　3—管接头　4—皮碗　5—挡圈　6—保护套　7—推杆　A—放气孔　B—进油孔

设备、工具和材料准备

1) 桑塔纳 2000GSi 型轿车离合器。
2) 拆装工作台、工具及压力机。

技术标准及要求

桑塔纳 2000GSi 型轿车离合器的主要性能指标如下：
1) 离合器踏板行程为 131.8~139.1mm。
2) 离合器踏板最大踏板力为 122.2N（不计回位弹簧的作用）。
3) 系统压力为 0.222MPa。

操作步骤

一、离合器总成的拆卸

为了拆下压盘和离合器总成，首先要参阅维修手册，确定是否不拆下发动机就可拆下变速器。如果变速器和发动机必须作为一个装置拆下，则先从汽车上将它们拆下，然后按照维修手册拆下发动机，并将它们分离。如果变速器能单独拆下，则用举升机升起汽车，在拆下变速器之前，先拆下蓄电池负极电缆，清除来自离合器壳和变速器的所有灰尘、油脂和碎屑。

注意：在汽车下面工作时，要将举升机锁定，并且要戴上安全眼镜。

清理后拆下离合器操纵杆，通常这一工作是在分离叉和钟形壳处完成的。在后轮驱动的汽车上，必须拆下传动轴。拆卸前，需要将变速器中的油液排尽，然后从后桥装置中卸下后轴凸缘螺栓，从变速器中拉出轴。

在将变速器从发动机上分离下来时，绝对不要让变速器的全部重量都作用在输入轴上。在分离总成时，应使用适当的仪器和千斤顶，并使用链子将变速器安全地固定在千斤顶上。

在前轮驱动的汽车上，在将变速驱动桥从发动机上拉出之前，通常先拆下驱动轴。为了拆下驱动轴，通常要拆卸一些零件，用钢丝绳将它们悬挂起来，以便它们不会由于自身重量而自由飘荡。这特别适用于制动器零件的拆卸。

二、离合器总成的分解

1）如图 2-6 所示，在分解离合器总成之前，要在离合器盖和飞轮上做装配记号。

2）用专用工具 10-201（见图 2-7）将飞轮固定，然后对角拧松并拆下压盘与飞轮的固定螺栓，取下压盘总成、离合器从动盘。

图 2-6 在离合器盖和飞轮上做装配记号

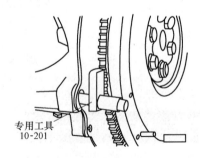

图 2-7 离合器总成的拆卸

3）在离合器盖与压盘之间的膜片弹簧上做标记，然后按一定顺序分解离合器各部件，如图 2-8 所示。

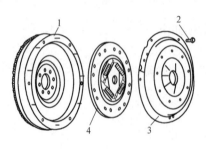

图 2-8 离合器压盘和从动盘

1—飞轮 2—六角头螺栓或圆柱头螺栓 3—压盘 4—从动盘

4)拆下膜片弹簧装配螺栓,将压盘及膜片与离合器盖分离。

三、离合器总成的安装

在重新组装前要参阅生产厂家关于螺栓转矩的推荐值。拧动压盘或飞轮螺栓时要使用飞轮锁紧工具,以防止飞轮转动。

重新安装离合器总成的步骤如下:

1)安装飞轮,把离合器从动盘和压盘放在飞轮上,如图2-9所示。从动盘上装有相对于变速器偏置的减振弹簧。通常在从动盘上做记号,以指出面向飞轮的表面,因为如果将从动盘装反,离合器就不可能分离。

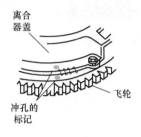 

图2-9 压盘和飞轮定位标记

2)使从动盘毂与压盘中心对中,安装连接螺栓,但不要拧紧。安装压盘,然后通过从动盘和导向轴承安装离合器。将离合器对中工具或旧的变速器输入轴通过离合器从动盘插进导向轴承,就能很好地使离合器从动盘对中,如图2-10所示。

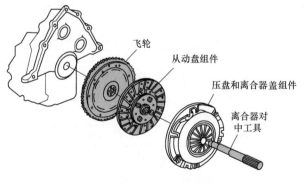 

图2-10 用离合器对中工具使离合器从动盘对中

3)按交叉方式均匀地拧紧连接压盘和飞轮的螺栓,并拧到正确的力矩值,然后拆下旧的变速器第一轴或对中工具,如图2-11所示。

警告:使用过长的螺栓时,其会伸出被紧固的总成之外,因此,在该总成以外才可测得正确的螺栓拧紧力矩。

4)用白色锂基润滑脂稍微润滑第一轴花键、变速器前轴承盖、导向轴承表面和离合器从动盘。

5)将新的分离轴承装进分离叉。

6)安装变速器。不要使变速器的重力作用在离合器从动盘花键上,因为这可能使从动盘翘曲。

图 2-11　按规定步骤拧紧连接螺栓

7）平稳地将变速器对准发动机对接面，然后拧紧连接螺栓。
8）根据推荐的步骤，检查离合器的工作情况，调节自由行程。

考　核

序号	考核内容	配分	评分标准	考核记录	扣分	得分
1	正确使用工具、仪器	10	仪器使用不当最多可扣 10 分			
			工具使用不当酌情扣分			
2	离合器的分解	25	分解过程每错一步扣 5 分			
3	离合器的检修	30	检修过程每错一步扣 5 分			
4	离合器的装配	25	装配过程每错一步扣 5 分			
5	操作规范、不超时	10	不规范操作扣 5 分，超时扣 5 分			
6	遵守安全规范，无事故		不规范操作造成严重事故者，本次考核按 0 分计			
7	总分	100				
			教师签字		年　月　日	

想一想，做一做

1）画简图，说明桑塔纳 2000GSi 型轿车离合器的基本结构和动力传递方式。
2）离合器的作用是什么？它是怎样保证实现这些作用的？

项目 2.2　离合器总成主要零件的检修

项目目的

1）熟练掌握离合器各部件的检修方法。

模块二 离合器的拆装与检修

2）熟悉液压操纵机构主要部件的检修方法。

项目内容

1）从动盘与压盘平面度误差的检测。
2）分离机构的检修。
3）膜片弹簧的检修。
4）主缸与工作缸的检修。

相关知识

离合器总成的主要组成部件有离合器壳、飞轮、离合器轴、摩擦片、压盘总成、分离轴承和离合器操纵机构等，如图 2-12 所示。离合器壳是一个钟形的金属铸件，与发动机和变速器或变速驱动桥相连。它覆盖着离合器总成，也支撑着变速器或变速驱动桥。

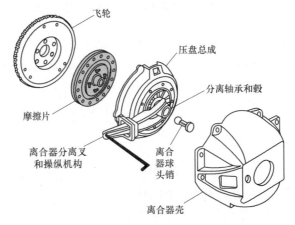

图 2-12　离合器总成的主要组成部件

一、飞轮

飞轮用螺栓连接在曲轴的后端，是多个部件的组成部分。它作为发动机的平衡部件，能够衰减脉动冲击引起的发动机振动，使发动机运行平稳。飞轮也增加了曲轴旋转的惯性。它有一个经过机械加工的表面，使离合器与其啮合，从而获得发动机的转矩，并把转矩传递到变速器。另外，飞轮也用作摩擦片一侧的散热片。

飞轮通常由球墨铸铁制成。球墨铸铁中石墨的含量很高，可以在离合器啮合时起润滑作用。飞轮的背面是个摩擦面，加工得相当平坦，能确保离合器平稳地啮合。

飞轮用螺栓连接到曲轴上，离合器总成的压盘用螺栓连接到飞轮上。飞轮中心或者说曲轴的中心被钻出一个孔，用来安装导向轴承。飞轮圆周上的轮齿与起动电动机相啮合，被起动电动机驱动。这些轮齿事实上并不是飞轮的一部分，只是被压配在飞轮的圆周上，如图 2-13 所示。

二、导向轴承

离合器轴从变速器的前端凸出。多数离合器轴都有一根小轴指示着突出部分的末端。这个指示处位于曲轴凸缘或飞轮上的导向轴承上。导向轴承或轴衬作为输入轴外端的支撑，也

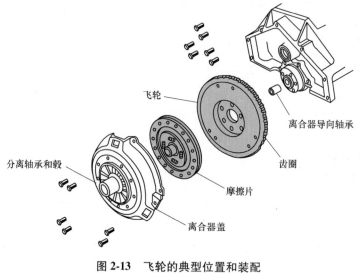

图 2-13 飞轮的典型位置和装配

是曲轴和输入轴的定位装置。导向轴承通常被压入曲轴上的转孔中。一些飞轮在轴衬的位置装的是球轴承或滚针轴承。多数变速驱动桥没有导向轴承或轴衬,因为其输入轴是由变速驱动轴上的两个轴承支撑的。轴上的花键允许摩擦片在轴上进行微小的移动,以防止摩擦片在轴上摇摆。离合器啮合时,摩擦片通过轴上的花键驱动变速驱动桥的输入轴,如图2-14所示。

三、摩擦片

摩擦片是一个钢制的盘片,表面覆盖着摩擦材料,处于飞轮与压盘之间并与它们相配合。摩擦片的主要部件如图2-15所示。摩擦片中间是从动盘毂,从动盘毂上的花键与输入轴的花键相配合。当离合器啮合时,摩擦片被紧紧地压在飞轮与压盘之间,这时发动机的动力就由从动盘毂传到变速器的输入轴上。当摩擦片在飞轮和压盘之间移动时,从动盘毂阻止摩擦片在轴上摆动。

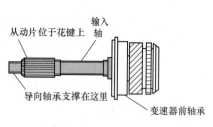

图 2-14 典型离合器轴

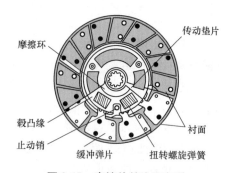

图 2-15 摩擦片的主要部件

摩擦片上的摩擦材料用铆钉或螺栓连接在摩擦片的两侧。摩擦面有编织的和模铸的两种。模铸的摩擦面更受青睐,因为它能够承受更高的压盘压力而不被破坏。当需要附加缓冲时,就要使用编织的摩擦面。摩擦面上加工出许多沟槽,以使离合器动作时更加平稳,并加速散热,而且在摩擦片磨损时能够容纳磨屑。与制动衬面的材料一样,摩擦面在啮合时也会磨损。石棉编织材料曾是摩擦面常用的材料。由于石棉对人的健康有威胁,目前最常用的摩擦面材料是加入了棉花、黄铜微粒、金属丝的陶瓷材料或纸质材料。这样就增加了扭力，加强了摩擦面的耐磨度，从而延长了摩擦片的使用寿命。

当离合器啮合时，摩擦片就与从动片上的波浪形弹簧相接触，随着弹簧被压平，其压力逐渐增加。这些弹簧不仅消除了离合器啮合时的颤动，而且在离合器分离时也有利于摩擦片与飞轮分离。摩擦片与弹簧都安装在从动片上。

四、压盘总成

压盘（见图 2-16）在离合器啮合时将从动片压向飞轮；当离合器分离时，压盘从从动片上分离。这就是离合器能将发动机动力传递到变速器或从变速器上分离的原因。压盘是一个已加载的弹簧夹具，用螺栓连接在飞轮上，随着飞轮一起旋转。压盘总成包括一个钢制罩、释放了的弹簧、一个压环（压环上有一个与从动片相配合的摩擦面）、一个分离轴承的止推环和分离杠杆。当离合器分离时，分离杠杆使压盘与从动片分离。压盘上常用的弹簧是碟形弹簧或膜片弹簧，但也有少数压盘使用螺旋弹簧。一些半离心式压盘在发动机转速增加时通过离心力来增加压紧力。

图 2-16 压盘总成

膜片弹簧离合器（见图 2-17）使用锥形的膜片弹簧将压盘压紧在从动片上。这个弹簧通常由铆钉固定在离合器盖上。当压力作用在弹簧的中间时，弹簧的外径有伸直的倾向。当压力释放后，膜片弹簧就还原为锥形。膜片弹簧的中部被加工成许多指状结构，起到分离杠杆的作用。当离合器分离时，分离轴承就压在这种指状结构上，膜片弹簧绕着支点转动，膜片弹簧的外圈就会从飞轮上分离。回位弹簧将压盘拉离从动片，这样离合器就分离开了。

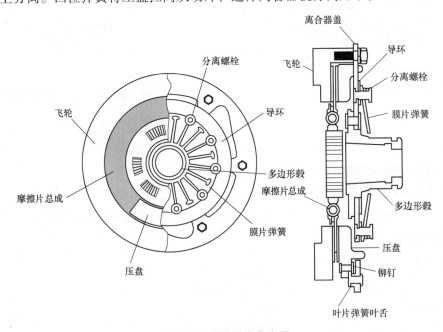

图 2-17 膜片弹簧离合器

当离合器啮合时，分离轴承与膜片弹簧的分离指脱离。随着分离指绕着其支点移动，膜片弹簧的外圈在压力的作用下将压盘紧紧地压在从动片上。这个时候，从动片被紧紧夹在飞轮与压盘之间。在压盘的外缘，膜片弹簧向外扩张，使压盘紧紧压着从动片。膜片弹簧还有一种有别于其他弹簧的特点，即随着摩擦片的磨损，作用在压盘上的力将会增大，而其他类型的压盘压力将会减小。相对于其他类型的离合器，膜片弹簧离合器更受青睐，因为其结构紧凑、重量轻、驱动力小，而且运动部件少，减小了磨损量。

五、分离轴承

分离轴承通常指的是离合器分离轴承（见图2-18），其位于飞轮壳中，是一种球轴承，通过离合器操纵机构操纵。离合器分离叉和分离轴承的位置如图2-19所示。分离轴承通常是密封的，并且经过润滑。其移动后顶住压盘，从而能平稳地分离离合器。当踩下离合器踏板时，分离轴承移向飞轮，压下压盘的分离杠杆或止推片，并推动压盘分离杠杆克服压盘弹簧力。这个动作使压盘离开从动盘，从而中断动力传递。一些分离轴承是拉动压盘的弹簧而不是推动它们。

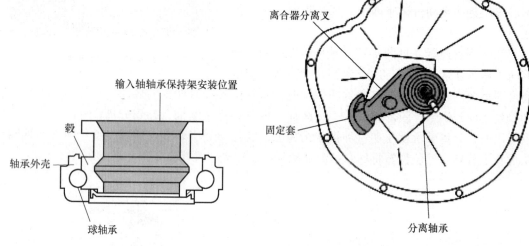

图2-18　典型离合器分离轴承　　　　图2-19　离合器分离叉和分离轴承的位置

离合器操纵机构将驾驶人操纵离合器踏板的力传递到固定在离合器壳上的分离叉上。随着离合器踏板的运动，分离轴承沿着变速器前轴承盖前后移动。

桑塔纳轿车1辆、游标卡尺1把、金属直尺1把、百分表1只、塞尺1把。

1) 离合器从动盘的最大径向圆跳动量为0.4mm。
2) 铆钉头埋入深度应不小于0.2mm。
3) 离合器压盘的平面度误差不应超过0.2mm。

4) 膜片弹簧内端磨损的极限值：深度为 0.6mm，宽度为 5.0mm。

5) 主缸和工作缸缸筒内壁的磨损量不超过 0.125mm，活塞与缸筒的间隙不超过 0.20mm。

1. 离合器总成的检修

（1）从动盘的检查

1）从动盘径向圆跳动的检查。在距从动盘外边缘 2.5mm 处测量，离合器从动盘最大径向圆跳动量为 0.4mm，测量方法如图 2-20a 所示。

2）从动盘摩擦片磨损程度的检查。摩擦片的磨损程度可用游标卡尺进行检测，如图 2-20b 所示。铆钉头埋入深度 A 应不小于 0.20mm。

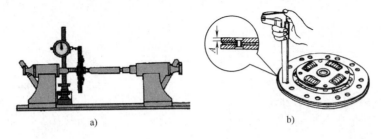

图 2-20　离合器从动盘的检查
a) 检查径向圆跳动　b) 检查摩擦片的磨损程度

（2）压盘平面度的检查　离合器压盘的平面度误差不应超过 0.2mm，可将金属直尺搁平后用塞尺测量，如图 2-21 所示。

（3）膜片弹簧的检修　用游标卡尺测量膜片弹簧内端磨损的深度和宽度，如图 2-22 所示。磨损的极限值为：深度 h 为 0.6mm，宽度 b 为 5.0mm。若超过极限值，则应更换离合器盖总成或膜片弹簧。

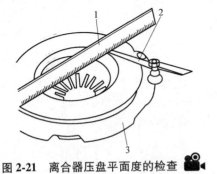

图 2-21　离合器压盘平面度的检查
1—金属直尺　2—塞尺　3—压盘

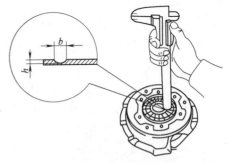

图 2-22　膜片弹簧弯曲变形情况的检查

如图 2-23 所示，用一个塞尺和专用工具测量膜片弹簧的弯曲变形量。弹簧内端应在同一平面内，弹簧内端和专用工具之间的间隙不能超过 0.5mm，如果过大则必须调整。调整时用专用工具将弹簧弯曲到正确的对准位置（见图 2-24），调整后再测量一次，直到符合要求为止。

 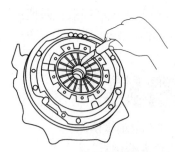

图 2-23　膜片弹簧内端磨损情况的检查　　　图 2-24　膜片弹簧的调整

2. 分离机构的检修

（1）分离轴承的更换

1）拆卸变速器。

2）拆下分离轴承，如图 2-25 所示。检查分离轴承转动是否灵活，是否有卡滞现象，如图 2-26 所示。

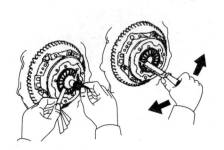 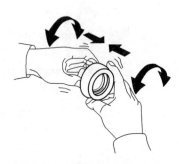

图 2-25　拆下分离轴承　　　　　　　图 2-26　分离轴承的检查

3）用润滑脂润滑接触点，装上新的轴承。

4）装上回位弹簧，如图 2-27 所示。

（2）分离套筒的更换（见图 2-28）

1）拆卸变速器。

2）拆下分离轴承，再拆下分离套筒。

3）安装时，排油孔应朝下。

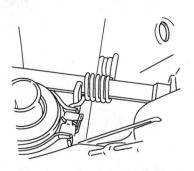 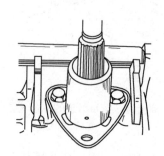

图 2-27　回位弹簧的安装位置　　　　图 2-28　分离套筒的更换

3. 离合器主缸、工作缸的检修

主缸和工作缸是离合器液压操纵系统的主要部件，其工作性能的好坏直接影响离合器的工作性能。当出现缸筒内壁的磨损量超过 0.125mm，活塞与缸筒的间隙超过 0.20mm，皮圈老化及回位弹簧失效等情况时，应更换相应零件。

考 核

序号	考核内容	配分	评分标准	考核记录	扣分	得分
1	正确使用工具、仪器	10	仪器使用不当最多扣 10 分			
			工具使用不当酌情扣分			
2	从动盘径向圆跳动的检查	10	检查过程每错一步扣 5 分			
	从动盘摩擦片磨损程度的检查	10	检查过程每错一步扣 5 分			
3	膜片弹簧内端磨损深度的检查	10	检查过程每错一步扣 5 分			
	膜片弹簧内端磨损宽度的检查	10	检查过程每错一步扣 5 分			
4	分离轴承的更换	10	更换过程每错一步扣 5 分			
	分离套筒的更换	10	更换过程每错一步扣 5 分			
5	离合器主缸、工作缸的检修	20	检修过程每错一步扣 5 分			
6	操作规范、不超时	10	不规范操作扣 5 分，超时扣 5 分			
7	遵守安全规范，无事故		不规范操作造成严重事故者，本次考核按 0 分计			
8	总分	100				
			教师签字	年 月 日		

1. 分析分离轴承磨损过快的原因。
2. 简述离合器发抖故障与不良驾驶的关系。

 项目 2.3　离合器及操纵机构的调整

1）熟悉离合器自由行程的检查与调整方法。
2）熟悉离合器液压系统排气的步骤。

1）离合器自由行程的检查与调整方法。
2）离合器液压系统中空气的排除。

离合器通常是由机械式或液压式操纵机构操纵的。机械式操纵机构有两种类型：轴杆型

和钢索型。轴杆型离合器操纵机构有许多部件和支点，通过轴杆和钟形曲柄将离合器踏板的运动传递到分离轴承上。在老式汽车上，支点上均设有机油嘴，现代的汽车则采用低摩擦塑料油封和衬套。随着支点的磨损，操纵机构中过多的间隙使离合器踏板很难进行精确的间隙调节。

一、轴杆型离合器操纵机构

典型的轴杆型离合器操纵机构（见图2-29）包括分离杆、分离叉、横轴、踏板至横轴间的助力弹簧或偏心弹簧以及踏板组件等。压下踏板使横轴转动，即可移动分离叉。当放松踏板时，助力弹簧使操纵机构返回原来的位置，并且解除分离叉上的压力。这个动作使分离轴承离开分离叉。

二、钢索型离合器操纵机构

钢索型离合器操纵机构的结构简单且重量轻。钢索通常将离合器踏板直接连接到分离叉上，如图2-30所示。这个简单的装置很紧凑，柔性很强，可以消除轴杆连接装置中支点的磨损。但是，钢索会被逐渐拉长，并且会由于电化学腐蚀而断开。

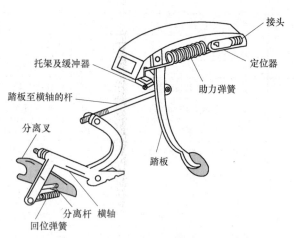

图2-29 典型的轴杆型离合器操纵机构

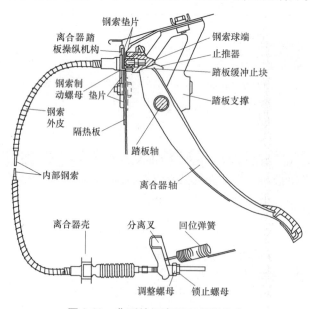

图2-30 典型的钢索型离合器总成

一般来说，钢索的一端连接着离合器踏板总成。离合器踏板组件中有一个弹簧使离合器踏板保持着向上的位置。钢索通过弹簧的张力和固定在绝热隔板上的钢索扣块来支撑。钢索的另一端连接着离合器分离叉的外端。该端加工有螺纹，与调整螺母和锁紧螺母相配合，可以实现离合器踏板自由行程的调整。当踩下离合器踏板时，钢索拉动分离叉，使分离轴承移向压盘。

在许多汽车上,钢索可以自动调节。在离合器踏板的支点处,钢索缠绕起来并固定在一个扇形齿轮上,如图2-31所示。分离轴承与压盘的微小接触是通过与齿轮相啮合并且由弹簧加载的棘轮来实现的。当松开离合器踏板时,棘爪啮合着齿轮的下一齿使钢索松弛。自动调节离合器常运用分离轴承,不需要调节间隙。

三、液压式离合器操纵机构

液压式离合器操纵机构是一种用于移动分离叉的装置。当汽车难以使用杠杆或钢索时,就需要使用液压式离合器操纵机构。液压系统可以增大作用力,减小操作离合器踏板的力。

液压式离合器操纵机构与制动系统类似,同样是由主缸、液压管路、随动缸等组成的,如图2-32所示。主缸通过一根推杆连接到离合器踏板上并随着离合器踏板一起运动。随动缸通过挠性压力软管或金属管与主缸相连。随动缸的位置是固定的,因此可以直接工作在分离叉上。

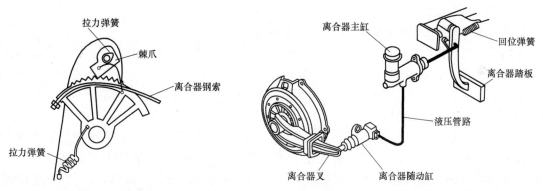

图2-31 典型的离合器钢索自动调节机构　　图2-32 典型的液压式离合器操纵机构

离合器主缸有以下作用:使油液通过液压管路流到随动缸,通过泄放口和补偿口补偿因温度变化和微量流液损失而造成的容积损失,维持正常的流量;通过储液室的泄放口流出的液体,补偿从动盘和压盘的磨损,从而无须进行周期性的调整。

工作缸通过延伸推杆来分离离合器,同时通过随动缸预载弹簧,以确保离合器分离轴承接触压盘。

液压式离合器操纵机构通常用于需要很大力才能使离合器分离的大型装置上。液压式离合器操纵机构也用于难以实现机械操纵、对紧凑型要求高的汽车上。使用液压装置,力可以被增大,并有效地分离离合器。

桑塔纳汽车1辆、金属直尺1把、常用工具1套、塞尺1把。

一、离合器的检查

1. 总泵液体渗漏情况的检查

检查储液罐中液面的位置,应位于"MIN"和"MAX"刻度线之间。

注意：多数轿车的离合器储液罐和制动液储液罐共用。

检查离合器总泵以确保液体不渗漏到总泵室中，检查总泵端口处、储液罐、离合器软管、分泵进油口等部位是否存在漏油现象。

2. 离合器踏板外观的检查

检查离合器踏板有无弯曲或扭曲现象，检查踏板垫有无损坏或磨损现象。

3. 离合器踏板工作状况的检查

起动发动机，连续踩下离合器踏板，检查离合器踏板的工作状况。离合器踏板不应有回弹无力的情况；踩踏时应无异常噪声，无过度松动的情况；每次踩踏时，不应有沉重感。

4. 离合器踏板高度的检查

用一把测量标尺检查离合器踏板高度是否为标准值，如果不符合要求，则应调整离合器踏板高度，如图2-33所示。离合器踏板高度（未配备地毯）的标准值为180.5mm。

注意：离合器踏板高度是从地面到离合器踏板上表面的距离。如果必须要从地毯表面开始测量，则应从标准值中扣除地毯的厚度。

5. 离合器踏板自由行程及离合器踏板行程的检查

使用手指按压离合器踏板并用一把金属直尺测量离合器踏板的自由行程，检查离合器踏板自由行程是否处于标准范围内（标准值为6~13mm）。如果超出标准范围，则需调整离合器踏板高度，如图2-33所示。同时，还应检查离合器踏板的行程是否处于标准范围内，标准值为140mm±3mm（汽油发动机）。

注意：用手指按压离合器踏板时，感觉其逐渐变重的过程分两步：第一步，离合器踏板运动到踏板推杆接触总泵活塞；第二步，离合器踏板运动到总泵液压上升。离合器分离轴承在推动膜片弹簧前，随着离合器踏板产生一定量的移动，离合器踏板自由行程也就被确定。

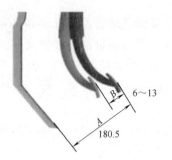 

图2-33　离合器踏板高度与自由行程的检查

A—踏板高度　B—自由行程

6. 离合器分离点的检查

当发动机怠速运转时，在不踩下离合器踏板的情况下，分别慢慢地将挡位换到前进挡和倒车挡，然后逐渐踩下离合器踏板，测量从离合器踏板的自由行程结束的位置到齿轮噪声停止时的位置间的距离。

7. 离合器噪声、离合器沉重感及离合器磨损情况的检查

在发动机怠速时，踩下离合器踏板，换到1挡或者倒挡，检查是否有异常噪声及换挡是否平稳，同时检查是否有异常噪声，以及在踩下踏板时其力量是否可以接受。

二、离合器踏板高度及自由行程的调整

1. 离合器踏板高度的调整

1) 松开限位螺栓锁止螺母。
2) 转动限位螺栓,直到离合器踏板高度正确。
3) 拧紧限位螺栓锁止螺母。

2. 离合器踏板自由行程的调整

1) 松开推杆锁止螺母。
2) 转动离合器踏板推杆,直到离合器踏板自由行程正确。
3) 拧紧推杆锁止螺母。
4) 调整好离合器踏板自由行程之后,检查离合器踏板高度。

三、液压式离合器操纵机构中空气的排除方法

离合器液压操纵系统经过检修之后,管路内可能进入空气,在添加制动液时也可能使液压系统中进入空气。空气进入后,会缩短主缸推杆行程(即离合器踏板工作行程),从而使离合器分离不彻底。因此,在液压系统检修后或怀疑液压系统中进入空气时,就要排除液压系统中的空气。其典型步骤如下:

1) 用千斤顶顶起汽车,然后用安全支架将汽车支住,将主缸储液罐中的制动液加至规定高度,如图 2-34 所示。
2) 如图 2-35 所示,检查整个液压回路,要保证没有泄漏现象。

图 2-34 向主缸中添加允许的液体

图 2-35 检查整个液压回路

3) 检查离合器连杆机构是否磨损,在进行下一步操作之前修理故障。
4) 在工作缸的放气阀上安装一根软管,接到一个盛有制动液的容器内。
5) 排空气时需要两个人配合工作,一人慢慢地踏离合器踏板数次,感到有阻力时踏住不动,当另一人打开放油阀时,脚随着离合器踏板一同下落,如图 2-36 所示。
6) 如图 2-37 所示,另一人拧松放气阀直至制动液开始流出,然后再拧紧放气阀。
7) 重复步骤 5) 和 6),直到取下放气螺钉而油液中明显没有空气为止。
8) 在将空气排尽后,重新将适量的液压油添加到储液罐中。
9) 在将空气排净以后,需要再次检查及调整离合器踏板自由行程。

图 2-36 全力踩下离合器踏板

图 2-37 拧紧放气阀

注意：由于制动器油液会腐蚀汽车的漆面，因此不要让它流到汽车漆面上。如果出现这种情况，则应立即用水清洗表面。

考　核

序号	考核内容	配分	评分标准	考核记录	扣分	得分
1	正确使用工具、仪器	10	仪器使用不当最多扣10分 工具使用不当酌情扣分			
2	离合器操纵机构的调整	25	调整过程每错一步扣5分			
3	离合器自由行程的检查与调整方法	30	检修、调整过程每错一步扣5分			
4	液压式离合器操纵机构中空气的排除	25	排气过程每错一步扣10分			
5	操作规范、整齐、不超时	10	不规范操作扣5分，超时扣5分			
6	遵守安全规范，无事故		不规范操作造成严重事故者，本次考核按0分计			
7	总分	100				
			教师签字		年　月　日	

 想一想，做一做

离合器踏板自由行程太大时，会对汽车的运行造成什么影响？

模块三 手动变速器的拆装与检修

项目 3.1 手动变速器的拆装

1) 熟悉普通齿轮变速器的拆卸步骤。
2) 熟悉变速器的分解方法。
3) 掌握变速器的拆装顺序与方法。

1) 从车上拆下变速器总成。
2) 变速器总成的分解。
3) 变速器总成的安装。

目前汽车上所用发动机的转矩与转速的变化范围都较小,而汽车的行驶条件非常复杂,行驶速度和行驶阻力的变化范围很大。为了解决这一矛盾,在汽车传动系统中设置了变速器。

变速器具有变速、变距、变向和中断动力传递的功能。变速器按传动比变化方式的不同,可分为有级式、无级式和综合式三种;按操纵方式的不同可分为手动操纵式变速器、自动操纵式变速器和半自动操纵式变速器。

由于变速器使用频繁,长期在高转速、大负荷工况下工作,因此变速器的零件会产生磨损或损伤,致使其使用性能下降,使得变速器的检查与维修显得尤为重要。

一、输入轴的结构

输入轴的结构如图 3-1 所示。

二、输出轴的结构

输出轴的结构如图 3-2 所示。

图 3-1 输入轴的结构

1—后轴承的罩盖 2—挡油圈 3、12、20—锁环 4—输入轴后轴承 5—变速器后盖 6—五挡同步器套管 7—五挡同步环 8—五挡同步器和齿轮 9—五挡齿轮滚针轴承 10—五挡齿轮滚针轴承内圈 11—固定垫圈 13—中间轴承 14—轴承支座 15—中间轴承内圈 16—有齿的锁环 17—四挡齿轮 18—四挡同步环 19—四挡齿轮滚针轴承 21—三挡和四挡同步器 22—三挡同步环 23—三挡齿轮 24—三挡齿轮滚针轴承 25—输入轴 26—输入轴滚针轴承 27—紧固螺钉（拧紧力矩为 45N·m）

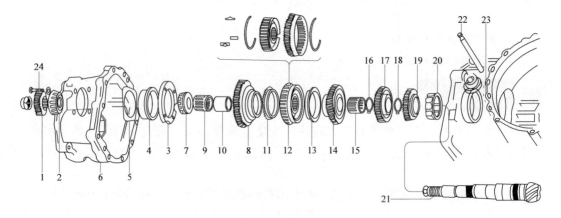

图 3-2 输出轴的结构

1—五挡齿轮 2—输出轴外后轴承 3—轴承保持架 4—后轴承外圈 5—调整垫片 S3 6—轴承支座 7—输出轴内后轴承 8——挡齿轮 9——挡齿轮滚针轴承 10——挡齿轮滚针轴承内圈 11——挡同步环 12——挡和二挡同步器 13—二挡同步环 14—二挡齿轮 15—二挡齿轮滚针轴承 16、18—挡环（厚度应用测量薄板用的样板测定，可使用的厚度为 1.5mm 和 1.6mm） 17—三挡齿轮（凸缘应转向四挡齿轮） 19—四挡齿轮（凸缘应转向主动锥齿轮） 20—输出轴前轴承 21—输出轴 22—圆柱销 23—输出轴前轴承外圈 24—紧固螺钉（拧紧力矩为 25N·m）

1）桑塔纳 2000 型轿车一辆。

2）桑塔纳轿车拆装专用工具一套。

操作步骤

1. 自车上拆下变速器总成

1）拆下蓄电池的搭铁线。

2）拆下离合器工作缸。

3）举升起汽车，将传动轴（半轴）从变速器上拆下来并支撑好，旋松变速操纵机构的内变速杆螺栓。

4）压出支撑杆球头并将内变速杆与离合器分离，拆下倒挡灯开关的接头，拆下车速里程表软轴。

5）拆下离合器盖板，如图 3-3 所示。

6）拆下排气管。

7）放下汽车并将发动机固定好，如图 3-4 所示。拆下发动机与变速器上部的联接螺栓。举升起汽车，拆下起动机的紧固螺栓。

8）拆下发动机中间支架，如图 3-5 所示。

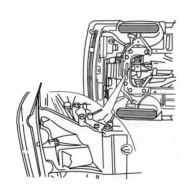

图 3-3　拆下离合器盖板

图 3-4　固定发动机

9）拆下变速器减振垫和减振垫前支架。

10）拆下发动机与变速器下部的联接螺栓并拆卸变速器，如图 3-6 所示。

图 3-5　拆下发动机中间支架

图 3-6　拆卸变速器

2. 变速器总成的安装

变速器总成的安装可按与拆卸顺序相反的步骤进行。

3. 桑塔纳 2000 型轿车两轴式变速器的分解

从车上拆下变速器，首先要将其固定在支架上，并将机油放空，然后按变速器后盖→输入轴后轴承→变速器轴承支座→输入轴总成→输出轴总成→主传动器和差速器→变速器壳体的顺序对其进行分解。

每个部件的分解可参照下列顺序进行：

（1）变速器后盖的分解

1）拆下后轴承盖。

2）锁住输入轴，如图 3-7 所示。

3）拆下输入轴的固定螺栓。

4）取下后盖，如图 3-8 所示。

（2）输入轴后轴承的分解　在拆下变速器的后盖后，按以下步骤对输入轴后轴承进行分解：

1）拆下后盖内变速杆的密封圈。

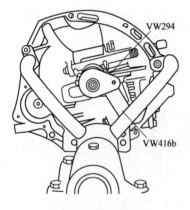

图 3-7　锁住输入轴

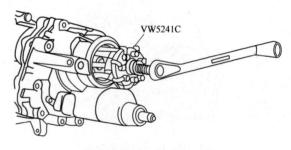

图 3-8　取下后盖

2）拆下内变速杆的衬套。

3）取下挡油圈，如图 3-9 所示。

4）取下锁环。

5）拆下输入轴的后轴承。

（3）变速器轴承支座的分解　在拆下变速器后盖后，可参照以下顺序对变速器轴承支座进行分解：

1）拆下第一和第二挡拖钩的锁销，接着把拖钩向左转动。

2）挂入第二挡，边转边拉取下换挡滑杆。

3）取下第一挡和第二挡的拖钩。

4）取出锁销，取下换挡滑杆和第五挡齿轮的管套。

5）取下同步装置和输入轴的第五挡齿轮。

6）拆下第五挡滚针轴承内环和固定垫圈。

7）挂上第一挡，锁住输入轴，取下输出轴的第五挡齿轮紧固螺母。

8）拆下第五挡齿轮。

9）分开导向锁，不用将其取下。

10）拆下轴承支座。

（4）输入轴的分解　在拆下变速器后盖、轴承支座后，可参照以下顺序对输入轴进行分解：

1）拆下第四挡齿轮的有齿锁环。

2）取下第四挡齿轮、同步环和滚针轴承。

3）拆下同步器锁环，如图 3-10 所示。

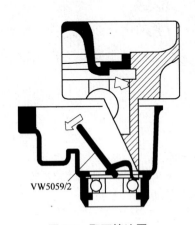

图 3-9　取下挡油圈

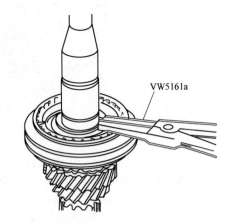

图 3-10　拆下同步器锁环

4）取下第三挡和第四挡同步器，以及第三挡同步环和齿轮。

5）取下第三挡齿轮的滚针轴承。

6）取下输入轴的中间轴承内环。

（5）输出轴的分解

1）拆下内后轴承和第一挡齿轮。

2）取下滚针轴承和第一挡同步环。

3）取下滚针轴承的内环、同步器和第二挡齿轮。

4）取下第二挡齿轮的滚针轴承。

5）拆下第三挡锁环。

6）拆下第三挡齿轮。

7）拆下第四挡齿轮的锁环。

8）拆下第四挡齿轮。

9）拆下输出轴的前轴承。

（6）变速器壳体的分解（见图 3-11）

1）拆下分离轴。

2）取下加油塞。

3）拆下差速器。

4）拆下输入轴的密封圈。

5）小心取下输入轴的挡油圈。

6）取下输入轴的滚针轴承。

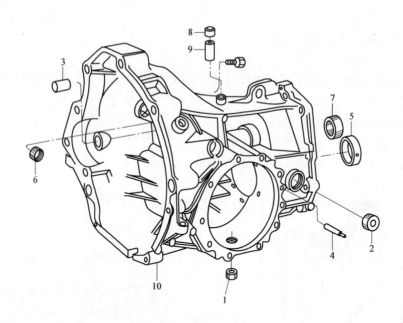

图 3-11 变速器壳体的分解

1—放油螺塞（拧紧力矩为 25N·m） 2—注油螺塞（拧紧力矩为 25N·m） 3—起动机衬套
4—圆柱销 5—输出轴前轴承外环 6—离合器分离叉轴右衬套
7—输入轴滚针轴承 8—防护罩 9—通气管 10—变速器壳体

7）取下输出轴前轴承外环的固定圆柱销。

8）取下输出轴前轴承外环。

4. 变速器的安装

变速器的安装按与拆卸顺序相反的步骤进行。

考 核

序号	考核内容	配分	评分标准	考核记录	扣分	得分
1	正确使用工具、仪器	10	仪器使用不当最多扣 10 分			
			工具使用不当酌情扣分			
2	就车拆卸变速器总成	25	拆卸过程每错一步扣 5 分			
3	变速器总成的分解	30	分解过程每错一步扣 5 分			
4	变速器总成的安装	25	安装过程每错一步扣 10 分			
5	操作规范、不超时	10	不规范操作扣 5 分，超时扣 5 分			
6	遵守安全规范，无事故		不规范操作造成严重事故者，本次考核按 0 分计			
7	总分	100				
			教师签字		年 月 日	

模块三　手动变速器的拆装与检修

想一想，做一做

对照分解后的变速器绘制各挡的动力传递图。

项目 3.2　手动变速器的检修

 **项目目的**

1) 掌握手动变速器的检修方法。
2) 熟悉普通齿轮变速器的结构和工作情况。
3) 熟悉变速器操纵机构的结构和工作情况。
4) 了解同步器的结构及工作情况。

 **项目内容**

1) 检查所有齿轮和轴承的损坏情况。
2) 输入轴、输出轴的检修。
3) 同步器的检查。
4) 变速器壳体的检修。
5) 变速器盖的检修。
6) 变速器操纵机构的检修。

 **相关知识**

锁环式惯性同步器的结构如图 3-12 所示。

如图 3-12 所示，锁环式惯性同步器由花键毂 3、接合套 2、锁环（也称同步环）1 和 6、三个滑块 4 及其定位销 5、弹簧 7 等组成。

花键毂 3 以其内花键套装在第二轴的外花键上，并用卡环 18 轴向固定。锁环 1 和 6 分别装在花键毂 3 的两端以及六挡接合齿圈 10 和五挡接合齿圈 11 之间。锁环具有内锥面，齿圈 10 和 11 的端部具有相同的外锥面，两者之间通过锥面相接触。为了增加其接触锥面之间的摩擦力，在锁环内锥面上车有细密的螺纹槽，以使两锥面接触后能够破坏锥面间的油膜，提高摩擦因数。锁环上有断续的短花键齿圈，其花键齿的断面形状和尺寸与齿圈 10、11 花键毂上的外花键齿均相同。两个齿圈和锁环上的花键齿，在对着接合套 2 的一端都制有倒角（称为锁止角），且与接合套 2 内花键齿齿端的倒角相同。两个锁环的端部沿圆周相间均布着三个缺口 c 和三个凸起部 d。三个滑块 4 分别安装在花键毂的三个均布的轴向槽 b 内，并可沿槽轴向移动。三个定位销 5 分别插入三个滑块中部的通孔中，在弹簧 7 的作用下，定位销压向接合套，使定位销向外伸出的球形端部正好嵌在接合套中部的凹槽 a 中，其作用是保证接合套在空挡时处于正中位置。三个滑块 4 的两端伸入到两边锁环上的缺口 c 中，滑块的宽度小于缺口 c 的宽度。两个锁环上的三个凸起部位 d 则分别伸入到花键毂的三个通槽中，凸起部位 d 沿圆周方向的宽度小于通槽 e 的宽度，而且只有当凸起部位 d 位于通槽 e 的中央位置时，接合套的齿才能与锁环的齿进行啮合。

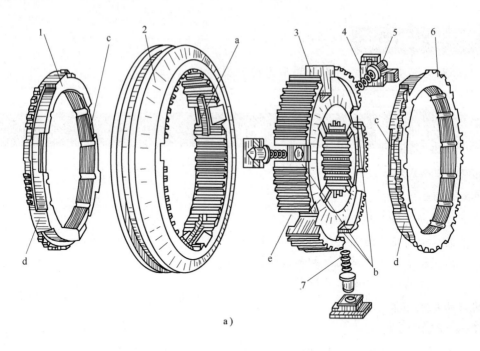

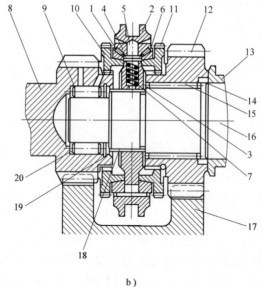

图 3-12 锁环式惯性同步器的结构

1、6—锁环 2—接合套 3—花键毂 4—滑块 5—定位销 7—弹簧
8—第一轴 9、15—滚针轴承 10—六挡接合齿圈 11—五挡接合齿圈 12—第二轴五挡齿轮
13—衬套 14、18、19—卡环 16—第二轴 17—中间轴五挡齿轮 20—挡圈

设备、工具和材料准备

1）桑塔纳轿车四、五挡变速器。
2）常用工具、专用工具及拆装工作台。
3）磁力表架、百分表头、V形架、塞尺。

1）齿厚的磨损量不超过 0.2mm。
2）齿长的磨损量不应超过总长度的 15%，否则应更换齿轮。
3）同步环的间隙见表 3-1。

表 3-1　同步环的间隙　　　　　　　　　　　　　　　（单位：mm）

同 步 环	间　　隙	
	新的零件	磨损的限度
一挡和二挡	1.10~1.17	0.05
三挡和四挡	1.35~1.90	0.05
五挡	1.10~1.70	0.05

1. 检查所有齿轮和轴承的损坏情况

1）目视检查所有齿轮和轴承，如果有明显的损坏，则应更换。

2）目视检查齿面是否有斑点，如果斑点轻微，则可以用磨石修磨；如果斑点面积超过齿面面积的 15%，则应更换齿轮。

3）检查齿厚，如果齿厚的磨损量超过 0.2mm，则应更换齿轮。

4）检查齿长的磨损量，如果超过总长度的 15%，则应更换齿轮。

5）装好轴承和内座圈后，用百分表检查齿轮与内座圈之间的间隙，如图 3-13 所示。标准间隙为 0.009~0.060mm，极限间隙为 0.15mm，如果超标，则应更换轴承。

注意：若需要更换齿轮，则除更换所损坏的齿轮外，还需更换其他轴上的相应齿轮。

2. 输入轴、输出轴的检修

1）目视检查输入轴、输出轴，不应有裂纹，轴径及花键不应有严重磨损现象，轴上的齿轮不应有断齿和严重磨损现象，否则应更换。

2）检查轴的径向圆跳动，如图 3-14 所示。径向圆跳动量不应超过 0.05mm，否则应对轴进行更换或校正。

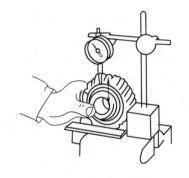

图 3-13　检查轴承间隙

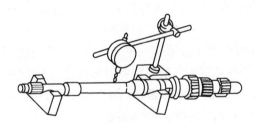

图 3-14　检查轴的径向圆跳动

3. 同步器的检查

用钢丝刷清洗同步环的内锥面，如图 3-15 所示。

在更换一挡齿轮滚针轴承的内圈或输出轴的后轴承时，计算输出轴的调整垫片厚度。

将同步环压在各自齿轮的锥面上，检查间隙 A 的值，如图 3-16 所示。间隙 A 的规定值参见表 3-1。

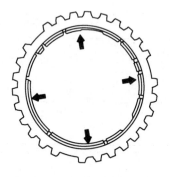

图 3-15 清洗同步环的内锥面

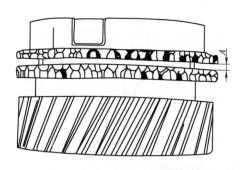

图 3-16 检查间隙

将同步环贴在极其平滑的表面上（平板、玻璃等），对其扭曲情况进行分析。用轻度的压力将同步环装在各自齿轮的锥面上，移动齿轮的锥环，对过度的侧面间隙（呈椭圆形）进行分析，如图 3-17 所示。如果出现前述任何一种不正常现象，就应更换同步环。

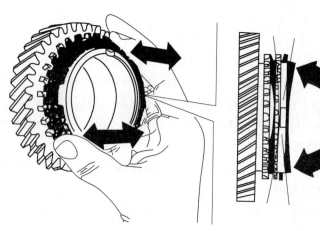

图 3-17 检查同步环

4. 变速器壳体的检修

变速器壳体的主要损伤表现为：壳体的变形、裂纹、定位销孔、轴承孔、螺纹磨损等。

1) 变速器壳体不得有裂纹，对于受力不大的裂纹，可用环氧树脂黏结或进行焊接修复。当轴承座孔、定位销孔、螺纹孔等重要部位出现裂纹时，必须更换壳体。

2) 变速器壳体的变形将破坏齿轮的正常啮合，引起变速器故障。检查时，对于三轴式变速器，要用专用量具进行检查。主要检查以下项目：

① 上下两孔轴线间的距离。

② 上下两孔轴线的平行度误差。

③ 上孔轴线与上平面间的距离。

④ 前后两端面的平面度误差。两轴式变速器壳体由前、后两部分组成，对于其变形情况，应检查输入轴与输出轴的平行度误差及前后壳体接合面的平面度误差，超过规定时要进行修复。

变速器轴承孔磨损超限、变形时，可采用镶套、刷镀的方法进行修复或更换；当壳体的平面度误差超限时，可采用铲、刨、锉、铣等方法进行修复或更换。

3）壳体上所有连接螺孔的螺纹损伤数量不得多于 2 牙。对于损伤的螺纹孔，可用换加粗螺栓或焊补后重新钻孔的方法进行修复。

5. 变速器盖的检修

1）变速器盖的主要损伤形式有盖的裂纹、变形及轴承的磨损等。

2）变速器盖应无裂纹。与变速器壳体结合平面的平面度误差超限时，可采用铲、刨、锉、铣等方法进行修复或更换；拨叉轴与承孔的间隙超限时，应更换。

6. 变速器操纵机构的检修

变速器操纵机构工作频繁，其损伤常表现为：磨损、变形、连接松动、弹簧失效等。

1）检查变速器操纵机构各零件的连接情况，若有松动，则应及时紧固。

2）检查变速杆、拨叉轴、拨叉等的变形情况，若有变形，则应校正。

3）检查拨叉与接合套、拨叉与拨叉轴、选挡轴等处的磨损情况，若有磨损，则应更换。

4）检查复位弹簧、锁止弹簧的弹性，若失效，则应更换。

考　核

序号	考核内容	配分	评分标准	考核记录	扣分	得分
1	正确使用工具、仪器	10	仪器使用不当最多扣10分			
			工具使用不当酌情扣分			
2	检查所有齿轮和轴承的损坏情况	15	检查过程每量错、判错一次扣5分			
3	输入轴、输出轴的检修	10	检修过程每错一步扣5分			
4	同步器的检查	15	检查过程每错一步扣5分			
5	变速器壳体的检修	15	检修过程每错一步扣5分			
6	变速器盖的检修	15	检修过程每错一步扣5分			
7	变速器操纵机构的检修	10	检修过程每错一步扣5分			
8	操作规范、不超时	10	不规范操作扣5分，超时扣5分			
9	遵守安全规范，无事故		不规范操作造成严重事故者，本次考核按0分计			
10	总分	100				
			教师签字	年　月　日		

想一想，做一做

从结构上分析变速器异响的原因。

项目3.3　东风 EQ1090E 型载货汽车变速器的拆装

项目目的

1）熟悉变速器的动力传递路线。
2）能够按照正确拆装工艺对变速器进行拆装。
3）熟练掌握自锁、互锁倒挡锁止装置的结构与工作过程。

项目内容

1）变速器的动力传递路线。
2）变速器的拆装工艺。
3）自锁、互锁倒挡锁止装置的结构与工作过程。
4）变速器传动机构的拆装。
5）变速器操纵机构的拆装与调整。

相关知识

三轴式变速器广泛用于发动机前置、后轮驱动的汽车上,其特点是传动比的范围大,具有直接挡,使传动效率提高。其变速传动机构包括壳体、第一轴(输入轴)、第二轴(输出轴)、中间轴、倒挡轴、各挡齿轮和轴承等。

目前中型及大型载货汽车上普遍采用锁销式惯性同步器。现以东风 EQ1090E 型载货汽车变速器的四、五挡同步器为例,说明锁销式惯性同步器的结构和工作原理。

1. 结构

东风 EQ1090E 型载货汽车变速器四、五挡同步器的结构如图 3-18 所示。

花键毂 9 通过内花键与第二轴 7 安装在一起。花键毂 9 的两侧分别为第二轴四挡齿轮接合齿圈和第一轴五挡齿轮接合齿圈。接合套 5 上穿有三个锁销 8 和三个定位销 4,锁销和定位销的两端安装着两个带外锥面的摩擦锥环 3(锥面上有螺纹),与摩擦锥环 3 相配合的两个带内锥面的摩擦锥盘 2 则以其内花键齿固装在第一轴五挡齿轮和第二轴四挡齿轮的接合齿圈上,随接合齿圈一起转动。三个锁销的两端与摩擦锥环 3 铆接成一体,锁销两端的直径与接合套上销孔的直径相同。锁销的中部有一段环槽,环槽的两侧和接合套 5 上相应销孔的两端都制有相同的倒角(即锁止角)。三个锁销就通过这三个锁止角起锁止作用。三个定位销 4 对接合套进行空挡定位,并可将作用在接合套上的推力传给摩擦锥环,其定位和传力是靠定位销中的定位环槽与接合套中的钢球和定位弹簧实现的。接合套可沿定位销轴向移动,但不能相对转动。定位销的两端伸入到摩擦锥环相应的浅槽中,但与摩擦锥环并不固定,有一定的间隙,因此两摩擦锥环及三个锁销相对于接合套及三个定位销可相对转动一个角度。一个接合套、三个锁销、三个定位销和两个摩擦锥环构成一个整体,通过接合套的内花键齿套在第二轴的花键盘毂上。

2. 工作原理

图 3-18 所示为刚由四挡退入空挡的位置,接合套由定位销和定位钢球定位在中间位置。

模块三　手动变速器的拆装与检修

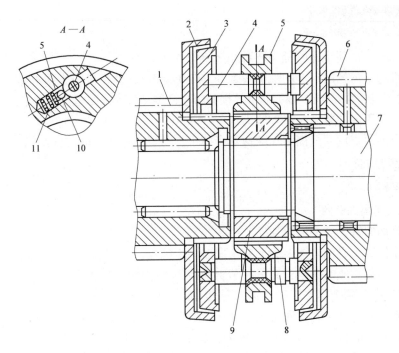

图 3-18　东风 EQ1090E 型载货汽车变速器四、五挡同步器的结构
1—第一轴五挡齿轮　2—摩擦锥盘　3—摩擦锥环　4—定位销　5—接合套
6—第二轴四挡齿轮　7—第二轴　8—锁销　9—花键毂　10—钢球　11—弹簧

当要挂上五挡时，向左拨动接合套，接合套便通过钢球和定位销推动左侧的摩擦锥环 3 向左移动，使之与左侧的摩擦锥盘 2 相接触。由于此时摩擦锥环 3 与摩擦锥盘 2 的转速不相同，所以两者一接触，便在其摩擦锥面摩擦力矩的作用下，使摩擦锥环 3 连同锁销 8 一起相对于接合套 5 转过一个角度，使锁销中部环槽倒角与接合套销孔端倒角的锥面互相抵触，从而使锁销产生锁止作用，阻止接合套向左移动（见锁销放大图）。与锁式同步器一样，在锁止倒角上的切向分力也形成一个拨环力矩而力图使锁销及锥后环倒转。但在摩擦锥环与摩擦锥盘未达到同步前，由摩擦锥盘 2 所形成的摩擦力矩总是大于拨环力矩，因而可以阻止接合套 5 与齿圈在同步之前进入啮合。

而只有达到同步后惯性力矩消失，拨环力矩便可拨动锁销及摩擦锥环、摩擦锥盘和第一轴五挡齿轮接合齿圈等一起相对于接合套转过一个角度，使锁销重新与接合套的销孔对中。接合套便在轴向推力的作用下，压入钢球 10 而沿定位销和锁销向左移动，与第一轴五挡齿轮的接合齿圈进入啮合，即完成挂入五挡的换挡过程。

设备、工具和材料准备

1) 东风 EQ1090E 型载货汽车变速器挂图。
2) 常用拆装工具一套。
3) 变速器一台。
4) 铜棒一根。

1) 同步器同步锥环锥面的径向圆跳动量不得大于 0.1mm。
2) 倒挡齿轮与齿轮的啮合间隙标准为 0.08~0.16mm，使用极限为 0.40mm。
3) 拧紧驻车制动器凸缘套轴头螺母并锁紧牢靠，制动鼓固定螺母拧紧力矩为 65~87N·m。
4) 变速器盖周围的紧固螺栓拧紧力矩为 38~50N·m。
5) 将离合器外壳用螺栓固定在变速器壳体上，拧紧力矩为 240~300N·m。

1. 三轴式变速器的分解

1) 拆下放油螺塞，放尽齿轮油。
2) 将变速杆置于空挡位置，拆下变速器盖固定螺栓，取下变速器盖总成。
3) 驻车制动器总成的拆卸：旋下驻车制动鼓的固定螺栓，卸下制动鼓，拧下第二轴凸缘固定螺母（同时挂上两个挡位，防止第二轴转动），拔下第二轴凸缘（注意：勿损坏 O 形密封圈与挡尘罩），旋下驻车制动底板固定螺栓，取下驻车制动器总成。
4) 变速器后盖的拆卸：如图 3-19 所示，旋下后盖的固定螺栓，取下后油封（勿损伤橡胶油封），拆下偏心套固定螺栓，抽出带速度表从动齿轮的偏心套，拆下第二轴上的速度表主动齿轮。

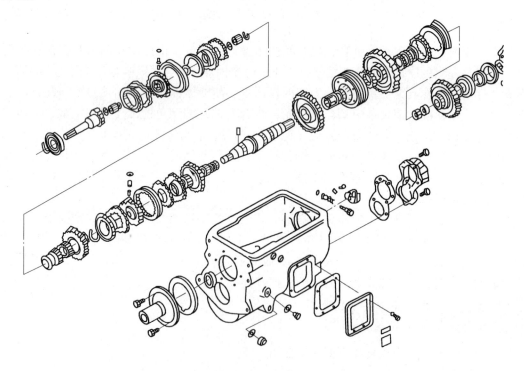

图 3-19　东风 EQ1090E 型载货汽车变速器的分解

5) 第一轴轴承盖及第一轴的拆卸：旋下轴承盖固定螺栓，取下轴承盖（用塑料布包住花键轴，防止损伤油封），用专用工具拔出第一轴，取下轴承的内外卡环，压（拉）出轴承。

6) 第二轴总成的拆卸：首先拆下后端轴承卡环，用铜棒敲击第二轴前端，使其向后窜动一定距离，然后将顶拔器薄钩插入轴承卡环中，拉出后轴承，托住第二轴后端，由壳体内取出前端的同步器总成，再取出第二轴总成。

7) 拆卸中间轴总成、倒挡惰轮轴。

8) 倒挡轴总成的拆卸：拆下轴端锁止件，用专用工具拔出倒挡轴，从壳体内取下倒挡齿轮。

9) 同步器总成的分解：压出滑动齿套，取出滑块、定位块和弹簧。对于同步锥环，应做出装配标记，不可互换。

2. 变速器的装合

1) 同步器总成的装配：依次装好弹簧、滑块和定位块，按装配标记装合同步锥环，用百分表检查锥面的径向圆跳动量（其径向圆跳动量不得大于 0.1mm）并做出必要的调整，再装上卡环。

2) 倒挡轴与惰轮轴的装复：按与拆卸顺序相反的步骤进行装合，并锁止牢固。惰轮轴的轴向间隙应符合规定，若不符合要求，则可用止推垫进行调整。

3) 中间轴总成的装复：按与拆卸顺序相反的步骤装复各件，将其装入壳体内，并将前后轴承安装到位。轴承卡环与槽的侧隙应为零，若松旷，则应更换卡环或予以调整。最后，将前轴承盖垂直压入（注意不可用锤子乱敲，防止变形）。装复后，正反转动中间轴，应转动灵活，无异响，并检查倒挡齿轮与惰轮的啮合间隙（其标准值为 0.08~0.16mm，使用极限为 0.40mm）。

4) 第二轴总成的装合：按顺序装合轴上各件，置入壳内再装上同步器，并使各个齿轮分别与中间轴上的齿轮相啮合，再将后端轴承均匀压入到位（不可对轴承外面加压或施加冲击载荷）。

5) 第一轴总成的装合：将第一轴总成缓慢压入壳体并安好同步器，再压入轴承直至外卡环贴靠前端面。将轴承盖密封垫两侧涂以密封胶后予以装复（勿堵住壳体上的油孔）。

6) 驻车制动器的装合：将驻车制动器装在变速器后盖上，装上凸缘套，拧紧轴头螺母并锁紧牢靠，再将制动鼓固定螺母拧紧（其拧紧力矩为 65~87N·m）。

3. 变速器总成的分解与装合

1) 变速器盖的分解，如图 3-20 所示。

拆卸时应先在各零件上打上装配标记，然后按顺序拆下倒挡信号开关、通气塞、变速器导块和变速叉固定销。翻转变速器盖，用相应直径的圆销将弹性销全部退出。将全部叉轴置于空挡位置，用铜棒敲打轴端并连同塞片一同顶出，取下自锁及互锁弹簧、钢球、锁块，拧下变速手柄和锁紧螺母，取下防尘套，拆下变速杆固定螺栓，拔出变速杆，退出球形帽、弹簧座、弹簧等件，卸下 O 形密封圈和球座，剪断叉形杆固定螺栓锁丝（注意锁丝穿绕方向），拆下螺栓及两个端盖、两个换挡轴。

2) 变速器盖的装复：装复时应按装配标记顺序进行（不可混淆），首先装复变速叉轴、变速叉及变速导块，再将变速叉轴涂以齿轮油，对准标记将变速器叉和导块装入轴孔，然后用专用工具将倒挡自锁弹簧及钢球压入自锁孔内，插入倒挡轴，套上导块总成和倒挡叉，并使轴叉处于空挡位置，接着将互锁块放入互锁孔中，再按顺序装上其余各挡变速叉轴、变速叉及导块（注意，锁销、销块装前应涂以少量润滑脂），随后进行变速叉及导块的固定，将弹性销打入叉孔中（两销开口角度为 180°），再用专用工具将塞片装入相应叉轴端孔中（装配

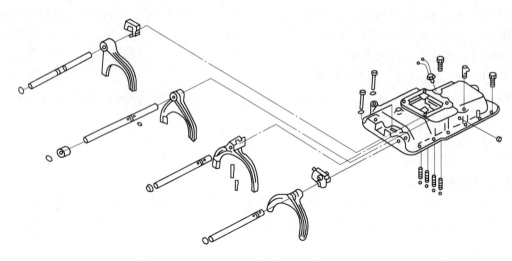

图 3-20 变速器盖的分解

时应涂少量的密封胶),最后装合倒挡开关总成(力矩为 27~32N·m),并检查其准确性,同时装上通气塞。装复后,检验与调整变速叉行程,装复后各变速叉的变速行程应满足技术要求。

3) 变速器顶盖的装复:将叉形拨杆和换挡轴插入顶盖,拧紧叉形拨杆固定螺栓(用锁丝锁紧),放上球座(涂以润滑脂),将 O 形密封圈装入槽内,再将弹簧、弹簧座、球帽装在变速杆上,压下球帽,拧紧紧固螺栓,套上防尘罩,拧上换挡轴两端端盖(装配时应涂以密封胶)。

4. 变速器的总装

1) 变速器盖与壳体的装复:擦净上盖与壳体的接合面,检查其平面度误差,然后装好定位件,在壳体上表面涂以密封胶,将各齿轮及叉轴置于空挡位置,再将变速叉对准相应挡位滑动齿套的槽口,轻轻放下变速器盖(不可大幅度带动,以免破坏密封效果),均匀对称拧紧周围的紧固螺栓(拧紧力矩为 38~50N·m),清理接合面间被挤出的密封胶,再按以上方法装复变速器顶盖。

2) 装复驻车制动操纵杆及各零件。

3) 装复离合器外壳、分离轴承、拉臂、拉杆等件,将离合器外壳用螺栓固定在变速器壳体上(拧紧力矩为 240~300N·m),依次装上通风盖板、分离叉轴及轴承、分离轴承和回位弹簧,再装上分离叉轴拉臂及分离拉杆总成。

考 核

序号	考核内容	配分	评分标准	考核记录	扣分	得分
1	正确使用工具、仪器	10	工具、仪器使用不当最多扣 10 分			
2	正确的拆装顺序	40	拆装顺序错误的情扣分			
	所有零件摆放整齐		摆放不整齐扣 5 分			
	能够正确回答各挡的动力传递路线		回答不出各挡的动力传递路线扣 10 分			

(续)

序号	考核内容	配分	评分标准	考核记录	扣分	得分
3	组装变速器总成	30	组装顺序错误酌情扣分			
4	组装后能够正常工作	10	不能正常工作扣10分			
5	整理工具、清理现场	10	每项扣2分，扣完为止			
6	安全用电、防火、无人身、设备事故		因违规操作发生重大人身和设备事故者，本次考核按0分计			
7	总分	100				
			教师签字		年 月 日	

  想一想，做一做

绘制三挡的动力传递路线。

项目3.4 分动器的拆装

1）掌握拆装分动器的步骤。
2）熟悉分动器各零部件的名称及各挡的动力传递路线。

1）拆下分动器盖及各轴。
2）拆装齿轮传动机构。

为了将变速器输出的动力分配到各驱动桥，在多轴驱动的汽车上均装有分动器。分动器是一个齿轮传动系统。其输入轴直接或通过万向传动装置与变速器第二轴相连，而输出轴有若干个，分别经万向传动装置与各驱动桥连接。

为增加传动系统的最大传动比和挡数，目前绝大多数越野车都装用两挡分动器，使之兼起副变速器的作用。当挂入低速挡时，分动器输出转矩较大，为避免中后桥过载，前桥必须参加驱动，分担部分载荷。

注意：分动器的操纵机构在没接上前桥时，不得挂入低速挡，在没退出低速挡的情况下，不得摘下前桥。

BJ2020型吉普车分动器、分动器拆装工具。

 **操作步骤**

1. 分动器总成的分解

（1）输入轴

1）拆下分动器的上盖。

2）拆下输入轴凸缘锁紧螺母，取出凸缘。

3）分别拆下输入轴前后轴承盖，取下调整垫片，用铜棒往后轻打输入轴，使其向后移出一段距离后，再用顶拔器拉出后轴承。

4）用铜棒继续往后打输入轴，直至前轴承脱离轴颈，依次从分动器壳内取出前轴承、止推垫圈、主动齿轮及隔套，并拉出输入轴。

（2）前桥输出轴

1）拆下前桥输出轴凸缘锁紧螺母，取下凸缘。

2）拆下前壳体固定螺栓，再拆下变速叉的紧固螺栓，卸下前壳体总成，然后取出变速叉。

3）将前桥操纵杆向前扳动，使前桥传动轴啮合套、变速叉轴、变速叉向后移动，拆下其紧固螺栓，取下变速叉。

4）分别拆下前桥输出轴、轴承及油封。

（3）后桥输出轴

1）拆下驻车制动鼓。

2）拆下后桥输出轴凸缘锁紧螺母，取下凸缘。

3）拆下驻车制动蹄片、凸轮和摆臂等。

4）拆下后桥输出轴后盖，依次取出调整垫片、车速表主动齿轮及隔套等。

5）用铜棒轻轻敲击后桥输出轴的前端，使其向后移出，再从分动器壳内依次取出前轴承、常啮合齿轮、滑动齿轮，并向后拉出后桥输出轴。

6）用顶拔器拉出后桥输出轴的后轴承。

（4）操纵机构

1）将分动器前壳体固定在台虎钳上，拆下分动器操纵杆销轴上的润滑脂嘴，取出销轴，卸下分动器操纵杆。

2）拆下变速叉轴两侧壳体上的螺塞，用钢丝取出自锁弹簧和自锁钢球。

3）用铜棒打出变速叉轴。

（5）中间轴

1）拆下中间轴的锁片紧固螺栓及锁片。

2）用顶拔器拉出中间轴，再从分动器内取出中间轴的大小齿轮。

3）从分动器壳体中拆下输入轴和输出轴的前轴承外圈。

2. 分动器总成的装配

（1）后桥输出轴

1）在各油封外壳上涂以密封胶，用压具将油封压入相应的轴承盖承孔中，并在油封的刃口上涂上少量机油。

2）装上输入轴和后桥输出轴前轴承的外圈。

3）在后桥输入轴上涂上少量的机油，并将该轴从后面伸进分动器后桥输出轴的孔内，然

模块三　手动变速器的拆装与检修

后依次套上滑动齿轮、常啮合齿轮和前轴承，接着用铜棒轻轻将该轴从后往前打入，直至前轴承与轴的台阶贴紧。注意：应将滑动齿轮装在后桥输出轴的花键上。

4）装上后桥输出轴的后轴承，到位后，再装上轴承外圈。
5）装上隔套和车速表主动齿轮。
6）装上密封垫，再装上后输出轴的后盖，对称拧紧紧固螺栓。
7）装上后轿输出轴凸轮、制动蹄片、蹄片回位弹簧。
8）装上后桥输出轴凸缘、垫圈及紧固螺母，按规定力矩拧紧后，装上开口销。
9）装上驻车制动鼓，拧紧固定螺栓。

（2）中间轴
1）在中间轴齿轮的孔中装入滚针轴承与隔套，并涂以润滑脂。
2）把中间轴从锁止端的孔中插入（注意勿装反），当该轴的端头刚露出孔的内端面时，将齿轮装在中间轴上。推进中间轴时应注意齿轮内的滚针轴承，并将中间轴推至锁止槽与分动器壳外端面平齐。
3）装上锁片，拧紧螺栓。

（3）操纵机构
1）将前壳体固定在台虎钳上，分别装上变速叉轴和变速叉，装上前桥输出轴、轴承及前桥传动轴啮合套。
2）在两根变速叉轴两侧壳体的销孔中，分别装入自锁钢球和自锁弹簧，再装好螺塞。
3）装上分动器操纵杆及销轴，并装上润滑脂嘴，注入润滑脂。

（4）前桥输出轴
1）把前壳体总成装到分动器上。注意：前桥输出轴与后桥输出轴必须对准。
2）装上后桥输出轴滑动齿轮的变速叉，并拧紧变速叉的紧固螺栓。
3）装上前壳体与分动器壳体的所有联接螺栓，并按规定力矩交叉拧紧。

（5）输入轴
1）把分动器输入轴从壳体后孔装入，并依次装上隔套、止推垫圈、输入轴主动齿轮、前轴承，然后用木锤或铜锤轻轻击打输入轴，使前轴承装配到位。
2）装上输入轴的后轴承、轴承外圈、调整垫片及后轴承盖，交叉拧紧后轴承盖螺栓。
3）在输入轴的前端装上密封垫和前轴承盖，装上紧固螺栓。
4）装上输入轴凸缘、垫圈和锁紧螺母，按规定力矩拧紧紧固螺母，装好开口销。
5）转动输入轴数转后再交叉拧紧前轴承的紧固螺栓。
6）按规定加入机油。
7）装上分动器上盖，并交叉拧紧螺栓。

考　核

序号	考核内容	配分	评分标准	考核记录	扣分	得分
1	正确使用工具、仪器	10	仪器使用不当最多扣 10 分			
			工具使用不当酌情扣分			
2	分动器总成的分解	35	分解各部件时每错一步扣 7 分			

（续）

序号	考核内容	配分	评分标准	考核记录	扣分	得分
3	分动器总成的装配	35	装配各部件时每错一步扣7分			
4	操作规范、不超时	10	不规范操作扣5分，超时扣5分			
5	遵守安全规范，无事故	10	不规范操作造成严重事故者，本次考核按0分计			
6	总分	100				
			教师签字	年　月　日		

> **想一想，做一做**
>
> - 绘制分动器的动力传递路线图。

模块四 自动变速器的拆装与检修

项目 4.1 自动变速器基本部件的拆装

项目目的

1) 熟悉自动变速器的基本结构和各部件的工作原理。
2) 掌握自动变速器各部件的拆装方法。

项目内容

1) 拆卸自动变速器前后壳体、油底壳及阀板。
2) 组装自动变速器阀板、油底壳及前后壳体。

相关知识

一、自动变速器的整体结构

电子控制自动变速器（ECT）主要由变矩器、行星齿轮机构、液压控制系统、电子控制系统等组成。雷克萨斯豪华型 LS400 轿车装备的 A341E 型电子控制式四挡液力自动变速器的组成如图 4-1 所示。

二、自动变速器的分类

1. 按驱动方式分类

按照汽车驱动方式的不同，自动变速器可分为后驱动自动变速器和前驱动自动变速器。

后驱动自动变速器的变矩器和齿轮变速器的输入轴及输出轴在同一轴线上，发动机的动力经变矩器、变速器、传动轴、后驱动桥的主减速器、差速器和半轴传给左右两个驱动轮。

前驱动自动变速器在自动变速器的壳体内还装有主减速器和差速器。纵置发动机前驱动变速器的结构和布置与后驱动自动变速器基本相同。横置发动机前驱动变速器由于汽车横向尺寸的限制，要求有较小的轴向尺寸，通常将输入轴和输出轴设计成两个轴线的方式，变矩器和齿轮变速器输入轴布置在上方，输出轴布置在下方，减少了变速器总体的轴向尺寸，但增加了变速器的高度。

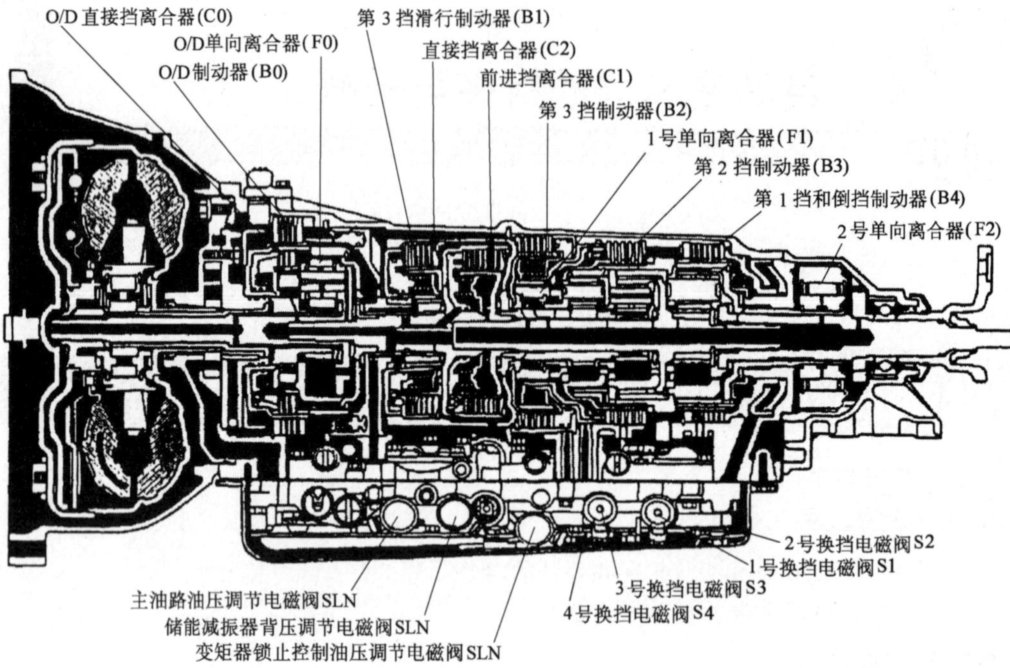

图中标注：
- O/D 直接挡离合器(C0)
- O/D 单向离合器(F0)
- O/D 制动器(B0)
- 第3挡滑行制动器(B1)
- 直接挡离合器(C2)
- 前进挡离合器(C1)
- 第3挡制动器(B2)
- 1号单向离合器(F1)
- 第2挡制动器(B3)
- 第1挡和倒挡制动器(B4)
- 2号单向离合器(F2)
- 2号换挡电磁阀S2
- 1号换挡电磁阀S1
- 3号换挡电磁阀S3
- 4号换挡电磁阀S4
- 主油路油压调节电磁阀SLN
- 储能减振器背压调节电磁阀SLN
- 变矩器锁止控制油压调节电磁阀SLN

图 4-1　A341E 型电子控制式四挡液力自动变速器的组成

2. 按前进挡的挡位数分类

按前进挡的挡位数不同，自动变速器可分为 3 个前进挡的自动变速器、4 个前进挡的自动变速器、5 个前进挡的自动变速器。新型轿车装用的自动变速器基本上都设置 4 个前进挡，即没有超速挡。目前已经开发出装有 5 个前进挡的自动变速器轿车。

3. 按齿轮变速器的类型分类

按齿轮变速器类型的不同，自动变速器可分为行星齿轮式自动变速器和平行轴式（定轴式）自动变速器两种。行星齿轮式自动变速器结构紧凑，能获得较大的传动比，为绝大多数轿车所采用。平行轴式自动变速器体积较大，最大传动比较小，只有少数几种车型使用（如本田雅阁轿车）。

4. 按控制方式分类

按控制方式的不同，自动变速器可分为全液压控制自动变速器和电子控制自动变速器两种。

三、自动变速器的控制原理

自动变速器通过传感器和开关监测汽车和发动机的运行状态，接收驾驶人的指令，将发动机转速、节气门开度、车速、发动机冷却液温度、自动变速器油（ATF）温度等参数转变为电信号，并输入电控单元（ECU）。ECU 根据这些信号，按照设定的换挡规律，向换挡电磁阀、油压电磁阀等发出电子控制信号。换挡电磁阀和油压电磁阀再将 ECU 发出的控制信号转变为液压控制信号。阀板中的各个控制阀根据这些液压控制信号，控制换挡执行机构的动作，从而实现自动换挡。自动变速器的控制原理如图 4-2 所示。

模块四　自动变速器的拆装与检修

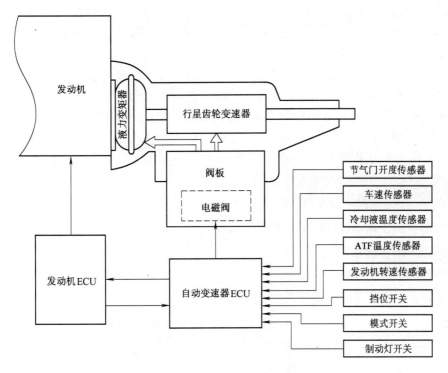

图 4-2　自动变速器的控制原理

在自动变速器中，自动换挡过程主要通过离合器与制动器实现。平行轴式齿轮变速机构与手动变速器中的平行轴式齿轮变速机构相比，最大的差别在于自动变速器中的齿轮与轴的连接通过多片式离合器实现。当前离合器接合、后离合器分离时，自动变速器为低挡；当前离合器分离、后离合器接合时，自动变速器为超速挡。

四、电控液力自动变速器挡位介绍

通常，自动变速器的变速杆有 4~7 个位置。例如，本田车系有 7 个位置，分别为 P、R、N、D4、D3、2、1；丰田车系有 6 个位置，分别为 P、R、N、D、2、L；日产车系有 6 个位置，分别为 P、R、N、D、2、1；欧美部分车系有 6 个或 7 个位置，分别为 P、R、N、D、S、L，或者 P、R、N、D、3、2、1 等。常见变速杆位置的功能如下：

1) P 位：停车位。当变速杆置于该位置时，停车锁止机构将变速器输出轴锁止。

2) R 位：倒挡位。当变速杆置于该位置时，液压系统倒挡油路被接通，驱动轮反转，实现倒挡行驶。

3) N 位：空挡位。当变速杆置于该位置时，行星齿轮系统空转，不能输出动力。发动机只有在变速杆位于 P 位或 N 位时，汽车才能起动。此功能靠空挡起动开关来实现。

4) D（D4）位：前进位。当变速杆置于该位置时，液压系统控制装置根据节气门开度信号和车速信号自动接通相应的前进挡油路。行星齿轮系统在执行机构的控制下得到相应的传动比，随着行驶条件的变化，在前进挡中自动升降挡，实现自动变速功能。

5) 3（D3）位：高速发动机制动挡。当变速杆置于该位置时，液压控制系统只能接通前进挡中的一、二、三挡油路，自动变速器只能在这三个挡位间自动换挡，无法升入四挡位，从而使汽车获得发动机制动效果。

6）2（S）位：中速发动机制动挡。当变速杆置于该位置时，液压控制系统只能接通前进挡中的一、二挡油路，自动变速器只能在这两个挡位间自动换挡，无法升入更高的挡位，从而使汽车获得发动机制动效果。

7）1位（也称L位）：低速发动机制动挡。当变速杆置于该位置时，发动机被锁定在前进挡的一挡，只能在该挡位行驶而无法升入高挡，发动机制动效果更强。此挡位多用于山区行驶、上坡加速或下坡时有效地稳定车速等特殊行驶情况，可避免频繁换挡，提高其使用寿命。

2位和L位又称为闭锁挡位，另外有些车型的3位、2位、1位或S位也为闭锁挡位。

A341E型自动变速器、拆装工具1套。

A341E型自动变速器的减振器弹簧规格见表4-1。

表4-1　A341E型自动变速器的减振器弹簧规格

序号	名称	自由长度/mm	外径/mm
1	二挡减振器弹簧	75.25	19.97
2	倒挡减振器弹簧	40.00	14.11
3	倒挡减振器外弹簧	70.78	20.10
4	超速挡减振器弹簧	66.97	16.24
5	直接离合器减振器外弹簧	65.35	20.59
6	直接离合器减振器内弹簧	38.42	14.03

自动变速器的分解方法与步骤，因自动变速器型号的不同而略有不同。下面以雷克萨斯LS400型轿车的A341E型自动变速器为例，详细介绍自动变速器的分解过程，其他型号自动变速器的分解均可参照该方法与步骤进行。

1. 分解自动变速器前后壳体、油底壳及阀板（见图4-3）

1）从自动变速器前方取下变矩器。

2）拆除安装在自动变速器壳体上的部件，如加油管、挡位开关、车速传感器、输入轴传感器等。

3）松开螺栓，拆下自动变速器前端的变矩器壳。

4）拆除输出轴凸缘和自动变速器后端壳，从输出轴上拆下车速传感器感应转子。

5）拆下油底壳，旋下进油滤网与阀板之间的紧固螺栓，从阀板上拆下进油滤网。

6）拔下连接在阀板上的所有线束插头，拆除与节气门阀连接的节气门拉索，松开阀板与自动变速器壳体之间的紧固螺栓（见图4-4），取下阀板总成。阀板上的螺栓除了一部分固定在自动变速器壳体上之外，还有许多是上下阀板之间的紧固螺栓。在拆卸阀板总成时，应对照相应的自动变速器维修手册，认准阀板与自动变速器壳体之间的紧固螺栓。若没有自动变速器维修手册,则在拆卸阀板时,应先松开阀板四周的固定螺栓,再检查阀板总成是否松动,若未松动,则可将阀板中间的所有螺栓逐个松开少许,直至阀板总成松动为止,即可找出阀板上所有固定在自动变速器壳上的紧固螺栓。

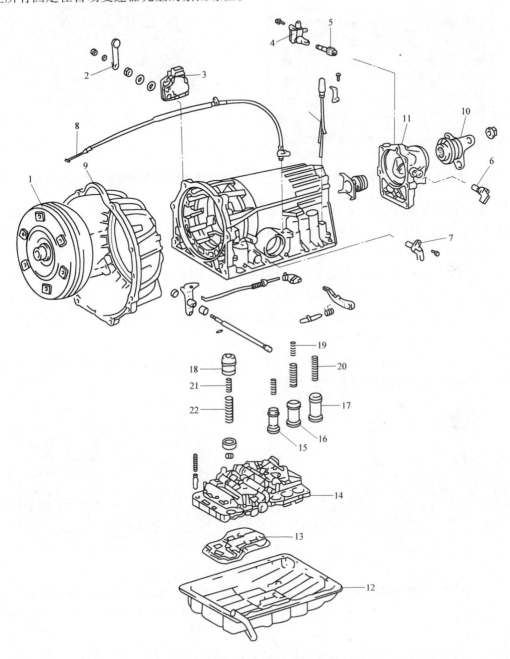

图 4-3　A341E 型自动变速器的分解(一)

1—变矩器　2—手动阀摇臂　3—挡位开关　4、6—车速传感器　5—车速表传感器驱动齿轮
7—输入轴　8—节气门拉索　9—变矩壳　10—输出轴凸缘　11—后端壳
12—油底壳　13—进油滤网　14—阀板　15~18—减振器活塞　19~22—减振弹簧

有些自动变速器阀板与自动变速器壳体之间有油管连接(如 A340 型自动变速器),对此

可先用螺钉旋具将油管撬起后再拆下阀板总成，如图4-5所示。

7) 取出自动变速器壳体油道中的止回阀和弹簧。

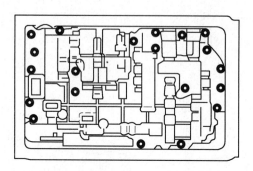
图4-4 自动变速器阀板紧固螺栓

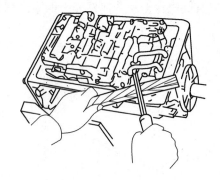
图4-5 拆除阀板与壳体之间的油管

8) 取出自动变速器壳体上的减振器（又称蓄能器）活塞。方法是：用手指按住减振器活塞，从减振器活塞周围相应的油孔中吹入压缩空气，将减振器活塞吹出。

2. 组装自动变速器阀板、油底壳及前后壳体

1) 安装四个减振器活塞及其弹簧，如图4-6所示。在安装之前，应更换所有减振器活塞上的O形密封圈，并在活塞上涂少许液压油。

注意：要防止装错减振器弹簧，应测量各个弹簧的长度、外径，并与表4-1进行比较。

2) 装入壳体油道上的止回阀。

3) 将阀板总成装入自动变速器，按图4-7所示的方法，将不同长度的紧固螺栓装入相应的位置，按10N·m的力矩拧紧各个紧固螺栓。

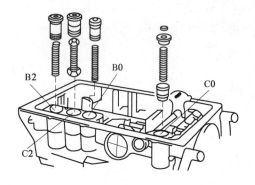
图4-6 减振器活塞的安装

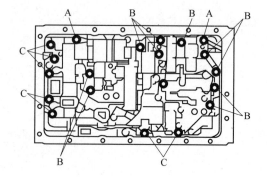
图4-7 阀板紧固螺栓的位置及规格
A—长度为28.6mm的紧固螺栓　B—长度为33.6mm的紧固螺栓　C—长度为41.6mm的紧固螺栓

4) 安装节气门拉索，将节气门拉索与节气门阀连接。

5) 接上各个电磁阀的线束插头，装上进油滤网，安装油底壳。

6) 将车速传感器感应转子装上输出轴。

7) 安装自动变速器后端壳和输出轴凸缘，用冲子将紧固螺母锁死在输出轴上。

8) 安装自动变速器的端壳。其紧固螺栓有大小两种规格，大螺栓的拧紧力矩为57N·m，小螺栓的拧紧力矩为34N·m。

模块四　自动变速器的拆装与检修

9）安装自动变速器外壳上的其他部件，如车速传感器、输入轴转速传感器、挡位开关、加油管等。

10）往变矩器内倒入约 2L 干净的液压油，将加满液压油的变矩器装入自动变速器前端。

考　核

序号	考核内容	配分	评分标准	考核记录	扣分	得分
1	正确使用工具、仪器	10	仪器使用不当最多扣 10 分			
			工具使用不当酌情扣分			
2	分解自动变速器前后壳体、油底壳及阀板	40	拆卸过程每错一步扣 5 分			
3	组装自动变速器阀板、油底壳及前后壳体	40	安装过程每错一步扣 5 分			
4	操作规范、不超时	10	不规范操作扣 5 分，超时扣 5 分			
5	遵守安全规范、无事故		不规范操作造成严重事故者，本次考核按 0 分计			
6	总分	100				
			教师签字		年　月　日	

 想一想，做一做

比较自动变速器与手动变速器在结构与控制原理上的区别。

项目 4.2　自动变速器行星齿轮的拆装

 **项目目的**

1）熟悉自动变速器行星齿轮机构的结构。
2）掌握自动变速器行星齿轮机构的拆装步骤与方法。

 **项目内容**

1）自动变速器行星齿轮机构的分解。
2）自动变速器行星齿轮机构的组装。

 **相关知识**

自动变速器是建立在齿轮工作原理基础上的，多数自动变速器采用行星齿轮机构提供不同的传动比。传动比可以由驾驶人手动选择，也可以由电控系统或液压控制系统通过接合和释放换挡离合器与制动器来自动选择。单排行星齿轮机构是由一个太阳轮、一个带有两个或多个行星齿轮的行星架和一个齿圈组成的。由于行星齿轮处于常啮合状态，因此这种结构使

换挡迅速、平稳、准确,并且不会产生有级齿轮那种齿轮碰撞和不完全啮合的现象。图 4-8 为丰田 A340 系列自动变速器的结构及工作原理图,在拆装以前可先温习一下自动变速器的结构工作原理。

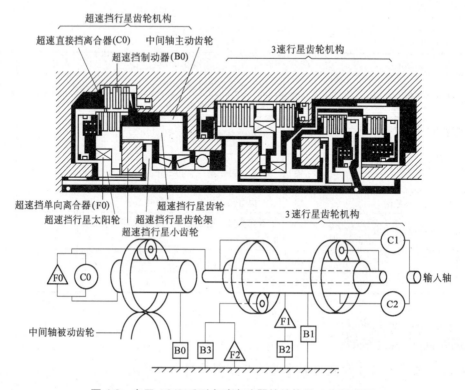

图 4-8 丰田 A340 系列自动变速器的结构及工作原理图

A341E 型自动变速器、拆装工具 1 套。

技术标准及要求

A341E 型自动变速器的离合器与制动器装配间隙见表 4-2。

表 4-2 A341E 型自动变速器的离合器与制动器装配间隙

离合器的名称	代 号	自由间隙/mm	制动器的名称	代 号	自由间隙/mm
超速离合器	C0	1.45~1.70	超速制动器	B0	1.75~2.05
前进离合器	C1	0.70~1.00	二挡强制制动器	B1	2.00~3.00
高、倒挡离合器	C2	1.37~1.60	二挡制动器	B2	0.63~1.98
			低、倒挡制动器	B3	0.7~1.22

1. 分解行星齿轮变速器(见图 4-9)

1)从自动变速器前方取出超速行星架和直接离合器组件及超速齿圈。

模块四　自动变速器的拆装与检修

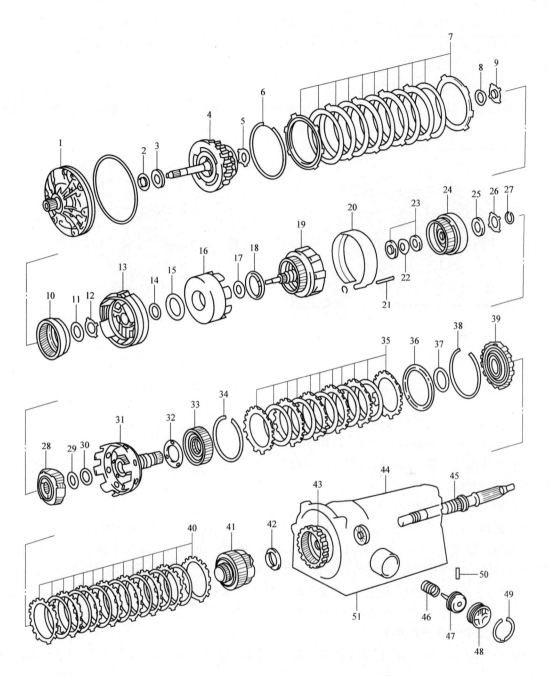

图 4-9　A341E 型自动变速器的分解（二）

1—液压泵　2、5、9、11、14、23、26、29—止推垫片　3、8、12、17、22、25、30、42、44—推力轴承　4—超速行星架和直接离合器组件　6、27、34、38、49—卡环　7—超速制动器钢片和摩擦片　10—超速齿圈　13—超速制动器鼓　15、18、32、37—尼龙止推垫圈　16—高挡及倒挡离合器组件　19—前进离合器组件　20—二挡强制制动带　21—制动带销轴　24—前齿圈　28—前行星架　31—前后太阳轮组件　33—二挡单向超越离合器　35—二挡制动器摩擦片和钢片　36—活塞衬套　39—二挡制动器鼓　40—低挡及倒挡制动器摩擦片和钢片　41—后行星架和行星轮组件　43—后齿圈　45—输出轴　46—弹簧　47—二挡强制制动带活塞　48—二挡强制制动带液压缸缸盖　50—超速制动毂进油孔油封　51—变速器壳体

2) 拆卸超速制动器：用螺钉旋具拆下超速制动器卡环，取出超速制动器钢片和摩擦片，拆下超速制动器鼓的卡环，松开壳体上的紧固螺栓，用拉具拉出超速制动器鼓，如图4-10a所示。

3) 拆卸二挡强制制动带活塞：从外壳上拆下二挡强制制动带液压缸缸盖卡环，用手指按住液压缸缸盖，从液压缸进油口中吹入压缩空气，将液压缸缸盖和活塞吹出，如图4-10b所示。

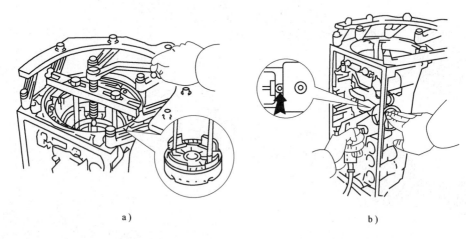

a)　　　　　　　　　　　　b)

图4-10　超速制动器鼓和二挡强制制动带活塞的拆卸

4) 取出中间轴、高挡及倒挡离合器和前进离合器组件。

5) 拆出二挡强制制动带销轴，取出制动带。

6) 拆出前行星架，取出前齿圈，将自动变速器立起，用木块垫住输出轴，拆下前行星架上的卡环，拆出前行星架和行星轮组件。

7) 取出前后太阳轮组件和二挡单向超越离合器。

8) 拆卸二挡制动器，拆下卡环，取出二挡制动器所有的摩擦片、钢片及活塞衬套。

9) 拆卸输出轴、后行星架和低挡及倒挡制动器组件，拆下卡环，抓住输出轴，取出输出轴、后行星架、前进单向超越离合器、低挡及倒挡制动器和二挡制动器鼓组件。

在分解自动变速器时，应将所有组件和零件按分解顺序依次排放，以便于检修和组装。要特别注意各个止推垫片、推力轴承的位置，不可错乱。

2. 行星齿轮变速器的组装

1) 将推力轴承和装配好的输出轴、后行星架和低挡及倒挡制动器装入变速器壳，如图4-11a所示。

2) 装入二挡制动器时，注意将制动器鼓上的进油孔朝向自动变速器下方（即阀板一侧）。安装卡环时，注意使卡环有倒角的一面朝上，如图4-11b所示。

3) 用塞尺测量低挡及倒挡制动器的自由间隙（见图4-11c）。其标准自由间隙见表4-2。若不符合标准，则应取出低挡及倒挡制动器，更换不同厚度的挡圈予以调整。

4) 装入二挡制动器活塞衬套、止推垫片和二挡单向超越离合器，注意二挡单向超越离合器的安装方向，如图4-12所示。

5) 将二挡制动器钢片和摩擦片装入变速器壳体，然后装入卡环。用塞尺测量二挡制动器的自由间隙，并与标准值进行比较，若不符合标准，则应更换不同厚度的挡圈予以调整。

模块四　自动变速器的拆装与检修

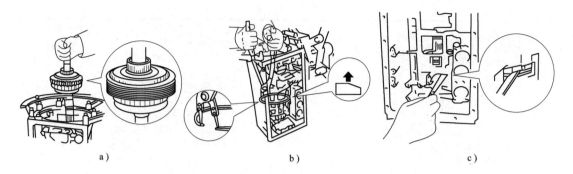

图 4-11　安装后行星架、低挡及倒挡制动器和二挡制动器鼓

6）装入前后太阳轮组件、前行星架、行星轮组件及推力轴承。

7）将自动变速器立起，用木块垫住输出轴，安装前行星架上的卡环及止推垫片。

8）安装二挡强制制动带及制动带销轴。

9）将已装配好的倒挡及高挡离合器组件、前进离合器组件及前齿圈组装在一起，注意安装好各组件之间的推力轴承及止推垫片。

10）让自动变速器前部朝下，将组装在一起的倒挡及高挡离合器组件、前进离合器组件及前齿圈装入变速器（见图 4-13a），并将倒挡及高挡离合器鼓上的卡槽插入前后太阳轮驱动鼓上的卡槽内。

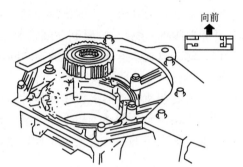

图 4-12　二挡单向超越离合器的安装方向

11）用塞尺测量倒挡及高挡离合器鼓与前后太阳轮驱动鼓卡槽之间的轴向间隙（见图 4-13b），其值应为 9.8~11.8mm，若不符，则说明安装不当，应拆检并重新安装。

12）安装二挡强制制动带活塞及液压缸缸盖。

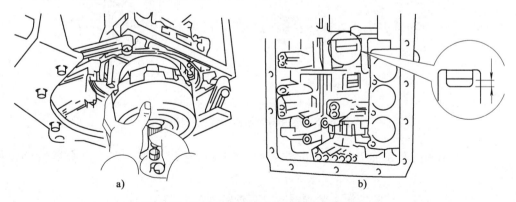

图 4-13　倒挡及高挡离合器鼓等组件的安装

13）安装二挡强制制动带活塞推杆时在其上做一记号（见图 4-14a），将压缩空气吹入二挡强制制动带液压缸进油孔，使活塞推杆伸出，然后用塞尺测量推杆的移动量，如图 4-14b 所示。该值即为二挡强制制动带的自由间隙。将测量结果与表 4-2 进行比较，若不符合要求，则应更换不同长度的活塞推杆予以调整。

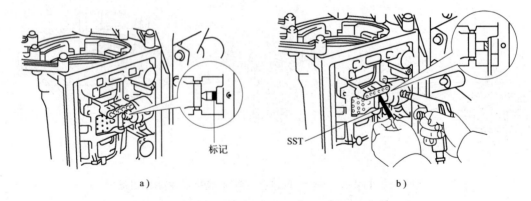

图 4-14 二挡强制制动带自由间隙的检查

14）安装推力轴承、止推垫片和超速制动器鼓（注意使超速制动器鼓上的进油孔和紧固螺栓孔朝向阀板一侧），拧紧制动鼓紧固螺栓，装上卡环。

15）测量自动变速器输出轴的轴向间隙，其值应为 1.23～2.49mm，若不符合要求，则说明安装不当，应拆检后重新安装。

16）安装超速制动器钢片和摩擦片，装上卡环，将压缩空气吹入超速制动器进油孔（见图 4-15a），检查超速制动器的工作情况，并测量超速制动器的自由间隙（见图 4-15b），如不符合标准（见表 4-2），则应更换不同厚度的挡圈予以调整。

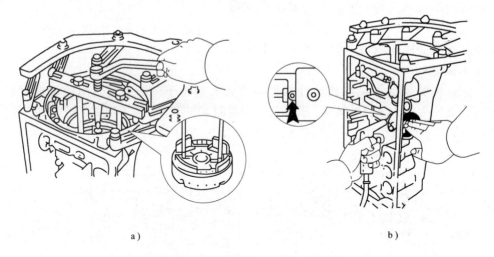

图 4-15 超速制动器工作状况的检查

17）装入超速齿圈和推力轴承、止推垫片，装入超速行星架、直接离合器组件及推力轴承。

18）安装液压泵，拧紧液压泵紧固螺栓，其拧紧力矩为 21N·m。

19）用手转动自动变速器输入轴，应使它在顺时针和逆时针方向都能自由转动。若有异常，则应拆检后重新安装。

20）再次将压缩空气吹入各个离合器、制动器的进油孔（见图 4-16），检查其工作情况。在吹入压缩空气时，应能听到离合器或制动器活塞移动的声音。若有异常，则应重新拆检并找出故障原因。

模块四　自动变速器的拆装与检修

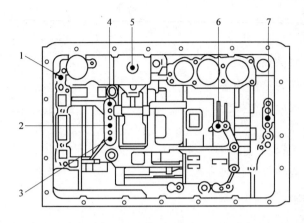

图 4-16　A341E 型自动变速器各个离合器和制动器进油孔的位置
1—直接离合器进油孔　2—倒挡及高挡离合器进油孔　3—前进离合器进油孔　4—超速制动器进油孔
5—二挡强制动带进油孔　6—二挡制动器进油孔　7—低挡及倒挡制动器进油孔

考　核

序号	考核内容	配分	评分标准	考核记录	扣分	得分
1	正确使用工具、仪器	10	仪器使用不当最多扣 10 分			
			工具使用不当酌情扣分			
2	分解行星齿轮变速器	40	拆卸过程每错一步扣 5 分			
3	行星齿轮变速器的组装	40	组装过程每错一步扣 5 分			
4	操作规范、不超时	10	不规范操作扣 5 分，超时扣 5 分			
5	遵守安全规范、无事故		不规范操作造成严重事故者，本次考核按 0 分计			
6	总分	100				
			教师签字		年　月　日	

想一想，做一做

绘制行星架的动力传递路线。

项目 4.3　液力变矩器的检修

项目目的

1) 了解液力变矩器的结构及工作原理。
2) 熟悉并掌握液力变矩器的清洗和检修方法。

1）检查液力变矩器的外观。
2）导轮和涡轮之间的干涉检查。
3）导轮和泵轮之间的干涉检查。
4）检查单向离合器。
5）检查传动板与齿圈。
6）检测液力变矩器轴套的径向圆跳动量。

液力变矩器利用液体平稳地将发动机转矩传递给变速器。变矩器内部是一个环形装置，其中充满自动变速器油，位于发动机和变速器之间。常用的汽车液力变矩器由泵轮、涡轮和导轮组成，它们都有用于提高液力变矩器效率的曲面叶片。泵轮为主动件，与飞轮连接，引导液体冲击涡轮叶片，使叶片转动而驱动涡轮；涡轮为被动件，与变速器输入轴连接；介于两轮液体之间的导轮通过单向自由轮与变速器导管连接。

1. 泵轮

泵轮在变矩器壳体内，上面安装有许多曲面径向叶片，在叶片的内缘上安装有导环，可提供一个通道使自动变速器油流动畅通。变矩器通过驱动端盖与曲轴连接。发动机运转时，带动泵轮一同旋转，泵轮内的自动变速器油依靠离心力向外冲出。当发动机转速升高时，泵轮产生的离心力也随着升高，由泵轮向外喷射的自动变速器油的喷出速度也随着增大。

2. 涡轮

涡轮同样是装有许多曲面叶片的圆盘，其叶片的曲线方向不同于泵轮的叶片。涡轮通过花键与变速器的输入轴相啮合。涡轮的叶片与泵轮的叶片相对而设，相互间保持非常小的间隙。

3. 导轮

导轮是装有叶片的小圆盘，位于泵轮和涡轮之间。它安装于导轮轴上，通过单向离合器固定于变速器壳体上。

导轮上的单向离合器可以锁住导轮，以防止导轮反向转动。因此，导轮可根据工作液冲击叶片的方向进行旋转或锁住。

另外，要注意的是，当泵轮已经转动而涡轮还没有转动（即汽车还未起步）时，如果涡轮开始转动（即汽车起步后），则情况将有所改变。由于涡轮开始转动，使得从涡轮流入导轮的油液方向有所变化，因此在涡轮转动产生的离心力作用下，油液不再直接射向导轮叶片的前表面，而是越过导轮流回泵轮。流回泵轮的油液方向不再与泵轮转动方向相同，因而失去了对泵轮的增扭作用，所以此时液力变矩器又变成液力偶合器，不再具有增扭的作用。而涡轮转速继续增加，使得从涡轮进入导轮的油液冲击到了导轮叶片的后表面，从而使导轮开始以涡轮和泵轮的转动方向转动。

液力变矩器安装在发动机飞轮上，其作用相当于手动变速器汽车的离合器，但液力变矩器利用液力传动原理，将发动机的动力传递给自动变速器的输入轴。除此之外，液力变矩器还能实现无级变速，且具有一定的减速增扭作用。液力变矩器剖开图如图4-17所示。

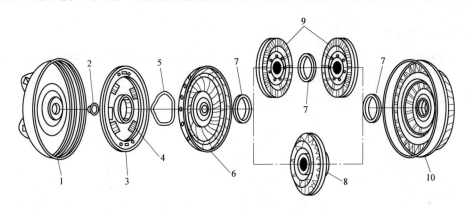

图4-17 液力变矩器剖开图

1—液力变矩器壳组件 2—涡轮止推片 3—压盘组件 4—减振器组件 5—压盘弹簧 6—涡轮组件
7—推力轴承组件 8—单导轮组件 9—双导轮组件 10—变矩器泵轮组件

液力变矩器1台，百分表、游标卡尺、金属直尺各1件。

1) 液力变矩器轴套的径向圆跳动量小于0.3mm，传动板的径向圆跳动量小于0.2mm。
2) 液力变矩器的安装面至自动变速器壳体正面的距离应为17.1mm。

1. 外部检查液力变矩器

检查液力变矩器外部有无损坏现象和裂纹，轴套外径有无磨损现象，驱动液压泵的轴套缺口有无损伤现象。若有异常，则应更换液力变矩器。

2. 导轮和涡轮之间的干涉检查

1) 将液力变矩器与飞轮连接侧朝下放在台架上，然后装入液压泵总成，确保液力变矩器的液压泵驱动毂与液压泵主动部分接合好。

2) 把变速器输入轴（涡轮轴）插入涡轮轮毂中，使液压泵和液力变矩器保持不动，然后按顺时针方向、逆时针方向反复转动涡轮轴（见图4-18），如果转动不顺畅或有噪声，则更换液力变矩器。

3. 导轮和泵轮之间的干涉检查

1) 将液压泵放在台架上，并把液力变矩器安装在液压泵上。

2) 旋转液力变矩器，使液力变矩器的液压泵驱动毂与液压泵主动部分接合好。

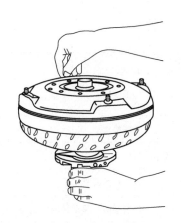

图4-18 导轮和涡轮之间的干涉检查

3）定住液压泵并逆时针方向转动液力变矩器，如果转动不顺畅或有噪声，则更换液力变矩器。

4. 检测单向离合器

如图 4-19 所示，装上维修专用工具，使其贴合在液力变矩器壳缺口和单向离合器的外座圈中，转动驱动杆，检查单向离合器工作是否正常。其在逆时针方向转动时应锁住，而在顺时针方向应能自由转动。若有异常，则说明单向离合器损坏，应更换液力变矩器。

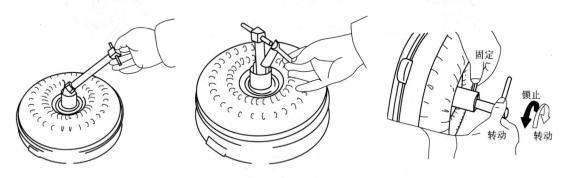

图 4-19 单向离合器的检查

5. 检测传动板与齿圈

用百分表测量传动板的径向圆跳动量，最大径向圆跳动量不应超过 0.20mm；检查齿圈有无变形和断齿。

6. 检测液力变矩器轴套的径向圆跳动量

暂时将液力变矩器装在传动板上，安装百分表，如图 4-20 所示。若径向圆跳动量超过 0.30mm，则可通过重新调整液力变矩器的安装方位进行校正，并在校正后的位置上做一记号，以保证安装正确。若无法校正，则应更换液力变矩器。

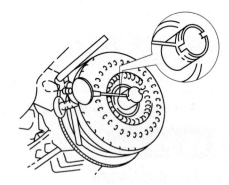

图 4-20 液力变矩器轴套径向圆跳动量的检查

考 核

序号	考核内容	配分	评分标准	考核记录	扣分	得分
1	正确使用工具、仪器	10	仪器使用不当最多扣 10 分			
			工具使用不当酌情扣分			
2	外部检查	10	外部检查过程少一项扣 5 分			
3	单向离合器的检查	20	检查过程错误扣 20 分			
4	传动板的检查	20	检查过程错误扣 15 分			
5	轴套径向圆跳动量的检测	20	检测过程错误扣 15 分			
6	安装要求	10	安装过程错误扣 10 分			

(续)

序号	考核内容	配分	评分标准	考核记录	扣分	得分
7	操作规范、不超时	10	不规范操作扣5分，超时扣5分			
8	遵守安全规范，无事故		不规范操作造成严重事故者，本次考核按0分计			
9	总分	100				
			教师签字		年 月 日	

  想一想，做一做

叙述液力变矩器工作时油液的运动和受力方向。

项目4.4 液压泵的检修

 项目目的

1) 了解液压泵的结构、工作原理和类型。
2) 掌握液压泵的拆装及检修方法。

 **项目内容**

1) 液压泵的分解与组装。
2) 液压泵的检修。
3) 液压泵性能的检测。

 **相关知识**

一、液压泵的相关知识

液压泵用于输送工作油液至液力偶合器，润滑行星齿轮装置，向液压控制系统提供工作压力。液压泵的结构如图4-21所示。液压泵的主动齿轮通过液力变矩器的泵轮由发动机持续驱动。液压泵的转速随发动机转速的改变而改变，其排油量也随之变化。

注意： 当配有手动变速器的车辆起动系统发生故障时，可用人推或溜车的方法起动发动机，但是，这个方法不适用于采用自动变速器的车辆，因为尽管推动车辆能使输出轴转动，但是液压泵不会向液压控制系统供给工作油液压力，行星齿轮装置也就接收不到工作油液的压力，即使变速杆置于D位，变速器齿轮也保持在空挡状态，输出轴的动力无法传递至发动机。

另外，当牵引故障车辆时，由于发动机不工作，因此自动变速器的液压泵不工作，工作油液就不会输送到变速器。如果故障车辆被高速或长距离牵引，各种旋转零件上的保护油膜就会消失，从而会引起变速器卡死。所以，应在低速（30km/h）条件下牵引故障车辆并且每次牵引距离不能超出 80km。如果变速器本身有故障或者开始严重泄漏工作油液，则牵引车辆时应提起驱动轮，使其脱离地面，或者将传动轴脱开。

二、限压阀与散热器旁通阀的相关知识

1. 限压阀

如图 4-22 所示，限压阀用来调节液压泵的输出压力，使其不超出预定的最高值。

2. 工作油液散热器旁通阀

如图 4-22 所示，该旁通阀用作安全阀，其目的是使流入机油散热器的工作油液压力不超出一定值。

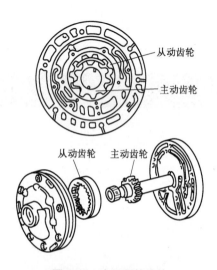

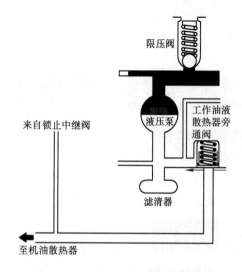

图 4-21　液压泵的结构　　　　图 4-22　限压阀和机油散热器旁通阀

A341E 型自动变速器液压泵 1 台，常用工量具 1 套。

1) A341E 型液压泵的齿轮间隙要符合以下要求：

① 内齿轮与壳体的标准间隙为 0.07～0.15mm，最大间隙为 0.3mm。

② 齿顶与月牙板的标准间隙为 0.11～0.14mm，最大间隙为 0.3mm。

③ 齿轮端隙的标准值为 0.02～0.05mm，最大间隙为 0.1mm。

2) 液压泵盖紧固螺栓的拧紧力矩为 10N·m。

1. 液压泵的拆卸

1) 拆下液压泵周围的紧固螺栓。

2) 用专用拉具拉出液压泵总成，如图 4-23 所示。

模块四　自动变速器的拆装与检修

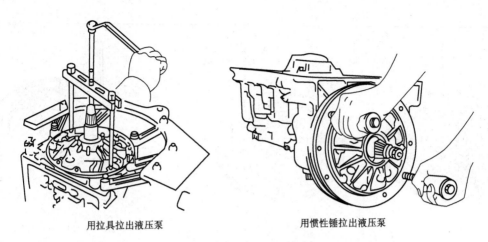

用拉具拉出液压泵　　　　　　　用惯性锤拉出液压泵

图 4-23　液压泵的拆卸

液力变矩器外壳采用焊接式的整体结构，不可分解。液力变矩器内部除了导轮的单向离合器和锁止离合器压盘之外，没有互相接触的零件，因此在使用中基本上不会出现故障。液力变矩器的维修工作主要是清洗和检查。

2. 液压泵的分解

1）拆下液压泵后端轴颈上的密封环，如图 4-24 所示。
2）按照对称交叉的顺序依次松开液压泵的联接螺栓，打开液压泵。
3）用油漆在小齿轮和内齿轮上做一记号，取出小齿轮及内齿轮。

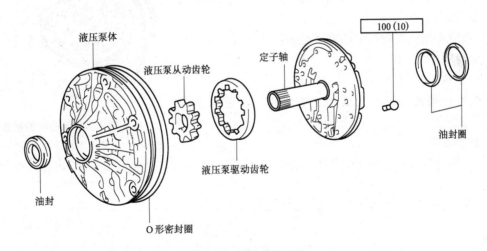

图 4-24　液压泵的分解

注：油封和 O 形密封圈是不可重复使用的零件。

4）拆下液压泵前端盖上的油封。

3. 液压泵零件的检验

1）用塞尺分别测量液压泵内齿轮外圆与液压泵壳体之间的间隙（见图 4-25a），小齿轮及内齿轮的齿顶与月牙板之间的间隙（见图 4-25b），小齿轮及内齿轮端面与泵壳平面的端隙（见图 4-25c），其均应符合技术标准，否则应更换齿轮、泵壳或液压泵总成。
2）检查液压泵小齿轮、内齿轮与泵壳端面有无可见的磨损痕迹，若有，则应更换新件。

图 4-25 液压泵齿轮间隙的测量

4. 液压泵的组装

用干净的煤油清洗液压泵的所有零件,并用压缩空气吹干,再在清洁的零件上涂少许自动变速器用液压油,然后按下列步骤组装:

1) 在液压泵前端盖上装入新的油封。

2) 更换所有的 O 形密封圈,并在新的 O 形密封圈上涂自动变速器油。

3) 按与分解顺序相反的步骤组装液压泵各零件。

4) 按照对称交叉的顺序,依次拧紧液压泵盖紧固螺栓,拧紧力矩为 10N·m。

5) 在液压泵后端轴颈上的密封环槽内涂上润滑脂,安装新的密封环。

5. 检查液压泵运转性能

将组装后的液压泵插入液力变矩器中(见图 4-26),然后转动液压泵,齿轮转动应平顺、无异响。

图 4-26 液压泵性能的检查

6. 注意事项

1) 分解液压泵时,不要损伤液压泵前端盖,不可用冲子在液压泵齿轮和液压泵壳上做记号。

2) 在拆卸液压泵小齿轮和内齿轮时应做记号。

考 核

序号	考核内容	配分	评分标准	考核记录	扣分	得分
1	正确使用工具、仪器	10	仪器使用不当最多扣 10 分			
			工具使用不当酌情扣分			
2	液压泵的分解	25	分解过程每错一步扣 5 分			
3	液压泵的检修	30	检修过程每错一步扣 5 分			
4	液压泵的装配	25	装配过程每错一步扣 5 分			

模块四　自动变速器的拆装与检修

（续）

序号	考核内容	配分	评分标准	考核记录	扣分	得分
5	操作规范、不超时	10	不规范操作扣 5 分，超时扣 5 分			
6	遵守安全规范，无事故		不规范操作造成严重事故者，本次考核按 0 分计			
7	总分	100				
			教师签字	年　月　日		

  想一想，做一做

简述齿轮式液压泵的泵油原理。

项目 4.5　行星齿轮机构的检修

 项目目的

1）了解行星齿轮机构的结构及工作原理。
2）熟悉并掌握行星齿轮机构的拆装及检修方法。

 项目内容

1）行星架、单向离合器锁止方向的检查。
2）行星架、单向离合器的检验。

 相关知识

1）超速行星架、单向超越离合器的分解如图 4-27 所示。

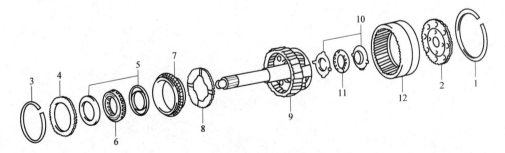

图 4-27　超速行星架、单向超越离合器的分解
1、3—卡环　2—齿圈凸缘盘　4—挡圈　5—挡环　6—单向超越离合器　7—单向超越离合器外圈
8—止推垫片　9—超速行星架和行星轮组件　10—止推垫圈　11—推力轴承　12—齿圈

2）前行星架、二挡单向超越离合器的分解如图 4-28 所示。

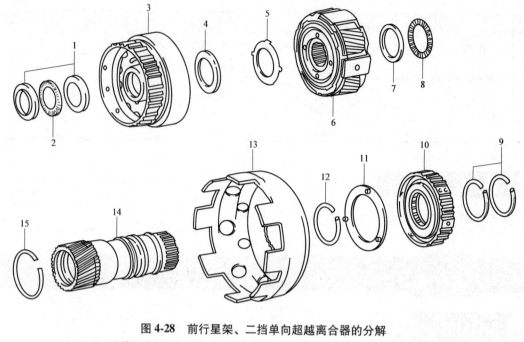

图 4-28　前行星架、二挡单向超越离合器的分解

1、5、7—止推垫片　2、4、8—推力轴承　3—前齿圈　6—前行星和行星轮　9—密封环
10—二挡单向超越离合器　11—止推垫圈　12、15—卡环　13—太阳轮驱动毂　14—太阳轮

3）后行星架、低挡单向超越离合器的分解如图 4-29 所示。

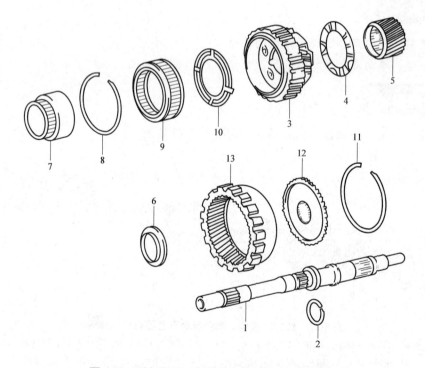

图 4-29　后行星架、低挡单向超越离合器的分解

1—输出轴　2—密封环　3—后行星架　4、10—止推垫圈　5—后太阳轮　6—推力轴承
7—单向超越离合器　8、11—卡环　9—低挡单向超越离合器　12—齿圈圆盘　13—后齿圈

 **设备、工具和材料准备**

A341E 型自动变速器 1 台，常用工具 1 套，塞尺 1 把。

 **技术标准及要求**

行星齿轮和行星架间的间隙应符合标准值 0.2~0.6mm，不超过 1.0mm。

 **操作步骤**

1. 行星架、单向离合器锁止方向的检查

按图 4-30 所示的方法检查单向离合器的锁止方向，应使该单向离合器外圈（行星架）相对于内圈（离合器毂）在逆时针方向（从自动变速器前方看，下同）锁止，在顺时针方向可以自由转动。

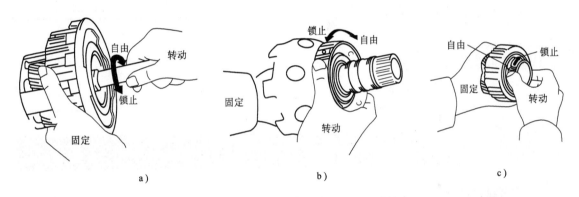

图 4-30 行星架、单向离合器锁止方向的检查
a) 直接单向超越离合器　b) 二挡单向超越离合器　c) 低挡单向超越离合器

2. 行星架、单向离合器的检验

1）检查太阳轮、行星轮、齿圈的齿面，若有磨损或疲劳剥落现象，则应更换整个行星架。

2）检查行星轮与行星架之间的间隙（见图 4-31），其标准间隙为 0.2~0.6mm，最大不得超过 1.0mm，否则应更换止推垫片或行星架和行星轮组件。

3）检查太阳轮、行星架、齿圈等零件的轴颈或滑动轴承处有无磨损现象，若有异常，则应更换新件。

4）检查单向离合器，若滚柱破裂、滚柱保持架断裂或内外围滚道磨损起槽，则应更换新件。

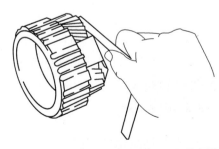

图 4-31 检查行星轮和行星架之间的间隙

3. 注意事项

拆装时应注意各部件的顺序、相互关系及单向离合器的旋向。

考 核

序号	考核内容	配分	评分标准	考核记录	扣分	得分
1	正确使用工具、仪器	10	仪器使用不当最多扣10分			
			工具使用不当酌情扣分			
2	行星架的分解	25	分解过程每错一步扣5分			
3	行星架的检修	30	检修过程每错一步扣5分			
4	行星架的装配	25	装配过程每错一步扣5分			
5	操作规范、不超时	10	不规范操作扣5分，超时扣5分			
6	遵守安全规范，无事故		不规范操作造成严重事故者，本次考核按0分计			
7	总分	100				
			教师签字		年 月 日	

说明行星齿轮的受力关系。

项目4.6 制动器的检修

 项目目的

1) 了解制动器的结构及工作原理。
2) 熟悉并掌握制动器的拆装及检修方法。

项目内容

1) 片式制动器的检查。
2) 带式制动器的检查。
3) 挡圈、活塞回位弹簧等部件的检查。

 相关知识

一、带式制动器相关知识

行星齿轮机构中的三大构件都允许自由旋转，但为了实现某一挡位的变换，需要把其中的一件加以固定，承担该任务的就是制动带和伺服液压缸。两者是配套使用的，有时又将两者称为制动器。图4-32所示为该装置的工作原理。

制动带是一种围绕在制动鼓外面可收拢的制动组件，每个制动鼓均与行星齿轮机构的某

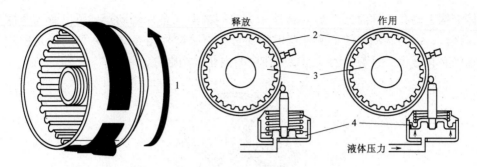

图 4-32 制动带和伺服液压缸的工作原理

1—轮毂旋转 2—制动带 3—轮毂 4—伺服液压缸

一构件连成整体。锁止制动鼓就是固定行星齿轮机构的一个构件。制动带是衬有半金属或有机摩擦材料的简单挠性金属带,当伺服液压缸给制动带作用力时,制动带箍紧制动鼓,行星齿轮机构某一构件的旋转也随之被固定。伺服液压缸是制动带的施力装置,当液压油作用在伺服活塞上时,活塞压缩回位弹簧而移动,并通过机械的联动装置作用在制动带上。为了释放制动带,作用在伺服活塞上的液压油通过控制阀改变液体的流动方向,并与回油口相通,伺服活塞在回位弹簧力的作用下回到初始位置,制动带释放。

现代轿车的自动变速器采用单层式和双层式两种类型的制动带,如图 4-33 所示。表面展开后是完整带状金属板材的制动带称为单层制动带,目前大多数自动变速器采用这种结构。表面被分割成几个环围,并且用搭切口使各环围联动的制动带称为双层制动带。由于双层制动带更易变形,更易贴近制动鼓形状,使制动鼓锁止过程平稳柔和,因此在同样的作用力下,可提供更大的锁紧力矩。

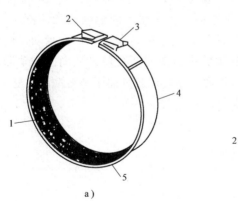

图 4-33 制动带

a) 单层制动带　　　　　　　　　b) 双层制动带

1—排液沟 2—伺服作用凸耳　　1—制动带固定销 2—O 形密封圈 3—钢带

3—制动带固定凸耳　　　　　　4—伺服作用凸耳 5—制动带环 6—排液沟

4—钢带 5—摩擦材料　　　　　7—摩擦材料

二、湿式多片制动器

湿式多片制动器在工作原理上与湿式多片离合器相同,只不过是出于不同的工作要求,以及具体结构上略有差异而已。图 4-34 所示为典型的湿式多片制动器,可以看到摩擦片内缘处有内花键齿,以与制动器鼓上的外花键相啮合。与摩擦片相互交错并列的仍是钢片盘,其外缘上加工有花键齿,且与自动变速器壳体中的内花键相啮合。

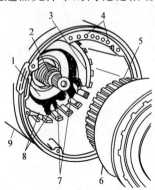

图 4-34　典型的湿式多片制动器

1—活塞　2—输出轴　3—弹性挡圈　4—油液通道　5—摩擦片内花键
6—制动器鼓　7—与花键鼓花键相连的摩擦片　8—与壳体花键相连的钢片盘　9—壳体

显然,若在摩擦片与钢片盘间留有间隙,则制动器鼓就可以自由地沿顺时针或逆时针两个方向旋转。如果湿式多片制动器接合,即其中的摩擦片与钢片盘之间的间隙由于液压活塞的动作而消失,那么两组盘片将被压紧成为一体。由于静止壳体的缘故,盘片间的摩擦力矩阻止制动器鼓的转动,因此与制动器鼓相连的行星齿轮机构部件肯定保持固定,直至湿式多片制动器再度分离为止。

与湿式多片离合器相同的是,使湿式多片制动器工作的活塞也位于自动变速器壳体中加工出的缸孔内,而壳体中加工出的油液通道则将自动变速器油引向制动器液压缸处。另外,汽车自动变速器湿式多片制动器的工作原理也与湿式多片离合器相仿,制动作用的化解一般是在制动油压解除后,靠制动器活塞复位弹簧的张力使活塞复位,从而使制动器盘片分离来实现的。当然,也有在制动器液压缸的复位弹簧一侧另外提供油压来帮助活塞复位的情形。

A341E 型自动变速器 1 台,常用工量具 1 套。

A341E 型自动变速器制动器的检修标准见表 4-3。

表 4-3　A341E 型自动变速器制动器的检修标准

制动器的名称	代号	弹簧的自由长度/mm	自由间隙/mm
超速制动器	B0	17.23	1.75~2.05
二挡强制制动器	B1	—	2.0~3.0
二挡制动器	B2	19.64	0.63~1.98
低、倒挡制动器	B3	12.9	0.70~1.22

1. 片式制动器的检验

对于片式制动器，检查制动器摩擦片是否烧焦，表面粉末冶金层是否脱落或翘曲变形，若是，则应更换新片。另外，许多自动变速器摩擦片表面上印有符号，若这些符号已被磨去，则说明摩擦片已磨损至极限，应更换新片。也可以测量摩擦片的厚度，若其小于极限厚度，则应更换新片。检查钢片，若有磨损或翘曲变形现象，则应更换。

检查制动带时，也可按图 4-35 所示的方法，用百分表测量离合器和制动器的自由间隙。若自由间隙不符合标准（见表 4-3），则可采用更换不同厚度挡圈的方法来调整。

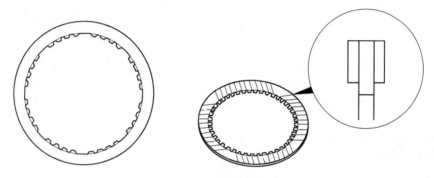

图 4-35 摩擦片的检查

2. 带式制动器的检查

对于带式制动器，按图 4-36 所示检查制动带内表面是否烧焦，表面粉末冶金层是否脱落或表面符号是否磨去，若是，则应更换制动带。检查制动器伺服机构部件有无磨损或划痕，检查制动器的活塞，其表面应无损伤或拉毛，液压缸内表面应无损伤或拉毛，若有异常，则应更换新件。

3. 挡圈、活塞回位弹簧等部件的检查

检查挡圈的摩擦面有无磨损现象，若有，则应更换新件。测量活塞回位弹簧的自由长度，应符合技术标准，若过小或有变形现象，则应更换新弹簧以及所有制动器液压缸活塞上的 O 形密封圈及轴颈上的密封环。在将制动器装配好后，要按照图 4-37 所示进行检查。

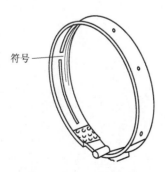

图 4-36 制动带的检查

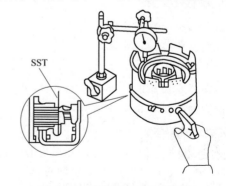

图 4-37 制动器装配后的检查

4. 注意事项

1）注意拆装时各部件的顺序和相互关系。

2) 所有 O 形密封圈及轴颈上的密封环应更换新的，新的密封圈或密封环装入时应涂上少许液压油。

考 核

序号	考核内容	配分	评分标准	考核记录	扣分	得分
1	正确使用工具、仪器	10	仪器使用不当最多扣 10 分			
			工具使用不当酌情扣分			
2	片式制动器的检修	40	检修过程每错一步扣 5 分			
3	带式制动器的检修	40	检修过程每错一步扣 5 分			
4	操作规范、不超时	10	不规范操作扣 5 分，超时扣 5 分			
5	遵守安全规范，无事故		不规范操作造成严重事故者，本次考核按 0 分计			
6	总分	100				
			教师签字		年 月 日	

想一想，做一做

- 分析制动器的油路。

项目 4.7 　离合器的检修

项目目的

1) 了解离合器的结构及工作原理。
2) 熟悉并掌握离合器的拆装及检修方法。

项目内容

1) 离合器摩擦片的检查。
2) 活塞的检查。
3) 单向阀的检查。
4) 离合器自由间隙的检查。
5) 活塞回位弹簧自由长度的检验。

相关知识

一、湿式多片离合器相关知识

图 4-38 所示为湿式多片离合器组件，包括一些带有摩擦材料的盘片和一些钢制盘片，摩擦片和钢片交替地安装在离合器鼓内。摩擦片的工作面上有粗糙的摩擦材料，而钢片表面光

滑，没有摩擦材料。油压通过离合器鼓内的活塞作用，把摩擦片和钢片紧压在一起，使离合器处于接合状态。如果油压消除，则回位弹簧使活塞回位，从而使离合器处于分离状态。通常两组片子中摩擦片的内缘有内花键，而钢片的外缘则有外花键。钢片的外花键和主动的离合器鼓的内花键相配合，摩擦片的内花键则和从动轴的外花键相配合。当离合器接合时，主动件通过湿式多片离合器把动力传递给被动件。当油压作用在活塞上时，每一组片子的正压力都是相等的，片子数越多、油压越高，离合器可传递负荷的能力也就越大。

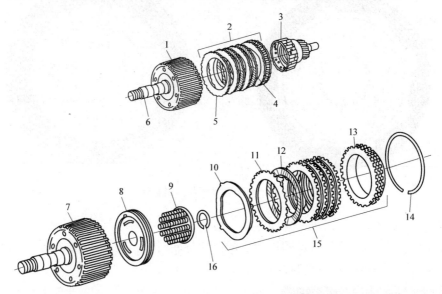

图 4-38　湿式多片离合器组件

1—离合器壳　2—离合器板　3—离合器轮毂（被动件）　4—与离合器轮毂连接
5—与离合器壳内花键连接　6—输入轴　7—离合器壳　8—离合器活塞　9—回位弹簧总成
10—波形板　11—钢片　12—摩擦片　13—衬板　14、16—卡环　15—离合器组件

　　湿式多片离合器还包括一个或多个回位弹簧、回位弹簧座、油封，一个或多个压盘和挡圈。对于湿式多片离合器处于分离状态时摩擦片和钢片的间隙，不同型号的自动变速器有不同的标准，通常为 1.8~2.2mm。由于在接合过程中存在片间滑磨，因此间隙变大也在情理之中。在间隙超过设定的极限间隙后，换挡的时间将会延长，严重时将会引起发动机"飞车"或"掉速"现象，产生换挡冲击。过量的片间滑转，会引起钢片表面的高温烧蚀现象，烧蚀后的钢片会引起变形和表面硬度退化，既加速磨损又影响力矩的传递能力。一般钢片烧蚀是由于负载过大，导致活塞作用油压不足以把钢片和摩擦片压紧（锁止）而引起的。

二、单向离合器相关知识

　　自动变速器中常用的单向离合器有两种形式，即滚柱式和凸块式，如图 4-39 所示。

　　滚柱式单向离合器利用弹簧把滚柱固定在离合器内外座圈之间的适当位置。外座圈的内表面有若干个凸轮状缺口，滚柱在弹簧力的作用下，使其介于内座圈和缺口表面之间。当某一座圈固定，而另一座圈以一定方向转动时，滚柱楔紧在缺口滚道的狭窄端，旋转座圈也锁止。当该座圈朝相反方向旋转时，滚柱朝缺口滚道较宽的一端运动，滚柱和缺口滚道无楔紧趋势，该座圈能自由转动。凸块式单向离合器包括内外座圈和介于座圈间的"8"字形金属凸

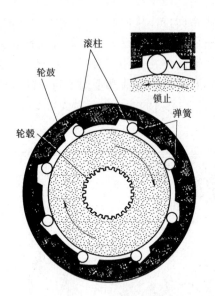
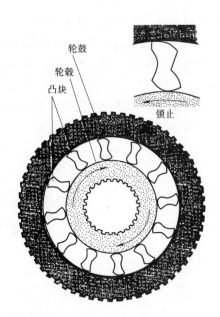

图 4-39 两种形式的单向离合器

块。当其中一个座圈固定，而另一座圈往某一方向旋转时，"8"字形凸块竖起，楔紧内外座圈表面，将旋转座圈锁止。当该座圈以相反的方向旋转时，"8"字形凸块倒下，没有楔紧内外座表面的趋势，该座圈可以自由转动。

设备、工具和材料准备

A341E 型自动变速器 1 台，常用工量具 1 套。

技术标准及要求

A341E 型自动变速器离合器的检修标准见表 4-4。

表 4-4　A341E 型自动变速器离合器的检修标准

离合器的名称	代　号	弹簧的自由长度/mm	自由间隙/mm
超速离合器	C0	15.8	1.45~1.70
前进离合器	C1	—	0.7~1.00
高、倒挡离合器	C2	24.35	1.37~1.60

操作步骤

1）离合器摩擦片的检验：检查离合器的摩擦片，若烧焦，表面粉末冶金层脱落或翘曲变形，则应更换新件。许多自动变速器的摩擦片表面上印有符号，若这些符号已被磨去，则说明摩擦片已磨损至极限，应更换。也可测量摩擦片的厚度，若小于极限厚度，则应更换新件。

2）钢片的检验：检查钢片，若有磨损或翘曲变形现象，则应更换新件。

3）挡圈的检验：检查挡圈的摩擦面，若有磨损现象，则应更换新件。

4）活塞的检验：检查离合器和制动器的活塞，其表面应无损伤和拉毛现象，否则应更换新件。

5）单向阀的检验：检查离合器活塞上的单向阀，其球阀应能在阀座内活动自如；检查单向阀的密封性，如图 4-40 所示。用压缩空气或煤油从液压缸一侧向单向阀内吹气，密封应良好，若有异常，则应更换活塞。

6）离合器毂的检验：检查离合器毂，其液压缸内表面应无损伤或拉毛现象，与钢片配合的花键槽应无磨损现象，若有异常，则应更换新件。

7）用塞尺测量离合器的自由间隙（见图 4-41），若自由间隙不符合标准（见表 4-4），则可采用更换不同厚度挡圈的方法来调整。

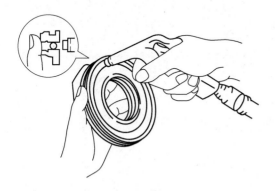

图 4-40　单向阀密封性的检查

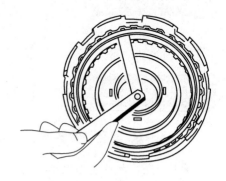

图 4-41　离合器装配后的检查

8）活塞回位弹簧自由长度的检验：测量活塞回位弹簧的自由长度，并与表 4-4 比较，若弹簧的自由长度过小或变形，则应更换新弹簧。

9）注意事项：

① 保持工量具和零部件清洁。

② 所有 O 形密封圈及轴颈上的密封环均应更换新件，且装入时应涂上少许液压油。

考　核

序号	考核内容	配分	评分标准	考核记录	扣分	得分
1	正确使用工具、仪器	10	仪器使用不当最多扣 10 分			
			工具使用不当酌情扣分			
2	离合器的检修	80	检修过程每错一步扣 5 分			
3	操作规范、不超时	10	不规范操作扣 5 分，超时扣 5 分			
4	遵守安全规范，无事故		不规范操作造成严重事故者，本次考核按 0 分计			
5	总分	100				
			教师签字		年　月　日	

想一想，做一做

分析离合器的油路走向。

项目 4.8　阀板的检修

1) 了解阀板各部件的名称、相互关系和作用。
2) 熟悉并掌握阀板的检修方法。

1) 阀板的拆卸。
2) 阀板的检修。

一、A341E 型自动变速器上阀板的结构

A341E 型自动变速器上阀板的结构如图 4-42 所示。

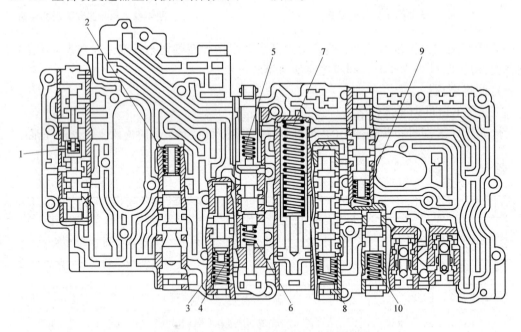

图 4-42　A341E 型自动变速器上阀板的结构
1—锁定继动阀　2—副调节阀　3—C-1 量孔控制阀　4—C-1 量孔控制阀弹簧　5—节气门控制阀
6—气门控制阀　7—C-1 蓄能器　8—二、三挡换挡阀　9—三、四挡换挡阀　10—倒挡控制阀

二、A341E 型自动变速器下阀板的结构

A341E 型自动变速器下阀板的结构如图 4-43 所示。

模块四 自动变速器的拆装与检修

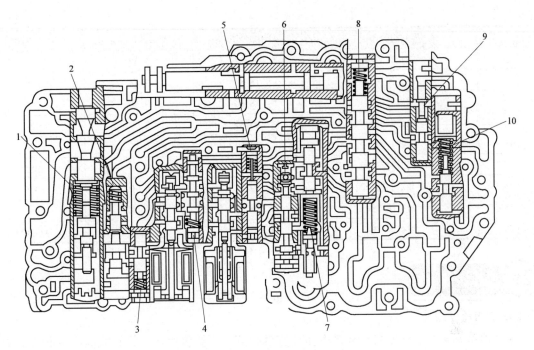

图 4-43 A341E 型自动变速器下阀板的结构

1—主调节阀 2—锁定控制阀 3—同位阀 4、5—电磁继动阀 6—截止阀
7—蓄能器控制阀 8—一、二挡换挡阀 9—跟踪惯性调节阀 10—跟踪惯性调节阀

A341E 型自动变速器 1 台,常用工量具 1 套。

A341E 型自动变速器控制阀弹簧的技术标准见表 4-5。

表 4-5 A341E 型自动变速器控制阀弹簧的技术标准

序 号	控制阀的名称	自由长度/mm	弹簧外径/mm	弹簧圈数
1	锁止继动阀	23.42	5.86	12
2	次调压阀	36.78	9.22	13.5
3	前进挡蓄能器节流阀	37.13	11.14	11
4	前进挡蓄能器节流阀	21.50	7.76	11.5
5	强制降挡阀	27.25	8.73	12.5
6	节气门阀	17.50	7.20	10
7	前进挡蓄能器	75.26	15.02	17
8	二、三挡换挡阀	30.77	9.70	10.5
9	三、四挡换挡阀	30.77	9.70	10.5
10	倒挡控制阀	25.38	8.64	9
11	主油路调压阀	40.62	16.88	9.5

(续)

序　号	控制阀的名称	自由长度/mm	弹簧外径/mm	弹 簧 圈 数
12	锁止控制阀	18.52	5.30	13
13	止回阀	18.80	7.48	7.5
14	电磁转换阀	18.80	7.48	7.5
15	电磁调节阀	30.63	7.99	15
16	截止阀	20.30	6.10	13
17	蓄能器控制阀	34.50	8.85	12.5
18	一、二挡换挡阀	30.77	9.70	10.5
19	滑行调节阀	19.73	8.04	9.8
20	滑行调节阀	26.11~27.41	8.04	11~12

操作步骤

1. 阀板检修须知

1）拆检阀板时，切不可让阀芯等重要零件掉落，不要将钢丝、螺钉旋具等硬物伸入阀孔中，以免损伤阀芯和阀孔的精密配合表面。

2）阀板分解后的所有零件，在清洗后应用压缩空气吹干，不允许用棉布擦，以免粘上细小的纤维丝，造成控制阀卡滞。

3）装配阀板时，应检查各控制阀阀芯是否能在阀孔中活动自如，若有卡滞现象，则应拆下清洗后重新安装。

4）不能在阀板衬垫及控制阀的任何零件上使用密封胶或黏结剂。

5）在更换隔板衬垫时，要将新旧件进行对比，确认无误后再装入，以防止因零件规格不符而影响自动变速器的正常工作。

6）在分解、装配阀板时，要有详细的技术资料（如阀板分解图）作为对照。如果在检修时没有这些资料可作参考，可在分解之前先画出阀板的外形简图，然后每拆一个控制阀，就在相应位置上画下该控制阀的形状和排列顺序，同时测量并记下各个弹簧的外径、自由长度和圈数，以便装配时参考。

2. 阀板零件的检修

1）将上、下阀板所有控制阀的零件用清洁的煤油或酒精清洗干净。

2）检查控制阀阀芯表面，若有轻微刮伤痕迹，则可用金相砂纸抛光。

3）检查各阀弹簧有无损坏现象，测量各阀弹簧的长度，若不符合规定要求，则应更换。

4）检查过滤器，若有损坏或堵塞现象，则应更换。

5）检查隔板，若有创伤或损坏现象，则应更换。

6）更换隔板上的纸质衬垫，更换所有塑胶球阀。

7）若控制阀卡死在阀孔中，则应更换阀板总成。

3. 注意事项

1）在分开上、下阀板时要特别注意，不要使阀板油道中的球阀、滤网等小零件掉出。

2）应将锁销、挡塞和球阀做上记号，以免装错。

考 核

序号	考核内容	配分	评分标准	考核记录	扣分	得分
1	解体工艺及方法	20	解体工艺不正确扣5分			
			解体方法不正确或零件摆放不规范扣10分			
			清洗方法错误扣5分			
2	说出各阀的名称和作用	20	将阀体名称和作用说错一处扣5分,扣完为止			
3	检查内容、检查方法、检查工艺及结果	20	零件检查错误每处扣4分			
4	装配工艺、装配方法和装配质量	30	装配工艺、方法错误扣10分			
			装配不合格每处3分,最多扣15分			
			装配错误扣5分			
5	操作规范、不超时	10	不规范操作扣5分,超时扣5分			
6	遵守安全规范,无事故		不规范操作造成严重事故者,本次考核按0分计			
7	总分	100				
			教师签字		年 月 日	

想一想,做一做

绘制D1位的油路图。

项目4.9 01M型自动变速器的拆装与检修

项目目的

1) 掌握01M型自动变速器的分解步骤。
2) 熟悉01M型自动变速器部件的更换、检测与调整方法。
3) 掌握01M型自动变速器的组装步骤。

项目内容

1) 分解01M型自动变速器。
2) 更换、检测及调整01M型自动变速器部件。
3) 组装01M型自动变速器。

相关知识

大众01M型自动变速器采用电液混合及计算机"模糊逻辑"控制技术,变速机构采用拉维奈式行星齿轮机构,具有4个前进挡,装配于一汽-大众公司的宝来、捷达等轿车上。01M型自动变速器与大众01P、01V、096、097、098、099型自动变速器的结构基本相同,主要由液力元件、控制机构、变速机构、主传动机构、壳体及相关部件组成。其中,控制机构由电控和液控两部分组成。

1. 基本结构

01M型自动变速器的基本结构、剖开结构、立体结构如图4-44~图4-46所示。

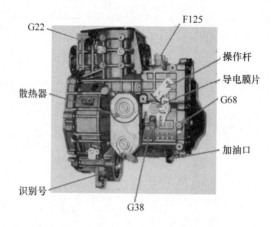

图4-44 01M型自动变速器的基本结构

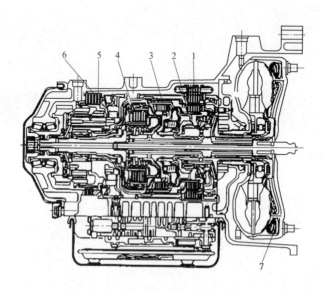

图4-45 01M型自动变速器的剖开结构

1—制动器B2 2—离合器K2 3—离合器K1 4—离合器K3
5—制动器B1 6—单向离合器F 7—变速器锁止离合器F0

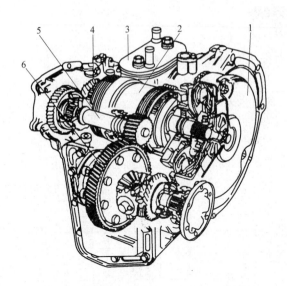

图 4-46 01M 型自动变速器的立体结构
1—变矩器 2—变速机构 3—ATF 冷却器 4—主动齿轮齿圈
5—小齿轮轴 6—差速器

2. 液力元件

液力元件包括液力变矩器、液压泵等,用于传递动力和作为液压元件的动力源。

3. 控制机构

控制机构采用电、液混合控制技术。电控部分包括电子控制单元 J217、相应的传感器与执行元件;液控部分包括滑阀箱与换挡执行元件。

4. 变速机构

变速机构主要由拉维奈式行星齿轮机构组成,前排为单级结构,后排为双级结构。2 个太阳轮独立运动,共用行星架和齿圈,齿圈为动力输出端。通过对大、小太阳轮及行星架的不同驱动及制动组合,变换出 4 个前进挡和 1 个倒挡。

01M 型自动变速器的拆装与检修所需要的设备和工具见表 4-6。

表 4-6 01M 型自动变速器的拆装与检修所需要的设备和工具

序号	项目	工具	数量
1	自动变速器拆装台架	01M 型自动变速器	1 台
2	专用拆装工具	401 压板、402 压板、412 压力工具、442 压力法兰、40/203/1 套管分离、415A 套管、418A 套管、382 测量装置与导板、3292/1 装配工具、3110 套管、输线取子 3373、装环 3267、导板 T40100、460 拆装设备	1 套
3	通用检测工具	磁力表架、千分表、塞尺、游标卡尺、千分尺、扭力扳手(7~110N·m)、扭力扳手(2~22N·m)、压床	1 套
4	通用拆装工具	世达 09918	1 套

技术标准及要求

各执行器测量值与调整垫圈对应值见表 4-7。

表 4-7 各执行器测量值与调整垫圈对应值

行星齿轮支架的间隙		倒挡制动器 B1 的间隙		离合器 K1 与离合器 K2 的间隙		二挡和四挡制动器 B2 的间隙	
测量值 /mm	调整垫圈对应值/mm	间隙尺寸 X/mm	调整垫圈对应值/mm	间隙尺寸 X/mm	调整垫圈对应值/mm	间隙尺寸 X/mm	调整垫圈对应值/mm
1.26~1.35	1.0	2.36~2.45	1.0	2.54	1.4	4.25~4.49	2.75
1.36~1.45	1.1	2.46~2.55	1.1	2.55~3.09	1+1	4.5~4.74	3.00
1.46~1.55	1.2	2.56~2.65	1.2	3.10~3.49	1.2+1.2	4.75~4.99	3.25
1.56~1.65	1.3	2.66~2.75	1.3	3.50~3.89	1.4+1.4	5.00~5.24	3.50
1.66~1.75	1.4	2.76~2.85	1.4	3.90~4.29	1.6+1.6	5.25~5.49	3.75
1.76~1.85	1.5	2.86~2.95	1.5	4.30~4.69	1.8+1.8	5.50~5.74	2.00+2.00
1.86~1.95	1.6	2.96~3.05	1.6	4.7~5.04	1.2+1.2+1.6	5.75~5.99	2.00+2.25
1.96~2.05	1.7	3.06~3.15	1.7	5.05~5.25	1.2+1.2+1.8	6.00~6.24	2.25+2.25
2.06~2.15	1.8	3.16~3.25	1.8	—	—	6.25~6.49	2.25+2.50
2.16~2.25	1.9	3.26~3.35	1.9	—	—	6.50~6.74	2.50+2.50
2.26~2.35	2.0	3.36~3.45	1.0+1.0	—	—	6.75~7.00	2.50+2.75
2.36~2.45	2.1	3.46~3.55	1.0+1.1	—	—	—	—
2.46~2.55	2.2	3.56~3.65	1.0+1.2	—	—	—	—
2.56~2.65	2.3	3.66~3.75	1.1+1.1	—	—	—	—
2.66~2.75	2.4	3.76~3.85	1.2+1.2	—	—	—	—
2.76~2.85	2.5	3.86~3.95	1.2+1.3	—	—	—	—
2.86~2.95	2.6	3.96~4.05	1.3+1.3	—	—	—	—
2.96~3.05	2.7	4.06~4.15	1.3+1.4	—	—	—	—
3.06~3.15	2.8	4.16~4.25	1.4+1.4	—	—	—	—
3.16~3.25	2.9	—	—	—	—	—	—

操作步骤

一、变速器的拆装与分解

1. 拆卸后端盖

1)工具:10mm 套头、棘轮扳手、加长杆。

2)如图 4-47 所示,分三次对角拆下 7 个紧固螺栓。

3)如图 4-48 所示,取下后端盖。

图 4-47 分三次对角拆下 7 个紧固螺栓

图 4-48 取下后端盖

2. 拆下传输线（与自动变速器机油温度传感器 G93 一体）

1）工具：专用工具 3373、10mm 套筒、棘轮扳手、加长杆。

2）如图 4-49 所示，将专用工具 3373 插入电磁阀插头并插到底，向上用力取下电磁阀插头。

3）拆下传输线紧固螺栓。

4）如图 4-50 所示，取下传输线。

图 4-49　用专用工具 3373 取下电磁阀插头

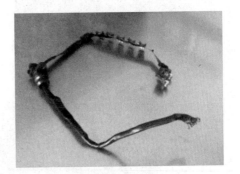

图 4-50　取下传输线

3. 拆卸滑阀箱总成

1）工具：T20 套头、T30 套头、棘轮扳手、加长杆。

2）拆下手动滑阀操纵杆紧固螺栓，往外拔手动滑阀，直到可取下手动滑阀操纵杆为止。

3）如图 4-51 所示，分三次对角拆下 13 个紧固螺栓。

4）如图 4-52 所示，取下滑阀箱。

5）取下密封塞。

图 4-51　分三次对角拆下 13 个紧固螺栓

图 4-52　取下滑阀箱

4. 拆卸液压泵总成

1）工具：T45 套头、棘轮扳手、加长杆、维修螺栓、14mm 套头。

2）分三次对角拆下 7 个紧固螺栓。

3）如图 4-53 所示，用维修螺栓顶起液压泵。

4）如图 4-54 所示，取出液压泵总成。

5. 拔出离合器

如图 4-55a 所示，将带有隔离管、B2 制动片、弹簧和弹簧盖的离合器拔出，并取下 B2 制动片、弹簧、弹簧盖、隔离管和离合器 K2（见图 4-55b）。

图 4-53　用维修螺栓顶起液压泵　　　　图 4-54　取出液压泵总成

a)　　　　　　　　　　　　　b)

图 4-55　将离合器拔出并取下

a）拔出　b）取下

6. 拆卸行星齿轮

1）工具：13mm 套头、棘轮扳手、加长杆、大平口螺钉旋具。

2）如图 4-56 所示，将大平口螺钉旋具插入大太阳轮孔内，并将变速杆拨至 P 位。

3）如图 4-57 所示，松开小输入轴螺栓。

图 4-56　将大平口螺钉旋具插入　　　　图 4-57　松开小输入轴螺栓
　　　　　大太阳轮孔内

4）如图 4-58 所示，取下小输入轴上的调整垫片。

5）如图 4-59 所示，依次取出小输入轴、大输入轴、大太阳轮、各垫片和轴承。

7. 拆卸单向离合器

1）工具：大平口螺钉旋具、钳子。

模块四　自动变速器的拆装与检修

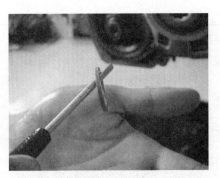

图 4-58　取下小输入轴上的调整垫片

a)　　　　　　　　　　　　　　b)　　　　　　　　　　　　　　c)

图 4-59　依次取出小输入轴、大输入轴、大太阳轮、各垫片和轴承

a）取出小输入轴　b）取出大输入轴　c）取出大太阳轮

2）如图 4-60 所示，用螺钉旋具拆下隔离管弹性挡圈和单向离合器挡圈。

a)　　　　　　　　　　　　　　　　　　b)

图 4-60　用螺钉旋具拆下隔离管弹性挡圈和单向离合器挡圈

a）拆下隔离管弹性挡圈　b）拆下单向离合器挡圈

3）如图 4-61 所示，用手钳夹住单向离合器外座圈上的定位楔，拉出单向离合器。

8. 取出带碟形弹簧的行星齿轮支架（见图 4-62）

9. 取出倒挡制动器 **B1** 的摩擦片（见图 4-63）

10. 取出推力滚针轴承及垫圈（见图 4-64）

11. 分解离合器 **K1、K3** 总成

1）工具：VW402、VW3110、VW412、2t 压床。

2）如图 4-65 所示，取下带有垫片的推力滚针轴承和离合器 K1、K2 之间的调整垫片。

3）如图 4-66 所示，压涡轮轴，压离 K1、K3。

图 4-61　用手钳夹住单向离合器外座圈上的定位楔

图 4-62　取出带碟形弹簧的行星齿轮支架

图 4-63　取出倒挡制动器 B1 的摩擦片

图 4-64　取出推力滚针轴承及垫圈

图 4-65　取下带有垫片的推力滚针轴承和离合器 K1、K2 之间的调整垫片

a)　　　　　　　　　　　　　　b)

图 4-66　压涡轮轴，压离 K1、K3

a）压涡轮轴　b）压离 K1、K3

4）如图 4-67 所示，取下 K1 内片支架上的四个立式推力轴承，取出内片支架。

12. 分解离合器 K1、K2 和 K3

1）工具：小平口螺钉旋具、记号笔。

2）如图 4-68 所示，拆弹性挡圈前用记号笔在挡圈开口处做上标记，以便于安装。

3）如图 4-69 所示，用小螺钉旋具拆下挡圈。

4）如图 4-70 所示，取出离合器 K1、K2、K3 的内片和外片。

二、变速器执行器的检查

1）工具：VW402、千分尺、游标卡尺。

2）如图 4-71 所示，检查并测量离合器 K1、K2、K3，以及制动器 B1、B2 的摩擦片和钢片。

3）如图 4-72 所示，检查单向离合器 F0。

4）检查并测量隔离管（见图 4-73）和弹性挡圈 a、b。

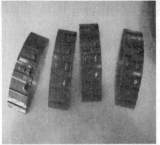

图 4-67　取下 K1 内片支架上的四个立式推力轴承

图 4-68　用记号笔在挡圈开口处做上标记

图 4-69　用小螺钉旋具拆下挡圈

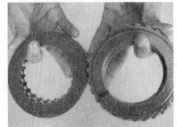

图 4-70　取出离合器 K1、K2、K3 的内片和外片

模块四　自动变速器的拆装与检修

图 4-71　检查并测量离合器以及制动器的摩擦片和钢片

图 4-72　检查单向离合器 F0

图 4-73　检查并测量隔离管

5）将检查与测量结果记录在表 4-8 中。

表 4-8　变速器执行器的检查记录表

	挡圈	波形片	内片数量	内片状况	外片数量	外片状况	压盘
K1							
K2							
K3							
B1							
B2							
F0							
隔离管							
弹性挡圈 a、b							

6）检查所有轴承及垫片是否完好。

7) 如图 4-74 所示，检查涡轮轴和液压泵上的活塞环是否完好，位置是否正确。

a)   b)

图 4-74　检查涡轮轴和液压泵上的活塞环
a）检查涡轮轴　b）检查液压泵上的活塞环

三、变速器的组装

1. 组装离合器 K1、K2、K3

1) 工具：小平口螺钉旋具、自动变速器油。

2) 组装 K1。

① 如图 4-75 所示，将离合器 K1 内、外片在自动变速器油中浸润。

② 如图 4-76 所示，将压盘装在内片支架上，光滑面朝向内片，阶梯面朝向内片支架。

图 4-75　将离合器 K1 内、外片在　　　图 4-76　将压盘装在内片支架上
　　　　自动变速器油中浸润

③ 装上 3 个内片和 2 个外片。

④ 如图 4-77 所示，夹住带棱的立式推力轴承。

⑤ 将波形弹簧垫圈和其余内、外片装入离合器壳体中（先装波形弹簧垫圈，再装 2mm 厚的外片，最后装其余的内、外片）。

⑥ 如图 4-78 所示，对准拆卸时做的标记，装上弹性挡圈（此时必须稍微抬起内片支架）。

3) 组装 K2。

① 如图 4-79 所示，先将波形垫圈装入壳体中。

② 如图 4-80 所示，依次装入其余外片、内片（内、外片必须浸润自动变速器油）及压盘。

图 4-77 夹住带棱的立式推力轴承

图 4-78 对准拆卸时做的标记，装上弹性挡圈

图 4-79 将波形垫圈装入壳体中

图 4-80 装入其余外片、内片及压盘

③ 如图 4-81 所示，对准拆卸时做的标记，装上弹性挡圈。
4) 组装 K3。
① 先将压板装入离合器壳内。
② 依次装入其余内片、外片（内、外片必须浸润自动变速器油）及压盘。
③ 如图 4-82 所示，对准拆卸时做的标记，装上弹性挡圈。
注意：若更换新的摩擦片，则必须在自动变速器油中浸泡 15min 以上。

2. 压装离合器 K1、K3

1）工具：VW402、VW418、VW415、VW442、VW412、2t 压床。
2）如图 4-83 所示，压装前先更换涡轮轴上的 O 形密封圈。如果活塞环位置不正确或损坏，则必须调整和更换。

图 4-81　对准拆卸时做的标记，
装上弹性挡圈（一）

图 4-82　对准拆卸时做的标记，
装上弹性挡圈（二）

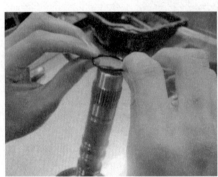 

图 4-83　更换涡轮轴上的 O 形密封圈

3）如图 4-84 所示，将离合器 K1、K3 压装到位。

图 4-84　压装离合器 K1、K3

4）如图 4-85 所示，将带有垫片的推力滚针轴承润滑后卡到离合器 K3 上。

模块四 自动变速器的拆装与检修

图 4-85　将带有垫片的推力滚针轴承润滑后卡到离合器 K3 上

3. 安装并调整行星齿轮支架

1）工具：螺钉旋具、10mm 套头、加长杆、棘轮扳手、扭力扳手、千分表、导板 382/7、千分尺。

2）如图 4-86 所示，更换行星齿轮支架内的 O 形密封圈。

图 4-86　更换行星齿轮支架内的 O 形密封圈

3）如图 4-87 所示，将垫圈、推力滚针轴承（浸油）和行星齿轮支架装入主动齿轮（齿圈）内。

图 4-87　将垫圈、推力滚针轴承和行星齿轮支架装入主动齿轮内

4）如图 4-88 所示，将垫圈和推力滚针轴承安装到行星齿轮支架的小太阳轮上，与小太阳轮中心对齐。

5）如图 4-89 所示，装入大太阳轮以及相关垫片和轴承。

6）如图 4-90 所示，装入大输入轴以及相关垫片和轴承。

图 4-88 将垫圈和推力滚针轴承安装到行星齿轮支架的小太阳轮上

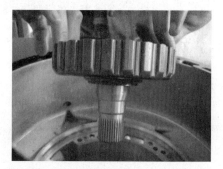

图 4-89 装入大太阳轮以及相关垫片和轴承　　图 4-90 装入大输入轴以及相关垫片和轴承

7）如图 4-91 所示，装入小输入轴以及相关垫片和轴承。

8）如图 4-92 所示，将螺钉旋具插入大太阳轮孔内，并将变速杆拨至 P 位。

图 4-91 装入小输入轴以及相关垫片和轴承　　图 4-92 将螺钉旋具插入大太阳轮孔内

9）如图 4-93 所示，用 30N·m 的力矩拧紧小输入轴紧固螺栓，不用安装调整垫圈。

图 4-93 用 30N·m 的力矩拧紧小输入轴紧固螺栓

10）检查并测量行星齿轮支架。如图 4-94 所示，清洁测量表面，安装量具并以 1mm 预紧量将千分表装到螺栓头中间，然后将千分表置零，用力压小输入轴并读出测量值。

11）查维修手册确定调整垫片的厚度。

4. 校验行星齿轮支架间隙

1）工具：螺钉旋具、10mm 套头、加长杆、棘轮扳手、扭力扳手、千分表、导板 382/7。

2）按照前面的方法取下小输入轴螺栓及垫圈，将已确定的调整垫片连同垫圈一同装入，并以 30N·m 的力矩拧紧。

3）清洁测量表面，安装量具并以 1mm 预紧量将千分表装到螺栓头中间，然后将千分表置零，用力压小输入轴，并从表上读出间隙值。

4）查维修手册，看是否符合标准值，最小值为 0.23mm，最大值为 0.37mm。

5. 确定制动器 B1 调整垫片的厚度

1）工具：VW402、导板 T40100、游标卡尺、VW3110、千分尺。

2）如图 4-95 所示，测量导板 T40100 的高度，标准工具高度为 48.2mm。

图 4-94　用力压小输入轴并读出测量值

图 4-95　测量导板 T40100 的高度

3）如图 4-96 所示，测量 B1 摩擦片的厚度，确定 m 值。将 B1 摩擦片组放在 VW402 上，将导板 T40100 放在 B1 压盘上，向下压带压盘的片组并用游标卡尺测量片组厚度，确定 m 值（示例：m=测量值-导板高度=73.5mm-48.2mm=25.3mm）。

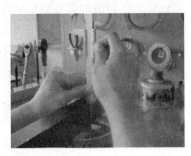

图 4-96　测量 B1 摩擦片的厚度

4）如图 4-97 所示，先将 VW402 放在 VW3110 上，再将单向离合器放在 VW402 上，然后将活塞压到挡块处，最后将导板 T40100 放在单向离合器外环上，用游标卡尺测量活塞内棱，确定 I 值（示例：I=测量值-导板高度=51.8mm-48.2mm=3.6mm）。

5）查维修手册可知，调整垫圈的厚度由间隙尺寸 X 确定，$X=K+I/2-m$，其中 K 为恒定值 26.8mm（示例：X=26.8mm+3.6mm/2-25.3mm=3.3mm）。

图 4-97 用游标卡尺测量活塞

6)查表 4-7 确定调整垫片的厚度(示例:需 1.9mm 的调整垫片)。

注意:若更换新的摩擦片,则必须在自动变速器油中浸泡 15min。

6. 测量倒挡制动器 B1

1)工具:10mm 套头、加长杆、棘轮扳手、专用工具 3267、螺钉旋具、塞尺、自动变速器油。

2)拧下小输入轴螺栓,依次取出小输入轴、大输入轴、大太阳轮及相关轴承和垫片。

3)如图 4-98 所示,安装制动器 B1,最里面的是已确定的调整垫片,然后依次装入各外片与内片(内、外片必须浸润自动变速器油)、压盘(其扁平面朝向制动片)、碟形弹簧(其凸起的面朝向单向离合器)。

4)如图 4-99 所示,用专用工具 3267 安装单向离合器。

5)装上隔离管弹性挡圈和单向离合器弹性挡圈(开口对着定位楔)。

图 4-98 安装制动器 B1

图 4-99 用专用工具 3267 安装单向离合器

6)如图 4-100 所示,用塞尺测量制动片之间的间隙。

7)查维修手册,看是否符合标准值,最大值为 1.80mm,最小值为 1.20mm。

7. 测量离合器 K1 和 K2 之间的间隙

1)工具:10mm 套头、加长杆、棘轮扳手、扭力扳手、游标卡尺、导板 382/7、VW402、千分尺。

2)测量前,依次装入大太阳轮、大输入轴、小输入轴及相关轴承和垫片,并按照前面介

图 4-100　用塞尺测量制动片之间的间隙

绍的方法，以 30N·m 的力矩拧紧小输入轴螺栓。

3）如图 4-101 所示，装入已压装好的 K1、K3 总成。

图 4-101　装入已压装好的 K1、K3 总成

4）确定 a 值。

① 清洁测量表面，将导板 382/7 放在变速器壳体上，用游标卡尺测量 K1 的高度（示例：测量值 1 为 88.5mm），如图 4-102 所示。

② 如图 4-103 所示，用游标卡尺测量变速器壳体上液压泵法兰的高度（示例：测量值 2 为 34.3mm）。

③ 确定 a 值（$a = 88.5\ \text{mm} - 34.3\ \text{mm} = 54.2\ \text{mm}$）。

图 4-102　用游标卡尺测量
K1 的高度

图 4-103　用游标卡尺测量变速器壳体上
液压泵法兰的高度

5）确定 b 值。

① 将液压泵放在 VW402 上。

② 换液压泵上的纸质密封垫。

③ 测量导板高度（示例：导板高度为19.5mm）。

④ 如图4-104所示，将导板382/7放在导轮支座上，用游标卡尺测量液压泵法兰纸质密封垫的厚度（示例：测量值为70.5mm）。

⑤ 确定 b 值（示例：b = 测量值 - 导板高度 = 70.5mm - 19.5mm = 51.0mm）。

6）确定间隙尺寸 X，$X = a - b$（示例：$X = a - b = 54.2mm - 51.0mm = 3.2mm$）。

7）查维修手册确定调整垫片的厚度（示例：需厚度为1.2mm+1.2mm的调整垫片）。

8. 安装倒挡离合器和隔离管

1）如图4-105所示，装入符合标准的调整垫片。

图4-104 用游标卡尺测量液压泵法兰纸质密封垫的厚度

图4-105 装入符合标准的调整垫片

2）如图4-106所示，装入倒挡离合器K2。

3）如图4-107所示，装入隔离管（应使隔离管上的槽进入单向离合器的定位楔）。

图4-106 装入倒挡离合器K2

图4-107 装入隔离管

9. 确定制动器 B2 最后一个外片的厚度

1）工具：游标卡尺、VW402、导板382/7、千分尺。

2）安装制动器B2。

① 如图4-108所示，安装3mm厚的外片，并将3个弹簧盖装入外片。

② 安装内片与外片（内、外片必须浸润自动变速器油），直到装入最后一个内片。

③ 如图4-109所示，插入3根弹簧及弹簧盖。

图 4-108　安装 3mm 厚的外片　　　　图 4-109　插入 3 根弹簧及弹簧盖

3）测量 a 值。如图 4-110 所示，用游标卡尺测量从液压泵法兰至 B2 最后一个内片的厚度，即为 a 值（示例：测量值为 30.2mm）。

4）确定 b 值。

① 如图 4-111 所示，将液压泵总成放在 VW402 上。

图 4-110　测量 a 值　　　　图 4-111　将液压泵总成放在 VW402 上

② 如图 4-112 所示，将导板 382/7 放到导轮支座下部。

③ 如图 4-113 所示，用游标卡尺测量液压泵法兰纸质密封垫（已更换）的厚度（示例：b＝测量值－导板高度＝40.1mm－19.5mm＝20.6mm）。

图 4-112　将导板 382/7 放到导轮支座下部　　　　图 4-113　用游标卡尺测量液压泵法兰纸质密封垫的厚度

5）查维修手册，间隙尺寸 $X = a - b - 3.2\mathrm{mm}$（示例：$X = 30.2\mathrm{mm} - 20.6\mathrm{mm} - 3.2\mathrm{mm} = 6.4\mathrm{mm}$）。

6）查表确定 B2 最后一个外片的厚度（示例：需厚度为 $2.25\mathrm{mm} + 2.50\mathrm{mm} = 4.75\mathrm{mm}$ 的调整垫片）。

7）可装两个外片。

8）装上最后一个外片后，再装入 B2 的波形垫片。

10. 安装液压泵

1）工具：维修螺栓、T45 套头、加长杆、棘轮扳手、扭力扳手、记号笔。

2）如图 4-114 所示，安装前先更换液压泵的 O 形密封圈，如果液压泵上活塞环的位置不正确或损坏，则需要调整或更换。

3）如图 4-115 所示，将维修螺栓装入液压泵。

4）如图 4-116 所示，分三次对角拧紧 7 个紧固螺栓，拧紧力矩为 $8\mathrm{N \cdot m}$。

5）拧紧后，用记号笔在螺栓上画"十"字，再拧 90°（可分几步进行）。

11. 测量离合器间隙

1）工具：千分表、磁力表架。

2）如图 4-117 所示，组装磁力表架。

图 4-114　更换液压泵的 O 形密封圈

图 4-115　将维修螺栓装入液压泵

图 4-116　分三次对角拧紧 7 个紧固螺栓　　图 4-117　组装磁力表架

3）如图 4-118 所示，将千分表支架（即磁力表架）固定到变速器壳体上，并以 1mm 预紧量将千分表装到涡轮轴上，然后将千分表置零，移动涡轮轴并读出测量值。

4）查维修手册，间隙值最大为 1.2mm，最小为 0.5mm。

图 4-118　读出离合器间隙

12. 安装滑阀箱总成

1）工具：小螺钉旋具、T20 套头、T30 套头、加长杆、棘轮扳手、扭力扳手。

2）如图 4-119 所示，更换滑阀箱上的 O 形密封圈和密封塞上的 O 形密封圈，将密封塞装入变速器壳体孔中。

图 4-119　更换 O 形密封圈

3）如图 4-120 所示，安装滑阀箱上的两个螺栓，固定滑阀箱的位置。

4）更换手动滑阀上带固定卡箍的螺栓，将变速杆拨至 P 位，然后将带手动阀的操纵杆插入滑阀箱的底部，并用 4N·m 的力矩拧紧螺栓（手动阀必须靠紧台肩，拧螺栓时应该往滑阀进入的方向打靠）。

5）如图 4-121 所示，装入其余的滑阀箱紧固螺栓，并分三次对角拧紧 13 个紧固螺栓，拧紧力矩为 5N·m。

图 4-120　安装滑阀箱上的两个螺栓　　　　图 4-121　装入其余的滑阀箱紧固螺栓

13. 安装传输线

1）工具：10mm 套头、加长杆、棘轮扳手、扭力扳手。

2）如图 4-122 所示，更换传输线上的 O 形密封圈。

图 4-122　更换传输线上的 O 形密封圈

3）如图 4-123 所示，铺设传输线，勿折叠或扭转传输线，将电磁阀插头插好。

图 4-123　铺设传输线

4）拧紧传输线紧固螺栓，拧紧力矩为 10N·m。

14. 安装后端盖

1）工具：10mm 套头、加长杆、棘轮扳手、扭力扳手。

2）如图 4-124 所示，更换后端盖密封垫。

3）如图 4-125 所示，安装后端盖，分三次对角拧紧 7 个紧固螺栓，拧紧力矩为 8N·m。

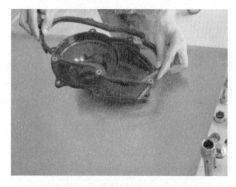 

图 4-124　更换后端盖密封垫　　　　　　　　图 4-125　安装后端盖

考 核

序号	考核内容	配分	评分标准	考核记录	扣分	得分
1	正确使用工具、仪器	10	仪器使用不当扣 10 分			
			工具使用不当酌情扣分			
2	01M 型变速器的分解	25	分解过程每错一步扣 5 分			
3	01M 型变速器的检修	30	检修过程每错一步扣 5 分			
4	01M 型变速器的装配	25	装配过程每错一步扣 5 分			
5	操作规范、不超时	10	不规范操作扣 5 分,超时扣 5 分			
6	遵守安全规范,无事故		不规范操作造成严重事故者,本次考核按 0 分计			
7	总分	100				
		教师签字		年	月	日

模块五 传动轴与万向传动装置的检修

项目 5.1 万向传动装置的拆装与检修

1）熟练掌握万向传动装置的拆卸与组装步骤。
2）能够正确检修万向传动装置的主要机件。

1）桑塔纳轿车传动总成的拆卸。
2）内、外万向节的分解。
3）内、外万向节的检修。

一、传动轴结构相关知识

万向传动装置的作用是在适应轴线夹角变化和有轴向伸缩的前提下，在变速器和主减速器之间可靠地传递动力。

万向传动装置一般由万向节和传动轴等组成，如图5-1所示。由于发动机与驱动装置之间的位置关系，有时需要将传动轴分成两段，在中部加装中间支承。汽车上任何一对轴线相交，并且相对位置经常发生变化的转轴之间传递动力时，均需要用到万向传动装置。

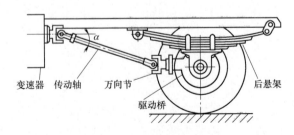

图 5-1 万向传动装置的组成

在发动机前置、后轮驱动的汽车上,连接变速器与驱动桥的传动轴部件由传动轴及其两端焊接的花键轴和万向节叉组成。

在汽车行驶过程中,由于加速、制动与道路的颠簸,驱动桥与变速器的相对位置经常变化。为了避免运动干涉,在传动轴中设有由滑动叉和花键轴组成的伸缩节,以实现传动轴长度的变化。传动轴在高速旋转时,由于离心力的作用而产生的剧烈振动会影响汽车使用性能。因此,传动轴与万向节的装配必须满足动平衡的要求,在动平衡试验以后,添加平衡片。一般在滑动叉或万向节叉与传动轴上刻有记号,以便拆卸后重装时保持两者之间的位置不变。

1. 传动轴

传动轴多做成中空的,一般用厚度为 1.5~3.0mm 的薄钢板卷焊而成。在转向驱动桥和断开式驱动桥的万向传动装置中,传动轴通常制作成实心轴。

当传动轴过长时,其自振频率会降低,高转速下容易发生共振现象。为了防止传动轴发生共振现象,常将传动轴分成两段并装有中间支承,以提高传动轴的刚度。传动轴分成两段后,一般把前端称为中间传动轴,后端称为主传动轴。中间传动轴前端通过万向节与变速器相连,后端用中间支承悬挂在车架上。主传动轴前端通过万向节与中间传动轴相连,后端与驱动桥的输入端相连。采用两根传动轴可缩短传动轴的长度,提高其临界转速,从而保证传动轴的安全性和可靠性。

2. 伸缩节

花键啮合长度应保证传动轴在各种工作情况下既不脱开又不顶死。

为了减小传动轴长度,增加其刚度,达到工作平稳的要求,货车的传动轴设有中间支承,用于承受径向载荷,改善变速器后轴承的工作条件,补偿传动轴轴向和角度方向的安装误差,并能适应行驶过程中由于发动机窜动或车架变形所引起的位移。

二、桑塔纳轿车传动轴相关知识

桑塔纳轿车的传动轴如图 5-2 所示。

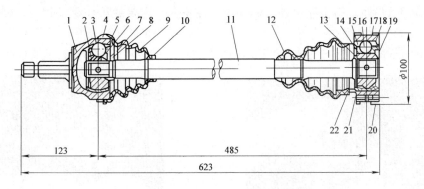

图 5-2 桑塔纳轿车的传动轴

1—外万向节(RF节)外星轮　2、19—卡簧　3、16—钢球　4、10、22—夹箍　5—RF节球笼　6—RF节内星轮　7—中间挡圈　8、13—碟形弹簧　9、12—橡胶护套　11—花键轴　14—内万向节(VL节)内星轮　15—VL节球笼　17—VL节外星轮　18—密封垫片　20—塑料护罩　21—VL节护盖

设备、工具和材料准备

桑塔纳轿车1辆,拆装工具1套。

操作步骤

1. 传动轴(半轴)总成的拆装

拆卸和安装传动轴的步骤因车型不同而有所变化,需要参阅与所修理汽车型号有关的维修手册,以确定具体步骤。拆卸和安装传动轴时一般按照以下步骤进行:

1)当汽车在地面上时,拧松或上紧轮毂螺母。如图5-3所示,在汽车轮胎着地的情况下,拆下轮毂螺母。注意,不允许用冲击式套筒扳手拧松车轮螺母,因为车轮轴承和等速万向节滚道会因受到冲击而损坏,应用加长杆或长柄棘轮扳手代替。利用汽车的重量和车间地板上车轮的地面附着力手动拧松轴螺母。在拧松或上紧轴螺母时,应让另一人踩住制动踏板。

2)如图5-4所示,举升汽车,拆下轮胎和车轮组件。

图5-3 拆下轮毂螺母

图5-4 拆下轮胎和车轮组件

3)如图5-5所示,拆下制动器的制动钳。注意,一定要悬吊住制动钳,以使其不能靠自重下垂。

4)如图5-6所示,拆下连接支柱和转向节的螺栓,然后将转向节组件从支柱底座上拉出。

图5-5 拆下制动器的制动钳

图5-6 拆下连接支柱和转向节的螺栓

5)如图5-7所示,用专用工具从驱动桥上拆卸传动轴。

6）如图 5-8 所示，用专用拆卸工具从轮毂和轴承组件上拆卸传动轴。

7）如图 5-9 所示，从汽车上拆下传动轴。

图 5-7　用专用工具从驱动桥上拆卸传动轴

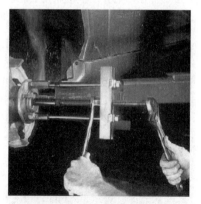

图 5-8　用专用拆卸工具从轮毂和轴承组件上拆卸传动轴

8）如图 5-10 所示，把传动轴装入转向节和驱动桥中。

图 5-9　从汽车上拆下传动轴

图 5-10　把传动轴装入转向节和驱动桥中

9）如图 5-11 所示，把花键端放入驱动桥，同时安装凸缘螺栓，并拧紧到规定力矩。

10）如图 5-12 所示，托起转向节，使带花键的外侧万向节滑入转向节，装好转向节和支柱的底座，然后安装联接螺栓。

图 5-11　把花键端放入驱动桥

图 5-12　使带花键的外侧万向节滑入转向节

11）如图 5-13 所示，将球头销装入转向节组件中，安装紧固螺栓并将其拧紧。

12）如图 5-14 所示，安装轮毂螺母并用手将其拧紧。

图 5-13　将球头销装入转向节组件中

图 5-14　安装轮毂螺母

13）如图 5-15 所示，安装制动盘和制动器制动钳。

14）如图 5-16 所示，拧紧制动钳螺栓。

图 5-15　安装制动盘和制动器制动钳

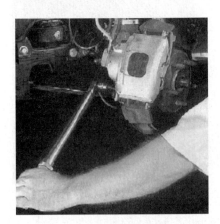

图 5-16　拧紧制动钳螺栓

15）如图 5-17 所示，安装车轮和轮胎组件。

16）放下汽车。

17）如图 5-18 所示，将轮毂螺母拧紧到规定力矩。

拆装传动轴时的注意事项如下：

① 对于装备了 ABS（防抱装置）的汽车，必须注意装在等速万向节外壳上的 ABS 车轮转速传感器和触发脉冲轮，应该用非金属塞尺测量间隙。如果空气间隙不对或者传感器、传感器线、触发脉冲轮损坏，则 ABS 控制单元将关闭系统。

② 不允许无任何支撑地悬挂半轴，否则将严重损伤内侧万向节的防尘罩；不能拉长制动器软管。如果有需要（见图 5-19），则应拆下并吊起制动器的制动钳。

图 5-17　安装车轮和轮胎组件

模块五　传动轴与万向传动装置的检修

图 5-18　将轮毂螺母拧紧到规定力矩

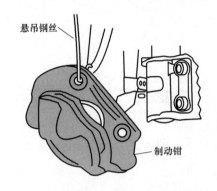

图 5-19　制动钳从转向节上松开后需用钢丝悬吊

③ 从驱动桥中拆下内侧等速万向节外壳时，必须遵循正确的操作步骤，否则将损坏内侧等速万向节中的零件。

④ 在凸缘等速万向节的安装位置做记号，以确保重装时保持平衡。

⑤ 在轴和万向节壳的防尘罩位置做记号。拆轴时，可用防尘罩护架罩住每个轴的防尘罩，以防将其损坏。

⑥ 必须用新的轴毂螺母，不允许使用经常承受转矩作用的轴毂螺母，因为第二次使用时有可能拧不到规定力矩。

⑦ 在安装半轴之前，要确保轴表面清洁和干燥。

⑧ 安装垫圈和轴毂螺母时，应用扭力扳手将其拧紧到规定力矩。如图 5-20 所示，用冲子将轴毂螺母锁定，使轴毂螺母不能自由转动。

2. 外万向节的拆卸与分解

1）用钢锯将等速万向节的金属环锯开（见图 5-21 中的箭头处），拆卸防尘罩。

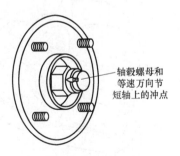

图 5-20　将轴毂螺母拧紧到规定
力矩后必须冲点

图 5-21　拆卸万向节防尘罩

2）用一把轻的金属锤子用力从传动轴上敲下万向节外圈，如图 5-22 所示。取出钢球（见图 5-23），然后用力转动球笼直至两个方孔（见图 5-24 中的箭头处）与外星轮对齐，将球笼连同外星轮一起拆下。

3. 内万向节的拆卸与分解

1）拆卸弹簧销环（见图 5-25），压出万向节内圈，如图 5-26 所示。

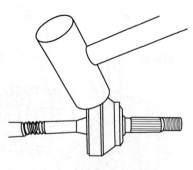
图 5-22 拆卸万向节外圈

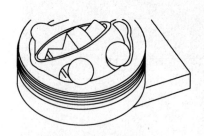
图 5-23 取出钢球

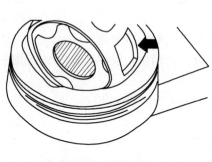
图 5-24 拆卸球笼

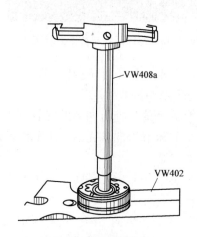
图 5-25 拆卸弹簧销环

2）把内星轮上的扇形齿旋入球笼的方孔，然后从球笼中取下内星轮，如图5-27所示。

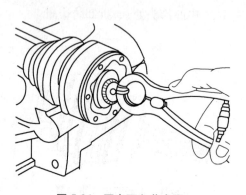
图 5-26 压出万向节内圈

图 5-27 内星轮的拆卸

3）内等速万向节的分解。转动内星轮与球笼，按图5-28中箭头所示方向压出球笼里的钢球。内星轮与外星轮应一起选配，不能互换。从球槽上面，如图5-29中箭头所示，取出球笼里的内星轮。

4. 万向节的检查

1）检查外星轮、内星轮、球笼及钢球有无凹陷与磨损现象。

2）各球节处的6颗钢球要求一定的配合公差，并与内星轮一起成为一组配合件。

3) 如果万向节间隙已经明显过大，则必须更换万向节。如果万向节光滑无损，或者能看到钢球在运转，则不必更换万向节。

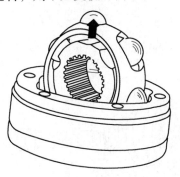

图 5-28 取出钢球

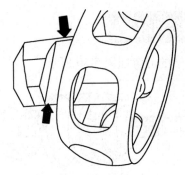

图 5-29 取出内星轮

考 核

序号	考核内容	配分	评分标准	考核记录	扣分	得分
1	正确使用工具、仪器	10	仪器使用不当最多扣 10 分			
			工具使用不当酌情扣分			
2	传动轴总成的拆卸	20	拆卸过程每错一步扣 5 分			
3	外万向节的拆卸与分解	20	操作过程每错一步扣 5 分			
4	内万向节的拆卸与分解	25	操作过程每错一步扣 5 分			
5	万向节的检查	15	操作过程每错一步扣 5 分			
6	操作规范、不超时	10	不规范操作扣 5 分，超时扣 5 分			
7	遵守安全规范，无事故		不规范操作造成严重事故者，本次考核按 0 分计			
8	总分	100	教师签字		年 月 日	

简述万向传动装置的拆卸过程。

项目 5.2　万向传动装置的装配

项目目的

1) 掌握万向传动装置的装配工艺。
2) 熟悉万向传动装置主要零件的装配关系。

项目内容

1) 组装内万向节。

2）组装外万向节。
3）组装万向节与传动轴。

传动轴的分解如图 5-30 所示。

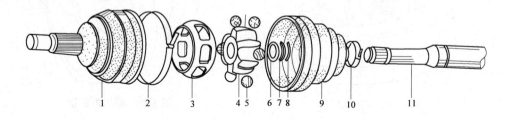
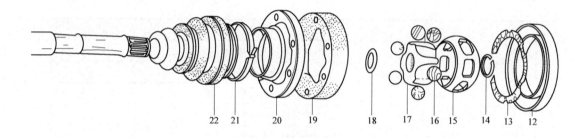

图 5-30 传动轴的分解

1—RF 节外星轮 2、10、21—夹箍 3—RF 节球笼 4—RF 节内星轮 5、16—钢球 6、14—卡簧 7—中间挡圈
8—碟形弹簧 9—橡胶护套 11—中半轴 12—塑料护套 13—密封垫片 15—VL 节球笼 17—VL 节内星轮
18—碟形垫圈 19—VL 节外星轮 20—VL 节护盖 22—橡胶护套

球笼式碗形万向节主要由 RF 节内星轮 4、RF 节球笼 3、RF 节外星轮 1 及钢球 5 等组成。内星轮通过花键与中半轴 11 相连接，用卡簧 14 和碟形垫圈 18 轴向（轴向有弹性）限位。RF 节内星轮 4 的外表面有 6 条曲面凹槽，形成内滚道。RF 节外星轮 1 与带花键的外半轴制成一体，内表面制有相应的 6 条曲面凹槽，形成外滚道。球笼上有 6 个窗孔。装合后 6 个钢球分别置于 6 条曲面凹槽内，并用 RF 节球笼 3 使之保持在一个平面内，动力由中半轴 11 传至 RF 节内星轮 4，经 6 个钢球 5、RF 节外星轮 1 及半轴输出（传给转向驱动轮）。球笼式碗形万向节等角速传动的结构如图 5-31 所示。

其内球座的外球面、球笼的内球面和外球面、外球座的内球面均以万向节中心 O 点为球心，球笼使 6 个钢球中心所在的平面通过中心 O 点，外滚道中心 A 与内滚道中心 B 稍不重合，分别位于中心 O 的两侧且等于 OB；当两轴交角变化时，球面之间绕 O 点相互滑转，钢球则在内外滚道上滚动且始终与内外滚道相切，即钢球中心 C 到 A、B 两点的距离均相等，从而保证了外半轴与内半轴以相等的角速度旋转。

这种万向节允许在轴间最大交角为 42° 的情况下传递转矩，且在工作时，所有钢球全部传力。与球叉式万向节相比，其承载能力大，磨损量小，结构紧凑，拆装方便，因此应用非常广泛。

模块五 传动轴与万向传动装置的检修

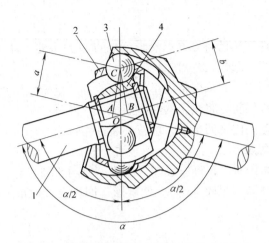

图 5-31 球笼式碗形万向节等角速传动的结构
1—中段半轴 2—球笼（钢球保持架） 3—钢球 4—内球座（内滚道）
O—万向节中心 A—外滚道中心 B—内滚道中心 C—钢球中心 α—两轴交角（钝角）

桑塔纳轿车 1 辆，拆装工具 1 套。

1. 组装内万向节

1）对准凹槽将内星轮嵌入球笼。内星轮在球笼内的位置无关紧要。

2）将钢球压入球笼，并注入润滑脂，如图 5-32 所示。

3）将带钢球与球笼的外星轮垂直装入壳体。安装时应注意旋转之后，外星轮上的宽间隔 a 应对准内星轮上的窄间隔 b，转动球笼，嵌入到位。内星轮内径（花键齿）上的倒角必须对准外星轮的大直径端。

4）扭转内星轮，这样内星轮就能转出球笼（如图 5-33 中的箭头所示），使钢球与壳体中的球槽相配合时有足够的间隙。

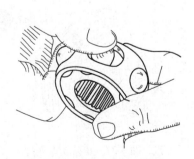

图 5-32 将钢球压入球笼

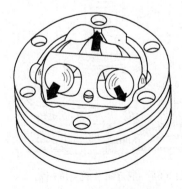

图 5-33 将内星轮转出球笼

5）用力推压球笼，如图 5-34 中的箭头所示，使装有钢球的内星轮完全转入外星轮内。

6）将内星轮在轴向范围内来回推动，应灵活。

2. 组装外万向节

1) 用汽油清洗各部件，然后将 G-6 润滑脂总量的 1/2（45g）注入万向节内。
2) 将球笼连同内星轮一起装入外星轮。
3) 对角交替地压入钢球，必须保持内星轮在球笼且外星轮处于原先的位置。
4) 将弹簧销环装入内星轮，将剩余的润滑脂压入万向节。
5) 将内星轮在轴向范围内来回推动，检查安装是否正确。

3. 万向节与传动轴的组装

1) 在传动轴上安装防护罩，正确安装碟形座圈，如图 5-35 所示。
2) 把万向节压入传动轴（见图 5-36），使碟形座圈贴合，内星轮内径（花键齿）上的倒角必须面向传动轴靠肩。

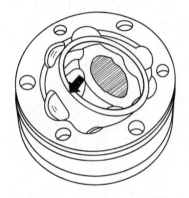

图 5-34 使内星轮完全转入外星轮内

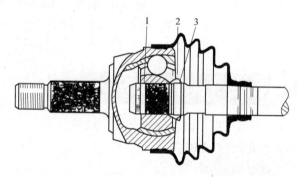

图 5-35 碟形座圈和间隔垫片的安装位置
1—弹簧销环 2—间隔圈 3—碟形座圈

3) 安装弹簧销环，装上外万向节。
4) 在万向节上安装防尘罩。防尘罩经常受到挤压，因而在防尘罩内部会产生一定的负压，在车辆行驶中会产生一个内吸的折痕，如图 5-37 中的箭头所示。因此，在安装防尘罩小口径之后，要稍微充点气，以使压力平衡，避免产生皱褶。

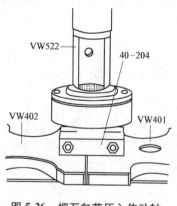

图 5-36 把万向节压入传动轴

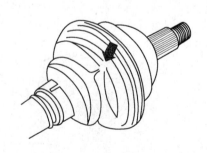

图 5-37 给防尘罩充气

5) 用夹箍夹住防尘罩，如图 5-38 所示。
6) 安装传动轴时，应擦净传动轴与轮毂花键齿面上的油污，去除防护剂的残留物，给外等速万向节花键面涂上一圈 5mm 宽的防护剂 D6，然后进行传动轴装配，如图 5-39 所示。涂

模块五 传动轴与万向传动装置的检修

防护剂 D6 的传动轴装车后应停车 60min 之后才可使用。

7)安装时,所有螺栓和螺母的紧固力矩应符合规定,所有自锁螺母必须更换新件。

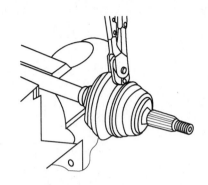

图 5-38 夹紧夹箍或夹头

图 5-39 外等速万向节花键轴安装前涂防护剂 D6

考 核

序号	考核内容	配分	评分标准	考核记录	扣分	得分
1	正确使用工具、仪器	10	仪器使用不当最多扣 10 分			
			工具使用不当酌情扣分			
2	组装内万向节	25	组装过程每错一步扣 5 分			
3	组装外万向节	25	组装过程每错一步扣 5 分			
4	万向节与传动轴的组装	30	组装过程每错一步扣 5 分			
5	操作规范、不超时	10	不规范操作扣 5 分,超时扣 5 分			
6	遵守安全规范,无事故		不规范操作造成严重事故者,本次考核按 0 分计			
7	总分	100				
			教师签字		年 月 日	

想一想,做一做

简述万向传动装置的装配过程。

项目 5.3 载货汽车万向传动装置的维修

项目目的

1)能够进行万向传动装置的拆卸、分解,零件的检验和分类。
2)能够认识万向传动装置主要零件的结构及相互装配关系。
3)了解传动轴的变形检验与校正的方法和技术要求。

4)了解使用传动轴动平衡试验台进行传动轴动平衡试验的方法。
5)掌握万向传动装置的装配、安装方法和要求。
6)掌握万向传动装置常见故障的诊断与排除方法。

项目内容

1)万向传动装置的拆装及零部件的认识。
2)万向传动装置主要零件的检修标准和检修方法。
3)万向传动装置常见故障的诊断与排除。

相关知识

汽车上最常用的传动轴为霍契凯斯传动轴。对于这种类型的传动轴,可根据其外部轴和万向节来加以辨认。分段式的传动轴用在许多轴距很长的车辆上。它在两根轴之间安装了第三个万向节,并使用一个中间轴承来支撑组合轴的中部,如图5-40所示。

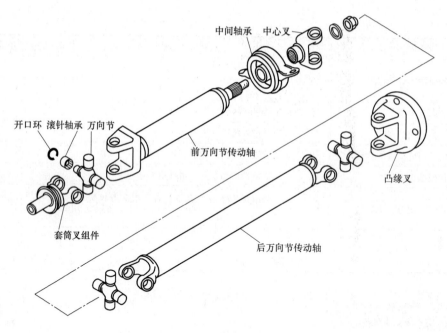

图 5-40 两端传动轴组件

目前,普通十字轴万向节是汽车传动系统上用得最多的一种万向节,它允许相连两轴的最大夹角在15°~20°范围内。

1. 构造

图5-41所示为汽车上常用的普通十字轴万向节。两万向节叉2和6上的孔分别套在十字轴4的两对轴颈上。这样,当主动叉转动时,从动叉即随之转动,同时绕十字轴中心在任意方向摆动。为了减少摩擦损失,提高传动效率,在十字轴轴颈和万向节叉孔之间装有由滚针8和套筒9组成的滚针轴承,然后用螺钉和轴承盖1将套筒9固定在万向节叉上,并用锁片将螺钉锁紧,以防止轴承在离心力的作用下从万向节叉中脱出。为了减少摩擦,十字轴做成中空的,并有油路通向轴颈。机油从油嘴3注入十字轴内腔。为了避免机油流出及灰尘进入轴承,

在十字轴的轴颈上装有油封 7。在十字轴的中部还装有带弹簧的安全阀 5。如果十字轴内腔的机油压力过大，安全阀即被顶开，使机油外溢，防止油封因压力过高而损坏。

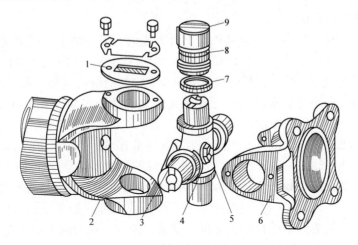

图 5-41 普通十字轴万向节
1—轴承盖 2、6—万向节叉 3—油嘴 4—十字轴
5—安全阀 7—油封 8—滚针 9—套筒

十字轴万向节的损坏程度以十字轴的轴颈和滚针轴承的磨损量为标准。因此，润滑与密封直接影响万向节的使用寿命。为了提高它的密封性能，现有的十字轴万向节多采用橡胶密封圈。当油腔内的机油压力大于允许值时，多余的机油就从橡胶油封内圈表面与十字轴颈处溢出，故在十字轴上无须安装安全阀。

2. 等速排列

单十字轴式刚性万向节的不等速性，将使从动轴及与其相连的传动部件产生扭转振动，从而产生附加交变载荷，加剧零件的损坏。为了避免这一缺陷，在汽车上均采用两个十字轴刚性万向节，且中间以传动轴相连，利用第二个万向节的不等速效应来抵消第一个万向节的不等速效应，从而实现输入轴与输出轴等速传动。

设备、工具和材料准备

1）万向传动装置维修常用的工量具若干套。
2）万向传动装置维修专用工具（顶拔器、卡簧钳等）及设备（传动轴动平衡试验台）1 套。
3）东风 EQ1092 型载货汽车数辆。

技术标准及要求

1）花键侧面的读数值不应大于 0.30mm。
2）十字轴轴颈压痕深度不得超过 0.1mm。
3）用 200 N·m 的力矩拧紧凸缘螺母。
4）将前端的凸缘叉螺母、中间支承螺母、后桥上的凸缘螺母以 90～110N·m 的力矩拧紧。

 **操作步骤**

1. 传动轴的拆卸与安装

（1）传动轴的拆卸 在将传动轴从汽车上拆下之前，要用冲子、粉笔或油画笔在后万向节的主动叉和从动叉上做记号，如图 5-42 所示。如果汽车装有两段式传动轴，则要在中间轴承架上的每个零件上都做记号，包括与轴承支架外壳接触的轴的端部。修理传动轴时要小心，不要抹去这些记号，因为这些记号有助于在重新安装传动轴时保证各零件处于正确的位置，并且避免产生平常不会产生的振动。

为了拆下传动轴，用起重机将汽车安全地提起并悬吊着，用套筒扳手卸下两个 U 形螺栓或螺母，或者卸下连接轴与主减速器主动小齿轮凸缘的螺栓。通常这些螺母用金属锁片锁紧，在使用扳手前要先撬开每个螺母上的锁片，如图 5-43 所示。如果有些螺栓很难用扳手够到，则可把变速杆置于空挡，旋转轴直到能够到所有螺栓或螺母。如果万向节用 U 形螺栓固定，则应在拆下螺母后，从主动小齿轮凸缘上拆下螺栓。通常，从凸缘上拆下螺栓后，必须用一字槽螺钉旋具或撬杠把传动轴和万向节从凸缘上撬下来。

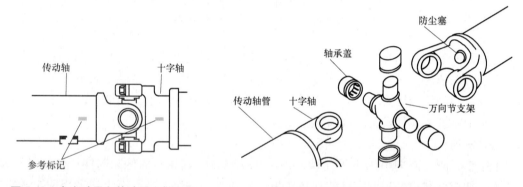

图 5-42 在主动叉和从动叉上做记号　　图 5-43 在传动轴上固定的各种 U 形节

如果传动轴是两段式的，则在从汽车上拆下传动轴之前必须先拧松轴承支架组件上的螺栓。

注意：拧松中间支架上的螺栓时，要支撑传动轴的前段，可用千斤顶支架支撑或让助手拿着轴。如果轴滑落，则会伤害人或损伤轴。

朝着变速器方向滑出传动轴并将其放低，往汽车后面拖，直到滑套接头脱离变速器，然后拆下传动轴。

注意：应该在变速器外伸壳密封下面放一个接油盘，以便在拆下传动轴时接住从变速器中滴出的液体，可防止液体滴到车间地板上，使地板变滑而发生危险。在外伸壳上安装专用变速器后螺塞（见图 5-44）或备用万向节叉，以避免修理传动轴时变速器油泄漏。

把轴固定在台虎钳上，但不要拧得过紧，以免损坏轴。另外，台虎钳钳口上应垫上软铜或铅，台虎钳不能夹住轴的平衡片或叉的轴柄。

警告：在安装好传动轴之后，应检查变速器里的液体，因为在拆下滑套接头时，液体会从外伸壳的后部流出，变速器在缺油状态下工作时会严重损坏。

如果要拆下力矩管式传动轴，则要拧松后桥总成的螺栓，使传动轴向后滑出，与变速器分离。

(2) 传动轴的安装　重新安装传动轴时，必须先使所有指示标记对中，再把滑套接头插入外伸壳内，然后把万向节推到最前位置。

维修提示：为了更容易地把叉装入变速器，降低变速器后油封损坏的概率，应在内花键和叉外表面上涂上一层薄薄的润滑脂，如图 5-45 所示。

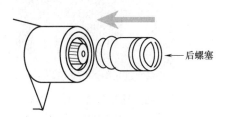

图 5-44　在外伸壳上安装一个变速器后螺塞　　　图 5-45　在将叉装入外伸壳中之前涂上一层润滑脂

如果传动轴总成有中间轴承，则要用螺栓很松地将外壳固定在适当位置，然后小心地提起轴的另一端，使其与主动小齿轮凸缘相互配合。一定要对准标记线，将联接螺栓拧紧到推荐力矩，然后将中间轴承的联接螺栓拧紧到规定力矩。

警告：不要过分拧紧 U 形螺栓上的紧固螺母，因为这会破坏轴承盖的圆度，同时会使十字轴与轴承盖卡住，致使万向节寿命缩短，动力传动系统产生振动。

安装好传动轴之后，润滑所有装有机油嘴的万向节，然后对汽车进行路试。

2. 万向节的分解

(1) 分解步骤　万向节一旦失效就必须更换，不允许使用其他万向节的零件组装成一个新的万向节。更换万向节时，必须使其与传动轴分离，然后才能分解万向节。虽然万向节的类型很多，但是其分解步骤基本一致，具体如下：

1) 如图 5-46 所示，把叉夹紧在台虎钳上，支撑传动轴的另一端。

2) 如图 5-47 所示，拆下轴承盖顶端的锁圈，在叉上做记号，以便组装万向节时有正确的相对位置。

图 5-46　把叉夹紧在台虎钳上　　　图 5-47　拆下轴承盖顶端的锁圈

3) 如图 5-48 所示，选择一个内径大于轴承盖直径的套筒。

4) 如图 5-49 所示，选择第二个套筒并将其放入轴的轴承盖孔里。

图5-48 选择一个内径大于轴承盖直径的套筒　　　图5-49 选择第二个套筒并将其放入轴的轴承盖孔里

5）如图5-50所示，用大套筒顶住一个钳口，调整传动轴叉的位置，使套筒套在轴承盖上。

6）如图5-51所示，把另一个套筒套在与轴承盖相反一端的中心处，并使其与大套筒在一条直线上。

图5-50 用大套筒顶住一个钳口，使套筒套在轴承盖上　　　图5-51 把另一个套筒套在与轴承盖相反一端的中心处

7）如图5-52所示，小心地拧紧台虎钳，将轴承盖压出叉，使其进入大套筒中。

图5-52 小心地拧紧台虎钳，将轴承盖压出叉，使其进入大套筒中

模块五 传动轴与万向传动装置的检修

8）拆下轴承盖。如图5-53所示，在台虎钳上转动传动轴，使万向节分解，然后用黄铜冲子和锤子从叉上打出十字轴，拆下轴承盖。

9）如图5-54所示，用冲子和锤子把万向节从另一叉中打出来。

（2）分解万向节时的注意事项

1）实际上分解万向节的过程在将传动轴从汽车上拆下来之前就已开始。在分解万向节之前，要在万向节轴承盖、枢轴和传动轴叉上做记号。一旦拆下传动轴，就应马上将其装在台虎钳上。

图 5-53 拆下轴承盖

图 5-54 用冲子和锤子把万向节从另一叉中打出来

2）在压出万向节十字轴之前，必须从叉上拆下固定挡圈。不用考虑塑料挡圈，因为它们在将轴承盖从轴和叉上压下来时会断裂，需要更换。如果用丙烷火炬来移除塑料挡圈，则会将其熔化。

3）如果没有尺寸合适的套筒夹住叉或压出十字轴，则可以用一根短管代替。

4）如果无法把轴承盖从叉中压出，则可把轴从台虎钳上卸下来，用一对台虎钳夹具拉出轴承盖。

5）如果用台虎钳夹具也不能将轴承盖拆下，则可以用台虎钳夹住轴承盖外露部分，用黄铜冲子和锤子把轴承盖从叉中打出来。

6）另一种用于分解万向节的常用方法是把它打出来，即先用锤子和黄铜冲子把每个轴承盖从叉中打出来，再朝一个方向把十字轴敲到最远处，卸下轴承盖和轴承，然后朝相反的方向敲打十字轴，卸下另一个轴承盖。

7）在拆完万向节之后，要检查传动轴叉是否有毛刺和粗糙点，并用细锉刀去除所有毛刺。同样要检查叉是否破裂或有裂纹，若有，则用新叉重新与轴装配，或更换轴。

3. 万向传动装置主要零件的检验

（1）传动轴轴管弯曲的检验与校正　如图5-55所示，先用V形架将传动轴两端支起来，再用百分表测量轴管外圆的径向圆跳动量。要求在轴管全长上的径向圆跳动量应不超过1mm。

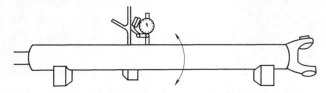

图 5-55 检测传动轴的弯曲程度

若传动轴的径向摆差超过最大极限，则应在压力机上进行校正。如果在校正后仍不能达到技术要求，则应更换传动轴。

（2）花键的检验　如图5-56所示，将套管叉夹持在台虎钳上，按装配标记把花键轴插入套管叉，并使部分花键露在外面，然后转动花键轴，用百分表测出花键侧隙，该值不应大于0.30mm，否则应更换套管叉。

（3）轴承的检验　检查中间轴承及其滚珠、滚道及外滚道。若出现烧蚀、裂纹、刻痕、金属剥落等现象，则应更换轴承；若轴承内滚道严重磨损，则应更换轴承；空转轴承，其旋转应灵活、无噪声，无停滞和卡住现象，不能过度松旷，否则也应更换轴承。

（4）万向节叉、十字轴及轴承的检验

1）检查万向节叉，不得有裂纹，否则应更换。

2）检查十字轴，其表面不得有裂纹、拉伤和凹陷，轴颈表面应基本光洁，不允许出现疲劳剥落、磨损沟槽等。如果十字轴轴颈处存在轻微的金属剥落或者压痕，则应对其进行修磨处理；若压痕深度超过0.1mm，则应予以更换。

3）按图5-57所示的方法检查十字轴轴承的松旷程度和间隙。检查时用手不应感觉出轴向有移动量。

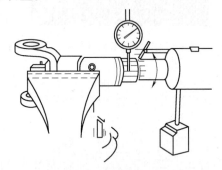

图5-56　花键的检验

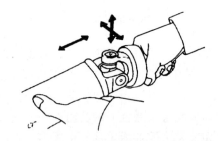

图5-57　检查十字轴轴承的松旷程度和间隙

4）检查轴承壳、滚针、轴承盖板及轴承油封等其他零件，若有破裂、严重磨损等情况，则应更换轴承。

4. 万向节的组装

（1）万向节的组装步骤　万向节的组装步骤基本上与其分解步骤相反，重新组装万向节就是把它们装入传动轴叉。其基本步骤如下：

1）如图5-58所示，清洁叉和挡圈凹槽里的污物。

2）如图5-59所示，小心地从新万向节上拆下轴承盖。

图5-58　清洁叉和挡圈凹槽里的污物

图5-59　小心地从新万向节上拆下轴承盖

3）如图 5-60 所示，把新的十字轴装进叉中并推到一边。

4）如图 5-61 所示，把一个轴承盖放入叉耳并套在十字轴的枢轴上。

图 5-60 把新的十字轴装进叉中并推到一边

图 5-61 把一个轴承盖放入叉耳并套在十字轴的枢轴上

5）如图 5-62 所示，先把上一步形成的组件小心地放在台虎钳上，再把部分轴承盖压入叉耳中。

6）如图 5-63 所示，从台虎钳上卸下轴，把十字轴推向另一边。

图 5-62 把部分轴承盖压入叉耳中

图 5-63 从台虎钳上卸下轴，把十字轴推向另一边

7）如图 5-64 所示，把一个轴承盖放入叉耳并套在十字轴上。

8）如图 5-65 所示，压紧轴承盖：把传动轴放在台虎钳上，拧紧钳口，把轴承盖压入叉耳中并套在枢轴上，然后安装弹性挡圈。要确保它们都固定在凹槽中。

9）如图 5-66 所示，把万向节十字轴放入传动轴叉，然后按照上述步骤安装剩下的两个轴承盖。

（2）组装万向节时的注意事项

1）分解万向节时使用的套筒在组装万向节时同样适用。

2）如果叉孔上或挡圈凹槽内有脏物，则弹性挡圈将不能准确定位，并且当轴转动时，万向节将会脱开。

图 5-64 把一个轴承盖放入
叉耳并套在十字轴上

图 5-65 压紧轴承盖

3）当从一个新的万向节上拆下轴承盖时，要确保所有滚针轴承都润滑良好（见图 5-67），并且紧靠在轴承盖内侧的正确位置上，否则将不能恰好地将轴承盖装在枢轴上。

图 5-66 把万向节十字轴放入传动轴叉

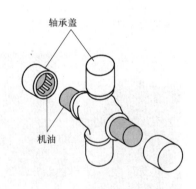

图 5-67 在将所有轴承安装到
传动轴上之前需涂上机油

4）拧紧台虎钳，把枢轴固定在轴承盖中，反复旋转十字轴，使枢轴在轴承上能自由转动。如果其转动困难，则要检查万向节，确保滚针轴承在保持架内不倾斜。

5）有时需要用套筒压轴承盖，以使固定挡圈有一定空间。如果必须要这样做，则在一端装上弹性挡圈，然后压另一端，以安装固定挡圈。

6）在将轴承盖装入叉之后，把万向节十字轴装入传动轴，再安装剩下的两个轴承盖。

7）在将所有的固定挡圈均装好之后，用黄铜冲子和锤子往外轻轻敲打十字轴，使之靠近新的轴承盖。

8）大多数新的万向节装有机油嘴。对于这类转向节，应用润滑脂将其填满，直到轴承盖的密封凸起。

维修提示：在装配新的万向节时，应确保喷油器对着传动轴叉套管，以便对万向节进行润滑。

考 核

序号	考核内容	配分	评分标准	考核记录	扣分	得分
1	正确使用工具、仪器	10	仪器使用不当最多扣10分			
			工具使用不当酌情扣分			
2	万向传动装置的拆卸	25	操作过程每错一步扣5分			
3	万向传动装置的检修	25	操作过程每错一步扣5分			
4	万向传动装置故障的诊断与排除	30	操作过程每错一步扣5分			
5	操作规范、不超时	10	不规范操作扣5分，超时扣5分			
6	遵守安全规范、无事故		不规范操作造成严重事故者，本次考核按0分计			
7	总分	100				
			教师签字		年 月 日	

想一想，做一做

简述传动轴动平衡对汽车行驶稳定性的重要意义。

模块六 驱动桥的检修与调整

项目6.1 主减速器的拆卸与分解

项目目的

1) 观察驱动桥的结构，拆装单级主减速器，分析其结构原理和调整部位。
2) 拆装锥齿轮差速器，分析其工作原理。

项目内容

1) 桑塔纳轿车前驱动桥的拆装与分解。
2) 桑塔纳2000GSi型轿车主减速器和差速器的拆卸与分解。

相关知识

主减速器的作用是将输入的转矩增大并相应降低转速。当发动机纵置时，其还具有改变转矩方向的作用。

为满足不同的使用要求，主减速器的结构有所不同。

1) 按参加减速传动的齿轮副数目分，有单级式主减速器和双级式主减速器。在双级式主减速器中，若第二级减速器齿轮有两副，并分置于两侧车轮附近，成为独立部件，则称为轮边减速器。

2) 按主减速器传动比挡数分，有单速式和双速式。前者的传动比是固定的，后者有两个传动比供驾驶人选择，以满足不同行驶条件的需要。

3) 按齿轮副结构分，有圆柱齿轮式（又可分为轴线固定式、轴线旋转式及行星齿轮式）、锥齿轮式和准双曲面齿轮式。

主减速器采用的是单级锥齿轮式减速器，由主动锥齿轮和从动锥齿轮组成。其中，主动锥齿轮和变速器输出轴制成一体。为使汽车的车轮能获得足够的驱动力和良好的加速性，需对变速器输出轴进行减速增矩。差速器采用的是行星齿轮式，由差速器壳、主减速器盖、行星齿轮、半轴齿轮、复合式止推垫圈、轴承、行星齿轮轴、车速表主动齿轮等组成。车速表主动齿轮安装于差速器壳上。主减速器、差速器的分解如图6-1所示。

设备、工具和材料准备

1) 桑塔纳2000GSi型轿车的主减速器。

模块六 驱动桥的检修与调整

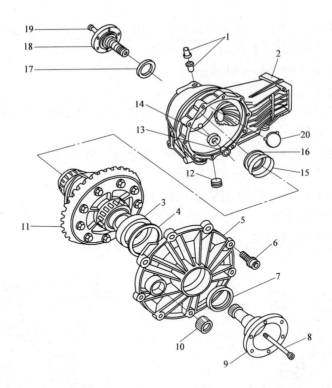

图 6-1 主减速器、差速器的分解

1—排气套筒 2—主减速器壳体 3—大圆锥滚子轴承的外圈 4、16—调整垫片 5—主减速器
6—螺栓 7—右侧密封圈 8、19—内六角圆柱头螺钉 9—右侧法兰轴 10—加油螺塞
11—带从动锥齿轮的差速器 12—放油螺塞 13—衬套 14—磁铁
15—小圆锥滚子轴承的外圈 17—左侧密封圈 18—左侧法兰轴 20—端盖

2) 主减速器拆装工具。
3) 扭力扳手、弹簧秤、百分表、红丹油性防锈漆（俗称红丹油）、V 形架。

1) 啮合间隙为 0.08～0.12mm，齿轮侧隙为 0.08～0.15mm。

2) 调整好的主、从动齿轮，转矩为 1.47～2.45N·m。

3) 输出轴后轴承紧固螺母的拧紧力矩为 70N·m。

1. 桑塔纳轿车主减速器总成的拆卸与分解

1) 桑塔纳轿车主减速器总成的拆卸。

① 将传动轴从后主减速器上拆下，检查传动轴和后主减速器传动轴法兰上是否有出厂标记（彩色的点）。如果没有，则在传动轴法兰上按图 6-2 中箭

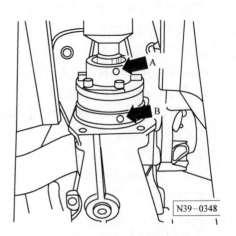

图 6-2 传动轴和后主减速器
传动轴法兰上的标记

头 A 所示的位置做标记，在后主减速器上按图 6-2 中箭头 B 所示的位置做标记。

② 用钢丝将传动轴固定在排气装置的支架上。

③ 拆下主减速器上万向轴的隔热板。

④ 从后主减速器的法兰上拆下左右万向轴。

⑤ 将带通用变速器支架 V. A. G1359/2 的变速器举升机 V. A. G1383 A 放在后主减速器的下面，并固定后主减速器。

⑥ 从后主减速器的轴承盖上拆下紧固螺栓，如图 6-3 所示。

⑦ 拧下横梁上的左右螺母，降下主减速器。

2) 桑塔纳 2000GSi 型轿车主减速器总成的分解。

① 拆下轴承支座和后盖。

② 取下车速里程表的传感器，如图 6-4 所示。

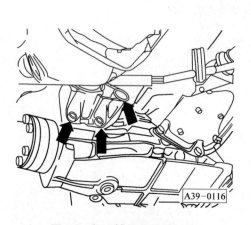

图 6-3　拆下轴承盖紧固螺栓

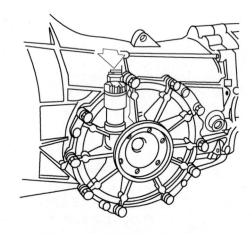

图 6-4　取下车速里程表的传感器

③ 放出变速器油。

④ 锁住传动轴，拆下紧固螺栓，如图 6-5 所示。

⑤ 取下传动轴。

⑥ 取下车速里程表的从动齿轮导向器和齿轮。

⑦ 拆下主减速器盖，如图 6-6 所示。

⑧ 从变速器壳体中取下差速器。

⑨ 用铝质的夹具将差速器壳固定在台虎钳上，拆下从动锥齿轮的紧固螺栓。

⑩ 取下从动锥齿轮，如图 6-7 所示。

2. 桑塔纳 2000GSi 型轿车差速器的拆卸与分解

① 拆卸变速器。

② 拆下差速器。

③ 拆下从动锥齿轮。

④ 拆下行星齿轮轴的夹紧销，如图 6-8 所示。

⑤ 取下行星齿轮轴。

⑥ 取下行星齿轮和半轴齿轮。

模块六 驱动桥的检修与调整

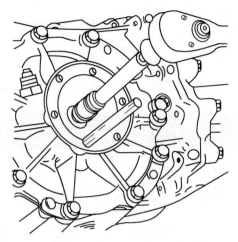

图 6-5 拆下紧固螺栓

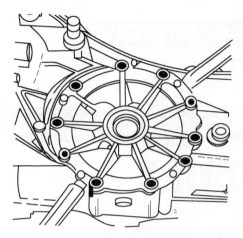

图 6-6 拆下主减速器盖

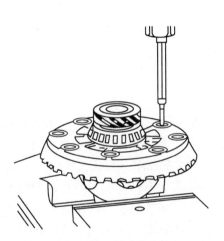

图 6-7 取下从动锥齿轮

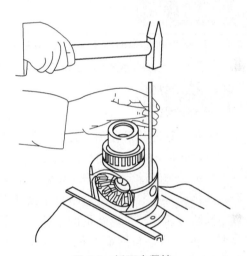

图 6-8 拆下夹紧销

考 核

序号	考核内容	配分	评分标准	考核记录	扣分	得分
1	正确使用工具、仪器	10	仪器使用不当最多扣 10 分 工具使用不当酌情扣分			
2	桑塔纳前驱动桥的拆装	20	拆卸过程每错一步扣 5 分			
3	桑塔纳前驱动桥的分解	20	分解过程每错一步扣 5 分			
4	桑塔纳 2000GSi 型主减速器和差速器的拆卸	20	拆卸过程每错一步扣 5 分			
5	桑塔纳 2000GSi 型主减速器和差速器的分解	20	分解过程每错一步扣 5 分			
6	操作规范、不超时	10	不规范操作扣 5 分，超时扣 5 分			
7	遵守安全规范，无事故		不规范操作造成严重事故者，本次考核按 0 分计			
8	总分	100				

教师签字　　　　　　　　　　　　　　　　　　年　月　日

想一想，做一做

简述主减速器的拆卸过程。

项目6.2　差速器的拆装

1) 熟练掌握差速器的拆卸步骤。
2) 能够正确安装差速器。

1) 桑塔纳2000GSi型轿车差速器的拆卸。
2) 桑塔纳2000GSi型轿车差速器磨损部件的修理和更换。

车轮相对于地面的滑移和滑转，不仅加速车轮的磨损，而且增加汽车的功率消耗和燃油消耗，并导致转向困难、制动性能恶化和行驶稳定性差等。为了消除以上不良现象，保证驱动轮在地面上做纯滚动，必须将车轮的驱动轴分成两段，即左右各一根轴（半轴），并在其间装一个差速器。差速器的作用就是将主减速器的动力传给左、右两半轴，并在必要时允许两半轴以不同的转速旋转，以满足两车轮差速的要求。此外，多桥驱动的汽车各驱动桥之间也同样存在上述驱动轮与地面之间的相对滑移和滑转，因此其在驱动桥之间也装有差速器。图6-9所示为桑塔纳2000型轿车差速器的结构。

差速器的类型：按用途分为轮间差速器和轴间差速器；按其工作特性可分为普通差速器和防滑差速器两大类。

1) 差速器拆装工具。
2) 扭力扳手、弹簧秤、百分表、红丹油、V形架。
3) 轴承专用顶拔器、轴承压力机等专用工具。

1. 差速器壳的拆卸

1) 拆卸变速器，拆下差速器。
2) 拆下差速器轴承（与从动锥齿轮相对的一侧），如图6-10所示。
3) 拆下差速器另一侧的轴承（见图6-11），同时取下车速里程表主动齿轮和锁紧套筒。
4) 拆下变速器侧面的密封圈，如图6-12所示。

模块六 驱动桥的检修与调整

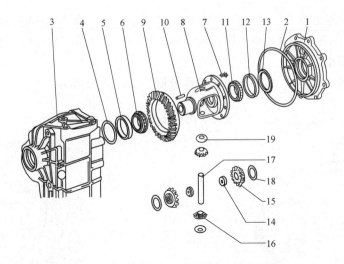

图 6-9 桑塔纳 2000 型轿车差速器的结构

1—主减速器盖 2—线环 3—主减速器壳体 4—调整垫片 S1 5—小圆锥滚子轴承的外圈
6—小圆锥滚子轴承的内圈 7—螺栓 8—差速器壳体 9—从动锥齿轮 10—夹紧套
11—大圆锥滚子轴承的内圈 12—大圆锥滚子轴承的外圈 13—调整垫片 S2 14—螺纹件
15—大差速器锥齿轮 16—小差速器锥齿轮 17—差速器锥齿轮的轴 18—调整垫片 19—止动垫片

5）从主减速器盖上拆下差速器轴承外圈和调整垫片 S1，如图 6-13 所示。

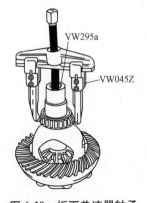

图 6-10 拆下差速器轴承

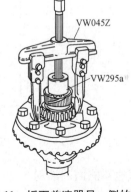

图 6-11 拆下差速器另一侧的轴承

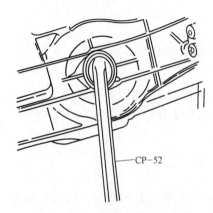

图 6-12 拆下变速器侧面的密封圈

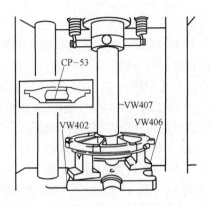

图 6-13 拆下差速器轴承外圈和调整垫片 S1

6）从变速器壳体上拆下差速器轴承外圈和调整垫片 S2，如图 6-14 所示。更换差速器轴承时，需一起更换外圈，同时必须计算出从动锥齿轮调整垫片 S1 和 S2 的厚度。

2. 差速器壳的安装

1）装上差速器调整垫片 S2 和差速器轴承外圈，如图 6-15 所示。

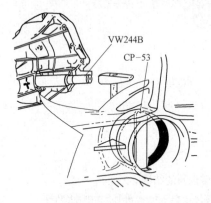

图 6-14　拆下差速器轴承外圈和调整垫片 S2

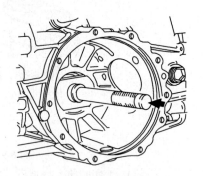

图 6-15　安装调整垫片 S2

2）装上调整垫片 S1 和差速器轴承外圈，如图 6-16 所示。

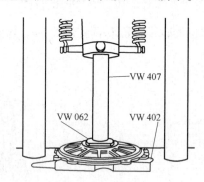

图 6-16　安装调整垫片 S1

3）装上变速器侧面的油封。

4）用 120℃ 的温度加热差速器轴承（与从动锥齿轮相对的一侧），并将其安装在差速器壳上。

5）将差速器一侧的轴承压到位，如图 6-17 所示。

6）用 120℃ 的温度加热差速器另一侧的轴承，并将其安装在差速器壳上。

7）将差速器另一侧的轴承压到位，如图 6-18 所示。

8）装上车速里程表主动齿轮和锁紧套筒，使 $X=1.88mm$，如图 6-19 所示。

注意： 专用工具 VW433a 只能支撑在锁紧销上，以免齿轮受损。

9）用适当的齿轮油润滑差速器轴承。

10）将差速器装入变速器壳体内，装上主减速器盖。

11）拆下变速器后盖和轴承支座。

12）将专用工具 VW521/4、VW531/8 和扭力扳手一起装到差速器上，如图 6-20 所示。

13）通过扭力扳手转动差速器，检查摩擦力矩。对新的轴承来说，摩擦力矩最小应为 2.5N·m。

模块六 驱动桥的检修与调整

注意：检查摩擦力矩时必须用适当的齿轮油润滑差速器轴承。

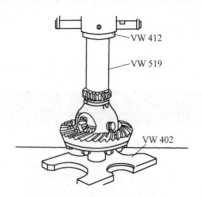

图 6-17 压入差速器一侧的轴承

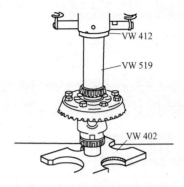

图 6-18 压入差速器另一侧的轴承

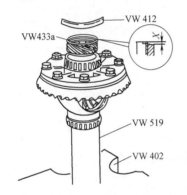

图 6-19 装车速里程表主动齿轮和锁紧套筒

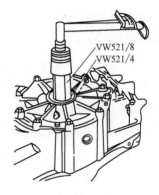

图 6-20 安装专用工具和扭力扳手

14）调整从动锥齿轮。
15）装上变速器后盖和轴承支座。
16）装上半袖凸缘。
17）加注齿轮油，安装变速器。

考 核

序号	考核内容	配分	评分标准	考核记录	扣分	得分
1	正确使用工具、仪器	10	仪器使用不当扣 10 分 工具使用不当酌情扣分			
2	差速器的拆卸	25	拆卸过程每错一步扣 5 分			
3	半轴齿轮和行星齿轮的更换	30	更换过程每错一步扣 5 分			
4	差速器的安装	25	安装过程每错一步扣 5 分			
5	操作规范、不超时	10	不规范操作扣 5 分，超时扣 5 分			
6	遵守安全规范，无事故		不规范操作造成严重事故者，本次考核按 0 分计			
7	总分	100				
教师签字					年 月 日	

想一想，做一做

简述差速器的差速原理。

项目6.3 主减速器的调整

1）掌握主减速器轴承预紧度的调整方法。
2）掌握主减速器主、从动锥齿轮啮合的调整方法。

1）主减速器轴承预紧度的调整。
2）主减速器主、从动锥齿轮啮合的调整。

设备、工具和材料准备

1）桑塔纳2000GSi型轿车的减速器总成和差速器部件。
2）主减速器拆装工具。
3）扭力扳手、弹簧秤、百分表、红丹油、V形架。

1）主动锥齿轮轴承的预紧度为 $2.5N·m$。
2）齿面间的平均间隙为 $0.10\sim0.20mm$。
3）标准调整垫片的厚度为 $0.15\sim1.20mm$。

1. 轴承预紧度的调整

（1）检查轴承预紧度

方法1：经验法，即用手转动主、从动锥齿轮应该转动自如，轴向推动时应无间隙。

方法2：用扭力扳手或弹簧秤拉动主、从动锥齿轮，看力矩大小，如图6-21所示。

（2）调整轴承预紧度 通过加减垫片或拧动调整螺母来调整轴承预紧度。

2. 主、从动锥齿轮的调整

主减速器主、从动锥齿轮总成的调整部位如图6-22所示。与理论上的位置 R 成比例的偏差 r 在生

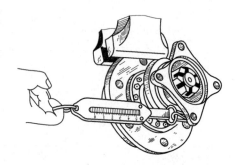

图6-21 检查轴承预紧度

产过程中已经测量好了,并将其刻在了从动锥齿轮的外侧。

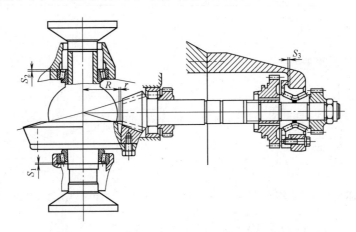

图 6-22 主减速器主、从动锥齿轮总成的调整部位

在拆卸变速器之前,最好测量齿面的平均间隙以及偏差 r。当检修作业涉及影响主动锥齿轮和从动锥齿轮位置的零部件时,必须重新测量调整垫片 S1、S2 和 S3 的厚度(分别见图 6-22 中的 S_1、S_2 和 S_3)。

注意: 只要轴承支座、主动锥齿轮的后轴承、一挡齿轮的滚针轴承外圈、输出轴的后轴承外圈中的任何一个零部件被更换,就必须通过调整垫片 S3 对主动锥齿轮进行调整。

1) 装上轴承支座的后轴承外圈(无调整垫片),如图 6-23 所示。
2) 装上轴承的保持架,用 25N·m 的力矩拧紧螺栓。
3) 装上输出轴和外后轴承,如图 6-24 所示。

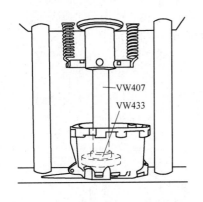

图 6-23 装上轴承支座的后轴承外圈

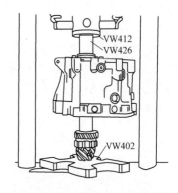

图 6-24 装上输出轴和外后轴承

4) 将输出轴用铝质的夹具固定在台虎钳上,装上螺母并用 100N·m 的力矩拧紧,如图 6-25 所示。
5) 将变速器后盖装在轴承支座上,然后装上新的衬垫,用 4 个螺栓将其固定。

注意: 后轴承应放至挡块处。

6) 将专用工具 VW385/1 支撑在 VW406 上,通过调节环测量 A 的尺寸,如图 6-26 所示。
7) 装上专用工具 VW385/2,如图 6-27 所示。

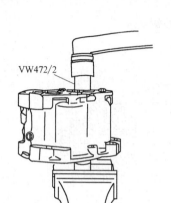
图 6-25 装上螺母

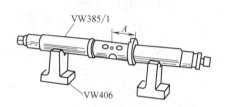
图 6-26 安装专用工具 VW385/1

8）将专用工具 VW5385/D 和 VW5385/C 安装在 VW385/1 上，接着放上无调整垫片 S1 的主减速器盖，然后装上百分表（见图 6-28），并将百分表调到零，应使起始压力与距离 20mm 处相一致。

注意：百分表的表盘和 VW5385/D 应朝同一方向。转动螺母将活动调节环移至中心。

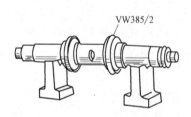
图 6-27 安装专用工具 VW385/2

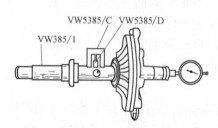
图 6-28 安装百分表

9）将专用磁板 VW385/17 装在主动锥齿轮上，上面的缝隙朝向放油螺塞的一边，然后将专用工具 VW385/1 放入变速器的内部并装配好，如图 6-29 所示。

10）装上调整垫片 S1 和主减速器盖的紧固螺栓，并用 25N·m 的力矩拧紧。

注意：不要在盖上敲打，以免使百分表失灵。

11）将专用工具 VW385/1 转至百分表的尖头碰到磁板，并使百分表指针达到最大偏差（倒转），所取得的值即为尺寸 e（从逆时针方向读看），如图 6-30 所示。

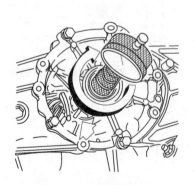
图 6-29 安装专用工具

图 6-30 测量尺寸 e

模块六　驱动桥的检修与调整

注意：当转动 VW385/1 时，百分表的尖头（VW5385/C）应碰到磁板，并且总是在缝隙相对的一侧。

12）取得尺寸 e 后，取下主减速器盖。

13）将专用工具 VW385/1 放在 VW406 之上，以专用工具 VW5358/C 为标准（样板）检验百分表是否在零位上，以及起始压力是否与距离 20mm 处相一致。如果在测量中有误，则应重新进行 6)~12) 步的操作。

14）装上输出轴和计算好厚度的调整垫片 S3，根据 6)~12) 步进行调节和测量。如果调整垫片的厚度计算正确，则百分表指针的指示值应与偏差 r（刻在从动锥齿轮上）相等，公差为 0.04mm。

15）如果测量结果在规定的公差范围之内，则完成变速器的安装；反之，则应检查所有零件，并更换已损坏的零件，接着重新安装主动锥齿轮。从动锥齿轮的调整方法与主动锥齿轮的调整方法是相同的。

3. 主减速器主、从动锥齿轮啮合的调整

在主动锥齿轮上相隔 120°的三处，用红丹油在齿的正反面各涂 2 个或 3 个齿，再用手对从动锥齿轮稍施加阻力并正、反向各转动主动锥齿轮数圈，观察从动锥齿轮上的啮合印痕。

正确的啮合印痕应位于齿高的中间偏小端，并占齿宽 60% 以上，如图 6-31 所示。

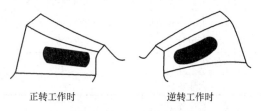

图 6-31　正确的啮合印痕

4. 半轴和桥壳的调整

1）认识全浮式支承和半浮式支承。

2）半轴的检修：

① 应对半轴进行隐伤检查，不允许有任何形式的裂纹存在。

② 半轴花键应无明显的扭转变形。

③ 以半轴轴线为基准，半轴中段未加工圆柱体的径向圆跳动量不得大于 1.3mm；花键外圆柱面的径向圆跳动量不得大于 0.25mm；半轴凸缘内侧端面的轴向圆跳动量不得大于 0.15mm。若径向圆跳动量超限，则应进行冷压校正；若轴向圆跳动量超限，则可通过车削端面进行修正。

④ 半轴花键的侧隙增大量不得超过原厂规定值 0.15mm。

3）桥壳的检修：

① 桥壳和半轴套管不允许有裂纹存在，半轴套管应进行探伤处理，各部位的螺纹损伤不得超过 2 牙。

② 钢板弹簧座定位孔的磨损量不得大于 1.5mm，超限时先进行补焊，然后按原位置重新钻孔。

③ 整体式桥壳以半轴套管的两内端轴颈的公共轴线为基准，当两外轴颈的径向圆跳动量超过 0.30mm 时应进行校正，校正后的径向圆跳动量不得大于 0.08mm。

④ 分段式桥壳以桥壳的接合圆柱面、接合平面及另一端内锥面为基准，轮毂内外轴颈的径向圆跳动量超过 0.25mm 时应进行校正，校正后的径向圆跳动量不得大于 0.08mm。

⑤ 桥壳承孔与半轴套管的配合及伸出长度应符合原厂规定，若半轴套管承孔磨损严重，则可将座孔镗至修理尺寸，同时更换相应的半轴套管。

⑥ 滚动轴承与桥壳的配合应符合原厂规定。

考 核

序号	考核内容	配分	评分标准	考核记录	扣分	得分
1	正确使用工具、仪器	10	仪器使用不当扣 10 分			
			工具使用不当酌情扣分			
2	减速器总成和差速器的安装	25	安装过程每错一步扣 5 分			
3	主减速器总成的调整	30	调整过程每错一步扣 5 分			
4	半轴和桥壳的调整	25	调整过程每错一步扣 5 分			
5	操作规范、不超时	10	不规范操作扣 5 分，超时扣 5 分			
6	遵守安全规范，无事故		不规范操作造成严重事故者，本次考核按 0 分计			
7	总分	100				
			教师签字		年　月　日	

想一想，做一做

简述主减速器齿轮啮合印痕的调整步骤。

项目 6.4　载重车辆主减速器和差速器的拆装与调整

项目目的

1) 熟练掌握主减速器、差速器的拆卸与安装步骤。
2) 掌握主减速器轴承预紧度的调整方法。
3) 掌握主减速器主、从动锥齿轮啮合的调整方法。

项目内容

1) 主减速器、差速器的拆卸。
2) 主减速器、差速器的安装。
3) 主减速器轴承预紧度的调整。

模块六 驱动桥的检修与调整

主减速器的维修要在将其从驱动桥中拆下之后进行。如图 6-32 所示，拆下传动轴时要在轴和小齿轮凸缘上做定位记号。在把传动轴叉拉出之前，要先将杂物箱放在变速器外伸壳下面。一旦叉拉出，就在壳开口处装一个螺塞，以防止进一步漏油。

在检查齿圈和主动小齿轮之后，要先检查侧隙。如图 6-33 所示，用一字槽螺钉旋具使差速器壳组件侧向移动，移动量就是侧隙。若有侧隙，则表明差速器轴承已磨损。这些轴承经常由于预紧力调整不当而产生磨损。如果侧隙由差速器壳毂上的轴承内圈松动所致，则必须更换差速器壳。

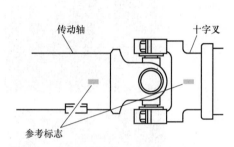

图 6-32 在轴和小齿轮凸缘上做定位记号

图 6-33 检查差速器的侧向间隙

如果差速器机构在半轴齿轮上使用选配垫片，则在拆下轴承时，要使垫片有序排列，放在一边以便选用。对于止推垫圈，应把其和垫片分别放在组件两边，以免混淆。

有些差速器使用第三个轴承代替导向轴承或轴套支撑在主动小齿轮轴的端部，应将这个轴承从壳上拆下来。

1）东风 EQ1090 型载货汽车主减速器挂图。
2）常用拆装工具。
3）主减速器 1 台。

一、主减速器和差速器总成的拆卸

序 号	操作内容	操作照片
1	提升汽车，将机油排出桥壳；在传动轴上做定位记号，然后将其拆下来	

(续)

序 号	操作内容	操作照片
2	拆下轮胎和车轮组件	
3	拆下制动鼓,以便对半轴进行操作	
4	用百分表检查轴的轴向间隙并作记录	
5	把半轴从差速器机构上松开	
6	拆下半轴组件。对于某些汽车来说,将半轴、制动底板以及组装制动器一起拆下更容易一些	

模块六　驱动桥的检修与调整

（续）

序　号	操作内容	操作照片
7	将固定在主减速器壳上的螺栓拧松	
8	小心地把主减速器壳拉出桥壳	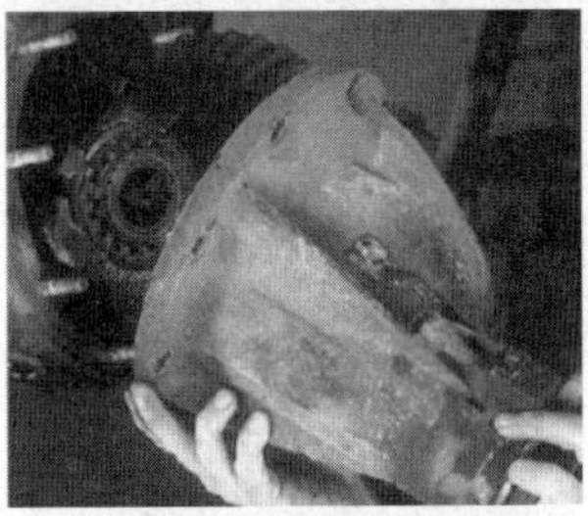
9	把主减速器壳放在工作台或适当的夹具上	
10	在差速器轴承盖和配合轴承底座上做记号	
11	用百分表测量齿圈的侧隙和径向圆跳动量	

（续）

序 号	操作内容	操作照片
12	拆下调整螺母锁片	
13	拆下轴承盖和调整螺母	
14	把差速器从主减速器壳上脱开	
15	拆下差速器端轴承	
16	在差速器壳和齿圈上做定位记号	

模块六　驱动桥的检修与调整

（续）

序　号	操 作 内 容	操 作 照 片
17	拆下紧固螺栓	
18	用錾子或其他工具将差速器壳螺栓的锁紧接头处加工平整	
19	拆下差速器壳螺栓	
20	在差速器壳组件的配合面上做定位记号，然后拆下差速器壳	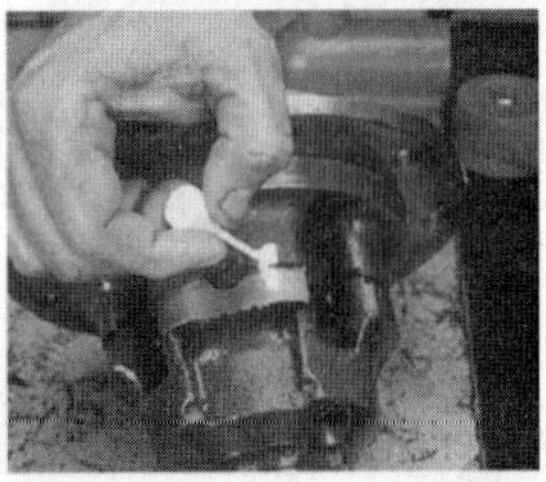
21	拆下半轴齿轮的止推垫圈和一个半轴齿轮	
22	打出差速器行星齿轮轴锁紧销，然后拆下定位块、差速器行星齿轮、止推垫圈和剩下的半轴	

（续）

序号	操作内容	操作照片
23	拧松并拆下主动小齿轮螺母	
24	用硬度较小的金属制成的锤子将轴承敲出并将其从腔内后部取出	
25	把前轴承外圈从壳内打出，并拆下前密封	
26	把主动小齿轮打出前轴承，从差速器壳齿轮轴承中压出轴。要拆下、测量小齿轮，并记录安装在轴承后面的垫片的厚度	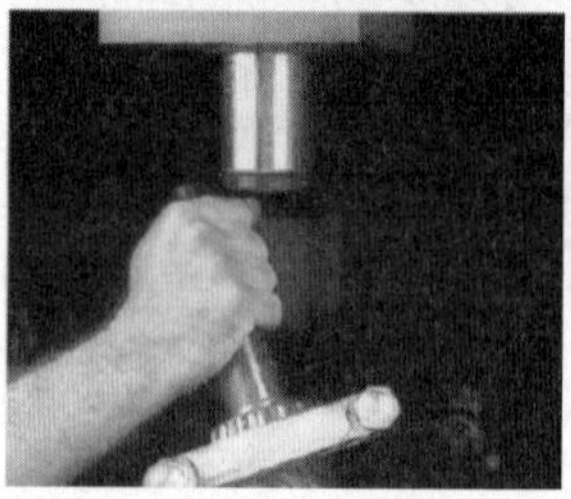

二、主减速器和差速器总成的安装

序号	操作内容	操作照片
1	把一个差速器半轴齿轮和止推垫圈放入差速器壳孔中	

(续)

序号	操作内容	操作照片
2	把差速器壳轴承压到差速器壳上	
3	将行星齿轮组件装入差速器壳	
4	将定位块装入差速器壳	
5	将另一侧半轴齿轮放入差速器壳内相应的位置	
6	对差速器壳进行定位	

（续）

序号	操作内容	操作照片
7	把齿圈固定在差速器壳上。有时，在将齿轮完全固定到差速器壳上之前，必须加热齿轮	
8	安装新的齿圈螺栓	
9	按规定力矩将螺栓拧紧	
10	用恰当的设备把主动小齿轮轴承压到轴上，轴承后面要加合适尺寸的垫片	
11	用相应的量规测量并调整主动小齿轮的深度	

（续）

序号	操作内容	操作照片
12	将主动小齿轮轴连同垫片一起装入主减速器壳内	
13	安装主动小齿轮密封、凸缘和螺母，并将螺母拧到规定的力矩	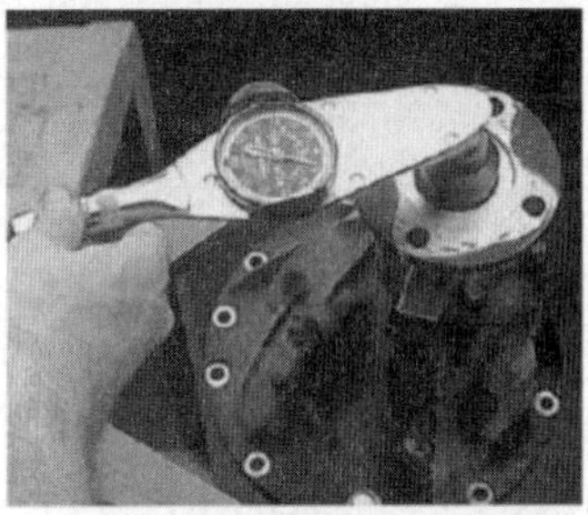
14	用轴承外圈定位，把齿圈及差速器组件小心地放入主减速器壳中	
15	齿轮之间一定要恰好对准，然后装上轴承盖	
16	用百分表检查侧隙和端轴承预紧力	

(续)

序 号	操作内容	操作照片
17	转动调整螺母以获得理想读数	
18	安装和拧紧调整螺母锁	
19	在桥壳的密封面上涂上密封胶	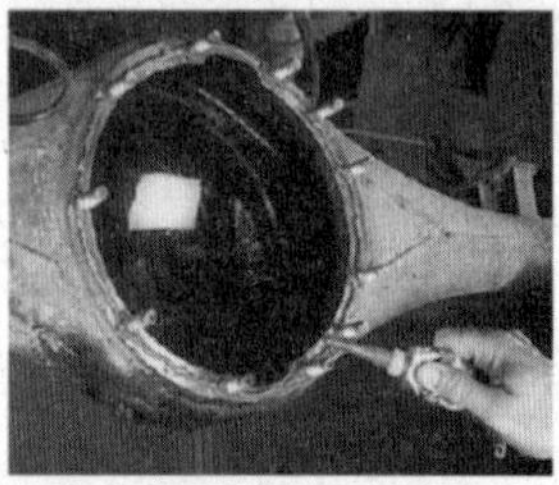
20	安装主减速器总成时应使用新的衬垫	
21	安装主减速器紧固螺栓并将其拧紧到规定力矩	
22	接好主减速器壳上所有的钢丝和管子	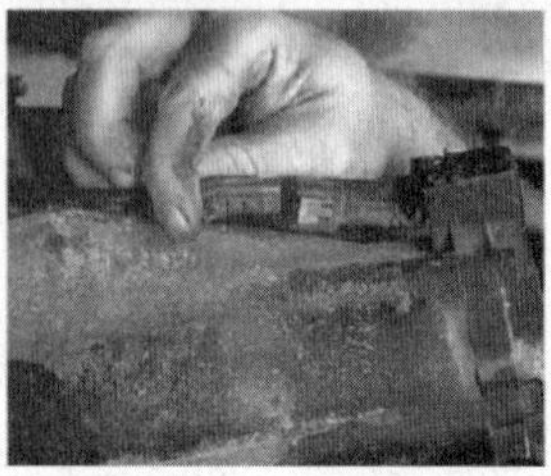

模块六　驱动桥的检修与调整　171

（续）

序　号	操作内容	操作照片
23	对中并安装传动轴	
24	安装带密封的半轴	
25	把所有制动金属构件接到桥壳和制动底板上并拧紧	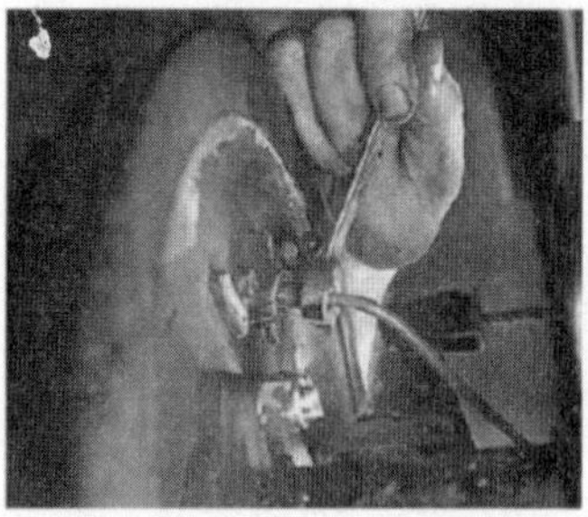
26	安装制动鼓和车轮组件	
27	用适当型号的机油加满桥壳	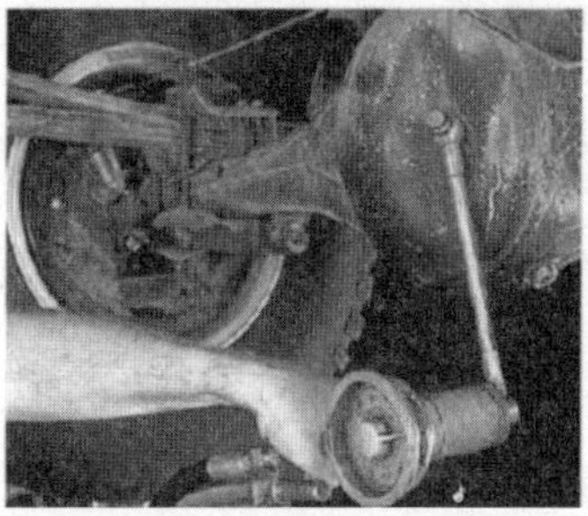

三、主减速器和差速器的调整

序 号	操 作 内 容	操 作 照 片
1	润滑差速器的轴承、外圈并调整螺母	
2	把差速器装入桥壳	
3	在差速器壳上安装轴承外圈和调整螺母	
4	拧紧顶端的轴承盖螺栓,用手指拧紧下端的螺栓	
5	转动每个调整螺母。随着齿圈和主动小齿轮之间的侧隙减小或消失,轴承的自由间隙消失	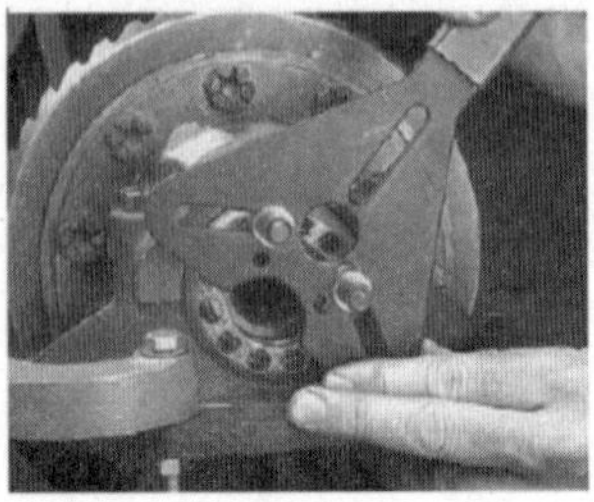

模块六 驱动桥的检修与调整

（续）

序 号	操 作 内 容	操 作 照 片
6	调整后，可通过转动主动小齿轮来紧固轴承	
7	安装一个百分表，使柱塞顶在齿圈的工作齿侧，对百分表调零，然后将两个一字槽螺钉旋具插在差速器壳和桥壳之间，观察百分表指针的变化情况	
8	转动右边的调整螺母，设定预紧力	
9	摇动齿圈，检查侧隙	
10	通过将两个调整螺母转动相同的量来调整侧隙，这样预紧力才保持不变	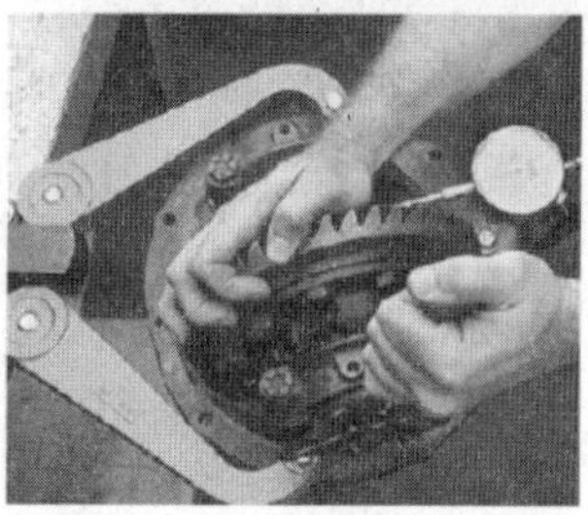

（续）

序　号	操作内容	操作照片
11	在调整螺母上加锁片	
12	将轴承盖螺栓拧紧到规定力矩	

考　核

序号	考核内容	配分	评分标准	考核记录	扣分	得分
1	正确使用工具、仪器	10	仪器使用不当扣 10 分			
			工具使用不当酌情扣分			
2	主减速器、差速器的分解	25	分解过程每错一步扣 5 分			
3	主减速器、差速器的安装	30	安装每错一步扣 5 分			
4	主减速器的调整	25	调整每错一步扣 5 分			
5	操作规范、不超时	10	不规范操作扣 5 分，超时扣 5 分			
6	遵守安全规范，无事故		不规范操作造成严重事故者，本次考核按 0 分计			
7	总分	100				
教师签字				年　月　日		

 想一想，做一做

主减速器壳体发热的原因有哪些？

模块七 行驶系统的拆装与检修

项目 7.1　前桥及前悬架的拆装与检修

1) 掌握前悬架总成的拆卸步骤。
2) 熟悉 1 号左下前悬架臂总成的检查方法。
3) 掌握前悬架总成的安装步骤。

1) 拆卸前悬架总成。
2) 检查 1 号左下前悬架臂总成。
3) 安装前悬架总成。

一、悬架的基本知识

汽车悬架是车架或车身与车桥之间一切传力连接装置的统称。

汽车悬架的作用是：弹性连接车桥与车架或车身，缓和行驶中车辆受到的由不平路面引起的冲击力，保证乘坐舒适和货物完好；迅速衰减由于弹性系统引起的振动，传递垂直、纵向、侧向反力及其力矩；起导向作用，使车轮按一定轨迹相对于车身运动。

汽车悬架一般由弹性元件、导向装置、减振器和横向稳定杆等组成。

弹性元件用于承受并传递垂直载荷，缓和不平路面、紧急制动、加速和转弯引起的冲击或车身位置的变化。常见的弹性元件有钢板弹簧、螺旋弹簧、扭杆弹簧、油气弹簧、空气弹簧和橡胶弹簧。

导向装置用于使车轮按一定运动轨迹相对于车身运动，同时起传递力的作用。通常导向装置由控制摆臂式杆件组成，有单杆式或多连杆式。钢板弹簧作为弹性元件时，本身兼有导向作用，可不另设导向装置。有些轿车和客车，为防止车身在转向等情况下发生过大的横向倾斜，在悬架系统中加设有横向稳定杆，如图 7-1 所示。其目的是提高侧倾刚度，使汽车具有不足转向特性，改善汽车的操纵稳定性和行驶平顺性。

根据汽车导向装置的不同，悬架又可分为独立悬架和非独立悬架。非独立悬架的特点是两侧车轮安装于一个整体式车桥上，车轮连同车桥一起通过弹性元件悬挂在车架或车身上，一侧的车轮受到冲击时会直接影响到另一侧的车轮。由于非独立悬架簧载质量比较大，特别是当汽车高速行驶时，悬架会受到较大的冲击载荷，因此汽车平顺性较差。

独立悬架的两侧车轮分别独立地与车架或车身弹性连接，当一侧车轮受到冲击时，其运动不会直接影响到另一侧的车轮。独立悬架所采用的车桥是断开式的，这样可使发动机降低安装位置，有利于降低汽车重心，并使结构紧凑。独立悬架允许前轮有较大的跳动空间，这样便于选择较软的弹性元件，以使平顺性得到改善。同时，独立悬架簧载质量小，可提高汽车车轮的附着性能。

二、前悬架的整体结构

前悬架的整体结构如图7-1所示。

丰田威驰轿车1辆，拆装工具1套。

1）1号左下前悬架臂总成螺母的转动力矩为0.78~3.43N·m。
2）前悬架横梁总成螺栓A的拧紧力矩为70N·m，螺栓B的拧紧力矩为16N·m。
3）安装齿轮齿条式动力转向器总成时的拧紧力矩为127N·m。
4）安装稳定杆的4个螺栓时的拧紧力矩为37N·m。

1. 拆卸

1）拆下前轮。
2）拆下1号发动机盖板总成。
3）拆下发动机总成。
4）吊起发动机总成。
5）拆下两个螺栓和左前悬架加强梁。
6）拆下两个螺栓和右前悬架加强梁。
7）拆解1号左下前悬架臂总成。
① 拆下夹子和螺母。
② 从转向节上拆下悬架臂，如图7-2所示。
8）拆解前稳定杆。
① 固定稳定杆螺栓，拆下螺母、3个护圈和两个衬垫（左侧），如图7-3所示。
② 照上述方法在另外一侧进行相同操作。
③ 拆下4个螺栓后，拆解前稳定杆，如图7-4所示。
9）分解动力转向器总成：拆下两个螺栓，分解齿轮齿条式动力转向器总成，如图7-5所示。**注意**：应吊起齿轮齿条式动力转向器总成。

模块七 行驶系统的拆装与检修

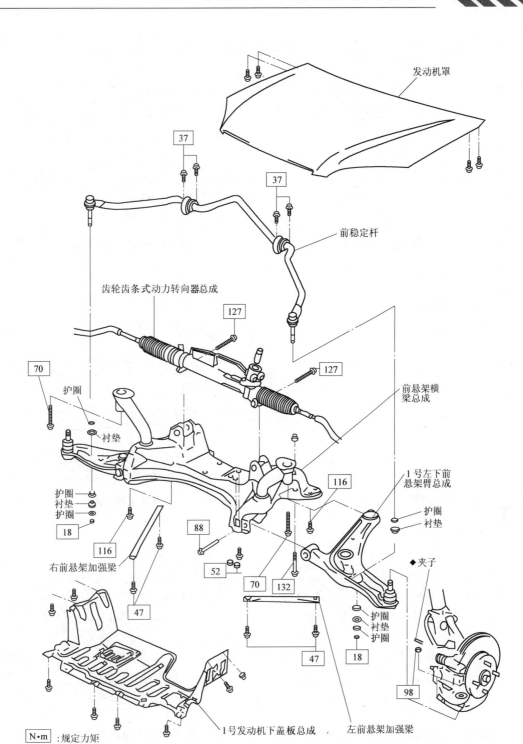

图 7-1 前悬架的整体结构

10）拆解前悬架横梁总成。
① 拆卸前悬架横梁总成的紧固螺栓和两个螺母，如图 7-6 所示。
② 用千斤顶顶起前悬架横梁总成。

③ 拆下 4 个螺栓，分解前悬架横梁总成，如图 7-7 所示。

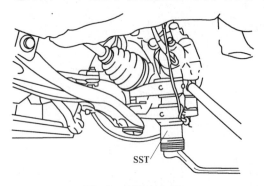

图 7-2　拆下悬架臂

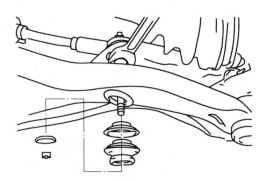

图 7-3　拆解前稳定杆螺栓

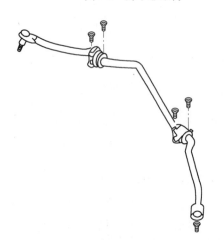

图 7-4　拆解前稳定杆

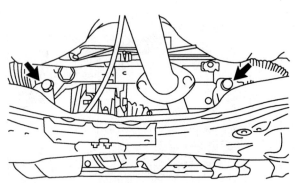

图 7-5　分解转向器总成

图 7-6　拆卸前悬架横梁总成的紧固螺栓和两个螺母

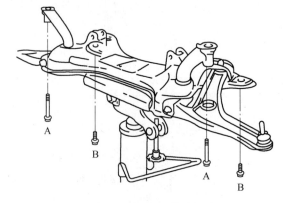

图 7-7　分解前悬架横梁总成

11）拆卸 1 号左下前悬架臂总成：拆下 2 个螺栓和螺母，拆下 1 号左下前悬架臂总成，如图 7-8 所示。**注意**：不要转动螺母。

2. 检查

1）如图 7-9 所示，在安装螺母前，前后摇动球节双头螺栓 5 次。

2）用扭力扳手以 2~4s 转动一圈的转速连续转动螺母，在第 5 圈时记下转动力矩的读数，转动力矩应为 0.78~3.43N·m。

3. 安装

1）临时紧固 1 号左下前悬架臂总成：用 2 个螺栓和螺母，临时紧固 1 号左下前悬架臂总成，如图 7-9 所示。

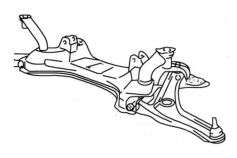

图 7-8 拆下 1 号左下前悬架臂总成

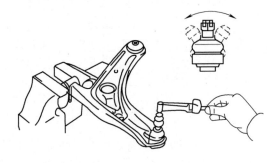

图 7-9 临时紧固 1 号左下前悬架臂总成

2）连接前悬架横梁总成。

① 用 4 个螺栓安装前悬架横梁总成。图 7-7 中，螺栓 A 的拧紧力矩为 70N·m，螺栓 B 的拧紧力矩为 16N·m。

② 安装螺栓和两个螺母，拧紧力矩为 52N·m。

3）安装齿轮齿条式动力转向器总成：用齿条式转向器总成和 2 个螺栓，安装齿轮齿条式动力转向器总成，螺栓的拧紧力矩为 127N·m。

4）安装稳定杆。

① 用 4 个螺栓安装稳定杆，拧紧力矩为 37N·m。

② 在固定稳定杆螺栓时，安装螺母、3 个护圈和 2 个衬垫，拧紧力矩为 18 N·m。

注意：用千斤顶顶起下臂。

③ 按照上述方法在另一侧进行相同操作。

5）安装 1 号左下前悬架臂总成。

① 用螺母将 1 号左下前悬架臂总成安装到转向节上，拧紧力矩为 98N·m。

② 安装一个新的夹子。**注意**：如果夹子的孔没有对准，则应进一步紧固螺母（转 60°）。

6）用两个螺栓安装左前悬架加强梁，拧紧力矩为 47N·m。

7）用两个螺栓安装右前悬架加强梁。

8）安装前轮，拧紧力矩为 103N·m。

9）稳定前悬架。

10）用 2 个螺栓充分紧固 1 号左下前悬架臂总成，如图 7-10 所示。螺栓 A 的拧紧力矩为 88N·m，螺栓 B 的拧紧力矩为 132N·m。**注意**：不要转动螺母。

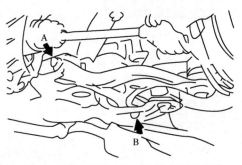

图 7-10 充分紧固 1 号左下前悬架臂总成

11）安装 1 号发动机下盖板总成。

12）安装发动机罩。

13）检查并调整前轮定位。

考 核

序号	考核内容	配分	评分标准	考核记录	扣分	得分
1	正确使用工具、仪器	10	仪器使用不当最多扣 10 分			
			工具使用不当酌情扣分			
2	拆卸前悬架总成	25	拆卸过程每错一步扣 5 分			
3	检查 1 号左下前悬架臂总成	30	检查过程每错一步扣 5 分			
4	安装前悬架总成	25	安装过程每错一步扣 5 分			
5	操作规范、不超时	10	不规范操作扣 5 分，超时扣 5 分			
6	遵守安全规范，无事故		不规范操作造成严重事故者，本次考核按 0 分计			
7	总分	100				
			教师签字		年 月 日	

简述前悬架的检修步骤。

项目 7.2　减振器的检修

1) 掌握拆卸前减振器总成的步骤。
2) 熟悉检查前减振器总成的方法。
3) 掌握安装前减振器总成的步骤。

1) 拆卸前减振器总成。
2) 检查前减振器总成。
3) 安装前减振器总成。

相关知识

在汽车行驶过程中，4 个车轮在垂直方向上会受到不同力的作用。悬架系统中的弹性元件受冲击时会相应产生振动，因此需要在悬架中与弹性元件并联安装减振器。

减振器的作用：用来衰减由于弹性系统引起的振动，提高汽车行驶的平顺性。通常汽车悬架系统中采用液力减振器。

减振器的作用原理：当车架或车身与车桥间因受振动而出现相对运动时，减振器内的活塞上下移动，减振器内的油液便反复地从一个腔经过不同的孔隙流入另一个腔内。此时，孔壁与油液间的摩擦和油液分子间的内摩擦消耗了振动的能量，而对振动形成阻尼力，使汽车振动能量转化为油液热能，再由减振器吸收散发到大气中。在油液通道截面积等因素不变的情况下，阻尼力随着车架与车桥之间相对运动速度的增减而变化。

影响因素：油液黏度、孔道的多少、孔道截面积的大小、阀门弹簧的软硬。

弹性元件与减振器承担着缓冲和减振的任务，若阻尼力过大，则振动衰减加快，使悬架弹性元件的缓冲作用变差，甚至使减振器连接件及车架损坏。一般汽车在行驶中可能处于三种情况：第一种情况是汽车在良好的路面上行驶，此时要求弹性元件充分发挥作用；第二种情况是汽车承受中等强度的振动，这种情况减振器起主导作用；第三种情况是车辆受到剧烈振动，这种情况与轮胎的接地性有密切关系。

汽车悬架系统中广泛采用的液力减振器是筒式减振器，如图7-11所示。该减振器由于在压缩和伸张行程中均能起减振作用，因此又称为双向作用筒式减振器。

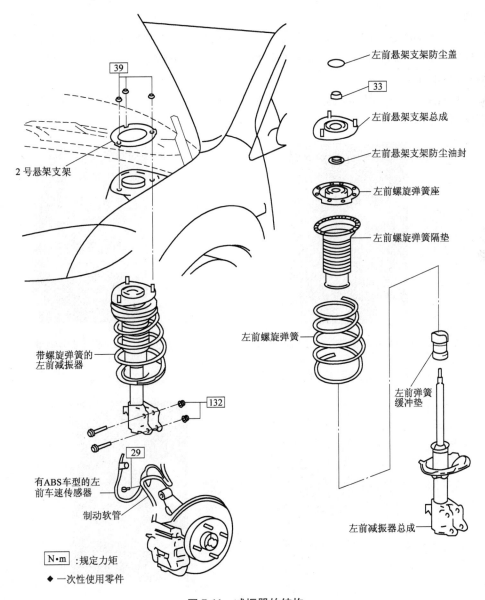

图7-11 减振器的结构

 **设备、工具和材料准备**

丰田威驰轿车1辆,常用工具1套。

 **技术标准及要求**

1) 安装新的中央螺母,拧紧力矩为33N·m。
2) 安装制动软管,拧紧力矩为29N·m。
3) 安装前轮,拧紧力矩为103N·m。

 **操作步骤**

1. 拆卸

1) 由于减振柱总成的上部直接固定在轿车的底盘上,因此应先松开将减振柱固定到底盘上的螺栓(见图7-12),并在底盘和减振柱螺栓上做好对准标记。

2) 拆卸前轮。

3) 拆下制动软管:从减振器支架(有ABS的车型)上拆下螺栓、制动软管和车速传感器线束夹箍,如图7-13所示。

图7-12 在底盘和减振柱螺栓上做好对准标记

图7-13 拆下制动软管

4) 拆卸2个螺母和螺栓后将减振器从转向节上拆下,如图7-14所示。

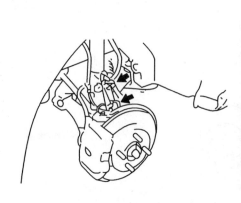

图7-14 将减振器从转向节上拆下

5）如图 7-15 所示，用钢丝固定转向节。

6）拆下带螺旋弹簧的前减振器，拆下紧固悬架支架的 3 个螺栓，如图 7-16 所示。

图 7-15　用钢丝固定转向节

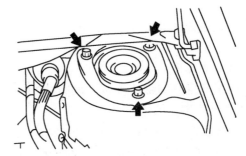

图 7-16　拆下悬架支架上的螺栓

7）固定带螺旋弹簧的前减振器。

① 在减振器下侧的悬架支架上安装 2 个螺母和 1 个螺栓，并将其固定在台虎钳上。

② 用专用工具压紧螺旋弹簧，如图 7-17 所示。

8）拆下前悬架支架的防尘盖。

9）拆卸前减振器螺母后拆下前悬架支架，然后用 2 个螺母和 1 把螺钉旋具或相似物夹持，拆下中央螺栓，如图 7-18 所示。**注意**：不要损伤悬架支架上的双头螺柱。

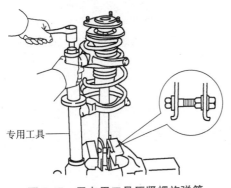

图 7-17　用专用工具压紧螺旋弹簧

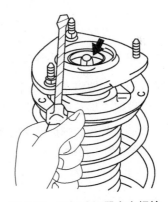

图 7-18　拆卸减振器中央螺栓

10）拆下前悬架支架总成。

11）拆卸前悬架支架防尘盖油封。

12）拆卸前螺旋弹簧座。

13）拆卸前螺旋弹簧隔垫。

14）拆卸前螺旋弹簧。

15）拆卸前弹簧缓冲垫。

16）拆卸前减振器总成。

2. 检查

压缩并拉长减振器推杆，检查在操作过程中有无异常阻力或不正常响声，如图 7-19 所示。

若有异常,则说明该减振器已损坏,必须更换。减振器一般是不进行修理的,有很小的渗油现象时不必调换,若漏油较多,则可通过拉伸和压缩减振器来检查漏油现象。漏出的减振器油不能再加入减振器内重新使用,漏油的减振器不能再使用。

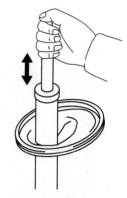

图 7-19 检查前减振器总成

3. 安装

1)安装前减振器总成。

2)安装前弹簧缓冲垫。

3)安装前螺旋弹簧。

① 用专用工具压紧前螺旋弹簧,如图 7-20 所示。**注意:** 不能用冲击扳手,否则会损坏专用工具。

② 将螺旋弹簧装入减振器,如图 7-21 所示。**注意:** 把螺旋弹簧下端紧固到弹簧下支座缺口内;安装上部隔垫,使带有"▲"记号的朝向车辆外侧;安装弹簧上支座,使带有"OUT"记号的朝向车辆外侧。

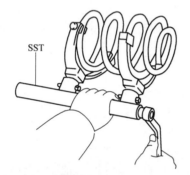

图 7-20 用专用工具压紧前螺旋弹簧

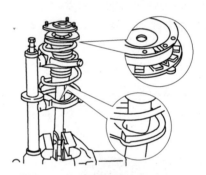

图 7-21 将螺旋弹簧装入减振器

4)安装前悬架支架防尘盖油封。

5)安装前悬架支架总成。

6)把前悬架支架安装到前减振器螺母上。

① 用 2 个螺母和 1 把螺钉旋具夹持,安装新的中央螺母,拧紧力矩为33N·m。**注意:** 不要损坏悬架支架上的双头螺柱。

② 拆卸专用工具。

③ 在悬架支架上涂上多用途润滑脂。

7)安装悬架支架防尘盖。

8)安装带螺旋弹簧的前减振器。

① 安装 2 号悬架支架。

② 用 3 个螺母安装带螺母弹簧的前减振器。

③ 把减振器安装到转向节上。

④ 用发动机机油涂抹 2 个螺母的螺纹。

⑤ 安装 2 个螺栓和螺母,拧紧力矩为 132N·m。

9)安装制动软管,拧紧力矩为 29N·m。

10)安装前轮,拧紧力矩为 103N·m。

考 核

序号	考核内容	配分	评分标准	考核记录	扣分	得分
1	正确使用工具、仪器	10	仪器使用不当最多扣 10 分			
			工具使用不当酌情扣分			
2	前减振器总成的拆卸	25	拆卸过程每错一步扣 5 分			
3	前减振器总成的检查	30	检查过程每错一步扣 5 分			
4	前减振器总成的安装	25	安装过程每错一步扣 5 分			
5	操作规范、不超时	10	不规范操作扣 5 分，超时扣 5 分			
6	遵守安全规范，无事故		不规范操作造成严重事故者，本次考核按 0 分计			
7	总分	100				
教师签字				年 月 日		

想一想，做一做

简述双向作用筒式减振器的工作过程。

项目 7.3 后桥及后悬架的拆装与检修

项目目的

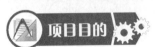

1）掌握轿车后桥减振器总成的拆装方法。
2）熟悉减振器总成的检查方法。
3）掌握后桥轮毂和轴承的拆装步骤。

项目内容

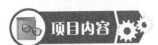

1）拆卸左、右后减振器总成。
2）检查减振器总成。
3）安装减振器总成。
4）后桥轮毂和轴承总成的拆装。

相关知识

后桥及后悬架的结构如图 7-22 所示。

设备、工具和材料准备

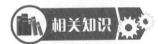

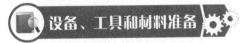

丰田威驰轿车 1 辆，常用工具 1 套。

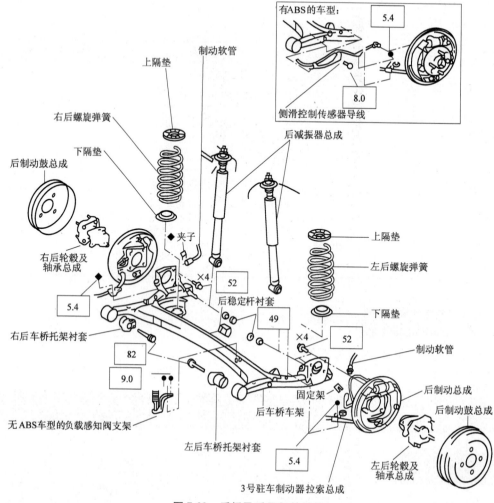

图 7-22 后桥及后悬架的结构

技术标准及要求

1) 轮毂螺栓的拧紧力矩为 63N·m。
2) 安装减振器时,活塞推杆较下螺母高出 15~18mm。
3) 轮毂和轴承总成螺栓的拧紧力矩为 63N·m。

操作步骤

一、后桥减振器总成的拆装与检查

1. 拆卸

1) 拆卸后轮。
2) 拆卸左、右后减振器总成。
① 用千斤顶顶起车架,如图 7-23 所示。
② 夹住活塞推杆,拆卸 2 个螺母。

模块七　行驶系统的拆装与检修

③ 拆下垫圈和上悬架支架。
④ 拆卸螺母、垫圈以及左、右后减振器总成。
⑤ 拆下减振器上罩。

2. 检查

压紧并拉长减振器推杆，在此期间检查有无异常阻力或不正常响声。若有异常，则应更换新的减振器。

3. 安装

1) 安装减振器总成。
① 安装减振器上罩。
② 把减振器、上悬架支架和垫圈装上车身。
③ 夹紧活塞推杆后，安装下螺母，以使活塞推杆较下螺母高出 15～18mm，如图 7-24 所示。

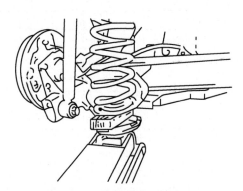

图 7-23　用千斤顶顶起车架

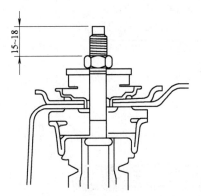

图 7-24　安装活塞推杆下螺母

④ 对照下螺母，安装上螺母并紧固。
⑤ 在顶起千斤顶时，用垫圈和螺母把减振器安装至后车桥车架上。
2) 安装后轮。
3) 检查后轮定位情况。

二、后桥轮毂和轴承总成的拆装

1. 拆卸

1) 拆下后轮。
2) 拆下后制动鼓总成。
3) 拆下轮速传感器电线（有 ABS 的车型）。
4) 拆下 4 个螺栓、左侧轮毂和轴承总成，如图 7-25 所示。

2. 安装

1) 用 4 个螺栓安装右侧轮毂和轴承总成，拧紧力矩为 63N·m。
2) 连接 ABS 轮速传感器电线（有 ABS 的车型）。连接时不要扭曲传感器电线。

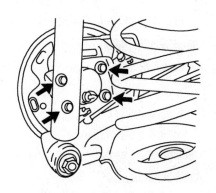

图 7-25　拆下后制动鼓总成

3）检查轴承间隙。
4）检查车桥轮毂的径向圆跳动量。
5）安装后制动鼓总成。
6）安装后轮。
7）检查ABS轮速传感器信号（有ABS的车型）。

考 核

序号	考核内容	配分	评分标准	考核记录	扣分	得分
1	正确使用工具、仪器	10	仪器使用不当最多扣10分			
			工具使用不当酌情扣分			
2	拆卸左、右后减振器总成	30	拆卸过程每错一步扣5分			
3	检查减振器总成	20	检查过程每错一步扣5分			
4	安装减振器总成	15	安装过程每错一步扣5分			
5	后桥轮毂和轴承总成的拆装	15	拆装过程每错一步扣5分			
6	操作规范、不超时	10	不规范操作扣5分，超时扣5分			
7	遵守安全规范，无事故		不规范操作造成严重事故者，本次考核按0分计			
8	总分	100				
			教师签字		年　月　日	

简述后桥的检修项目。

项目7.4　轮胎的检修

项目目的

1）熟悉轮胎的检修方法和轮胎换位的顺序。
2）正确使用动平衡检测仪检测车轮的动平衡及修正车轮的不平衡。
3）通过熟练掌握动平衡检测仪的使用方法，快速修正车轮的不平衡。

项目内容

1）轮胎的检查与换位。
2）轮胎平衡的检测。
3）轮胎平衡的调整。

SBD-96型轮胎平衡仪控制面板按钮的名称与作用如图7-26所示。

模块七 行驶系统的拆装与检修

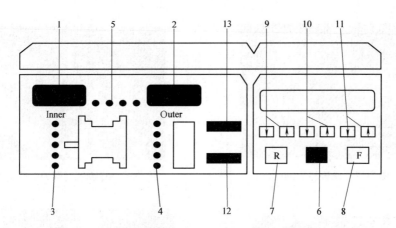

图 7-26 SBD-96 型轮胎平衡仪控制面板按钮的名称与作用

1—内侧不平衡块数显示 2—外侧不平衡块数显示 3—内侧不平衡位置指示灯 4—外侧不平衡位置指示灯 5—平衡方式指示灯 6—按键显示<5g 实际不平衡值 7—计算不平衡值 8—动/静态不平衡选择键（可选功能键） 9—手动输入轮辋距离（a）键 10—手动输入轮辋宽度（b）键 11—手动输入轮辋直径（d）键 12—电动机起动键 13—急停键

1）轮胎 5 条。
2）平衡块。
3）SBD-96 型轮胎平衡仪。

一、轮胎和车轮轴承的检查

1. 轮胎的检查

1）将车辆平稳地停放在举升机上，打开行李舱盖，从行李舱中取出备用轮胎，安放在车轮支架上。

2）检查轮胎的胎压。用手旋下轮胎气门嘴的防尘帽，使用轮胎气压表检查轮胎气压是否为 0.25MPa（2.5kgf/cm^2，具体依据车型而定）。气压过低时应进行充气；气压过高时应适当地放气，直到达到规定要求，如图 7-27 所示。

3）检查气门嘴的漏气情况。用手旋下轮胎气门嘴的防尘帽，将轮胎气压加到规定要求，然后在气门嘴上涂抹一层肥皂水，检查气门嘴是否存在漏气现象，如图 7-28 所示。

4）检查胎侧及胎肩情况。用手沿圆周方向检查胎侧及胎肩是否存在变形、裂纹等情况，同时目视检查胎侧及胎肩上是否有异常磨损或鼓包、橡胶开裂等现象，如图 7-29 所示。

5）如图 7-30 所示，目视检查轮胎胎面有无金属颗粒或其他异物嵌入，如果存在异物，则应将异物剔除。

6）检查轮胎胎面的磨损情况。目视检查轮胎胎面是否存在不均匀磨损现象，如两边磨损、中间磨损、羽状磨损、单侧磨损等。若出现上述情况，则应做进一步检查（如检查轮胎气压或进行车轮定位等），如图 7-31 所示。

图 7-27 检查轮胎的胎压

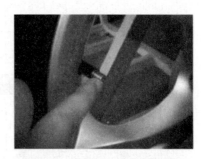

图 7-28 检查气门嘴的漏气情况

图 7-29 检查胎侧及胎肩情况

图 7-30 检查轮胎胎面有无金属颗粒或其他异物嵌入

7）检查轮胎胎面花纹的深度，如图 7-32 所示。擦净轮胎花纹顶面及纹槽，将深度尺垂直插入纹槽中，确保深度尺的测量平面与两侧花纹顶面可靠接触。在整个轮胎上进行多点测量，观察并读取深度尺上与花纹顶面对齐的刻度线指示的数值，该数值即为轮胎胎面花纹的深度值。车轮轮胎胎面花纹的深度应不低于胎面花纹的深度极限值（即 1.6mm）。

图 7-31 检查轮胎胎面的磨损情况

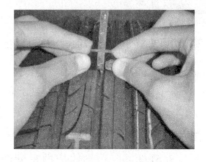

图 7-32 检查轮胎胎面花纹的深度

8）检查轮圈和轮盘的情况。目视检查轮圈和轮盘是否存在变形、腐蚀、裂纹等情况，如果存在，则应更换轮胎，如图 7-33 所示。

9）检查轮胎螺栓孔的情况。目视检查螺栓孔，不应有腐蚀、变形等情况，如图 7-34 所示。

2. 车轮轴承的检查

1）先将车辆平稳地停放在举升机上，然后操纵举升机将车辆举升至适当高度，并锁止举升机。

2）检查车轮是否摆动，转动是否良好且无噪声，如图 7-35 所示。

模块七　行驶系统的拆装与检修

图 7-33　检查轮圈和轮盘的情况

图 7-34　检查轮胎螺栓孔的情况

3）检查车轮。检查项目分别为：胎侧及胎肩情况、轮胎胎面有无金属颗粒或其他异物嵌入、轮胎胎面的磨损情况、轮胎的胎压、气门嘴的漏气情况、轮圈和轮盘的情况、轮胎螺栓孔的情况、轮胎胎面花纹的深度。其检查方法与备胎的检查方法一样。

注意：

① 检查轮胎胎面花纹的深度时，如果胎面花纹的深度小于 1.6mm，则胎面上会出现磨损极限标记，此时应及时更换轮胎。

② 轮胎气压的检查应在轮胎冷却后进行。

③ 应在随车的轮胎标牌或用户手册中找出规定的轮胎气压。

4）检查完毕后，按照规定要求安装轮胎，并沿对角线拧紧车轮螺母，使用扭力扳手检查拧紧力矩是否为 90～110N·m，如图 7-36 所示。

图 7-35　检查车轮

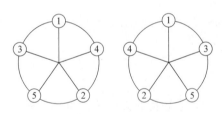

图 7-36　车轮螺母的拧紧顺序

二、轮胎的换位

为了防止轮胎胎面偏磨损，以延长轮胎的使用寿命，每行驶 10000km 后应按图 7-37、图 7-38 或图 7-39 所示的顺序变换轮胎的位置。

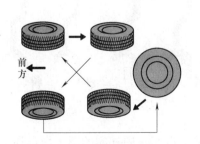

图 7-37　备胎同时更换的换位方式

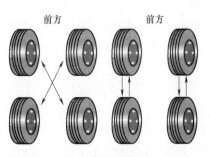

图 7-38　前后式轮胎换位方式

三、车轮动平衡的检测

使用车轮动平衡仪对车轮动平衡进行检测,并加装平衡块进行校准。下面以 SBD-96 型轮胎平衡仪为例介绍车轮动平衡检测的操作步骤。

SBD-96 型轮胎平衡仪的控制装置为电脑式的,具有自动诊断和自动调校系统,能将传感器送来的电信号通过电脑运算、分析、判断,显示出不平衡量及其位置。为使显示的不平衡量恰是轮辋边缘所加平衡块的质量,必须测量轮毂直径 d、轮辋宽度 b 和轮辋边缘至动平衡仪机箱的距离 a,然后通过键盘或旋钮将 a、b、d 三个值输入电脑,如图 7-40 所示。

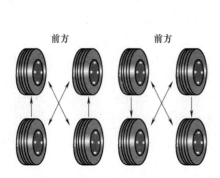

图 7-39 循环式轮胎换位方式

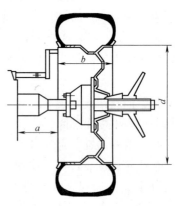

图 7-40 输入数据的测量部位

操作步骤如下:

1)清除被测车轮上的泥土、石子和旧平衡块。

2)检查轮胎气压,必须符合原厂的规定。

3)根据轮辋中心孔的大小选择锥体,按图 7-41 所示装好车轮,并用快速螺母拧紧。

4)打开电源开关,检查指示与控制装置的面板指示是否正确,然后根据轮辋结构选择相适应的轮辋。轮辋结构如图 7-42 所示。

5)用卡尺测量轮辋宽度 b 和轮辋直径 d,用动平衡仪上的标尺测量轮辋边缘至机箱的距离 a,再输入或用选择旋钮对准测量值的方法将 a、b、d 值输入到指示与控制装置中。

6)放下车轮防护罩,按下起动键,车轮旋转,平衡测试开始,系统自动采集数据。

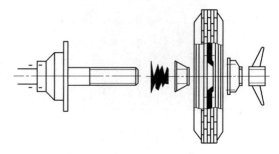

图 7-41 安装车轮

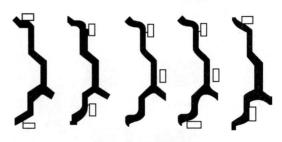

图 7-42 轮辋结构

7)车轮自动停转或听到"嘀"声后按下停止键并操纵制动装置使车轮停转,从指示装置读取车轮内外侧的不平衡量和不平衡位置。

8)抬起车轮防护罩,用手慢慢转动车轮,当指示装置发出指示(如音响发响、指示灯亮、显示检测数据等）时停止转动，在轮辋内侧或外侧的上部（12点位置）加装指示装置，以显示该侧的平衡块质量。**注意**：要在内、外侧分别进行，平衡块装卡要牢固。

9）安装平衡块后有可能产生新的不平衡，应重新进行动平衡检测，直至不平衡量小于5g且指示装置显示"00"或"OK"时为止。当不平衡量相差10g左右时，若能沿轮辋边缘前、后将平衡块移动一定角度，则将可获得满意效果。

10）测试结束，关闭电源开关。

注意：

1）操作时一定要注意保护"匹配器"及轴部。

2）装卸车轮时，一定要轻拿轻放，安装要可靠、牢固，若安装不正，则会引起严重的不平衡。

3）每次重新开启电源进行操作时，切记要重新输入轮毂直径、轮辋宽度和轮辋边缘至动平衡仪机箱的距离。

4）该检测中测量的所有数值均以英寸为单位。

5）在将仪器与电源连接好后，接地线一定要接触良好。

考　核

序号	考核内容	配分	评分标准	考核记录	扣分	得分
1	正确使用工具、仪器	10	仪器使用不当最多扣10分			
			工具使用不当酌情扣分			
2	轮胎的检查与换位	30	拆卸过程每错一步扣5分			
3	轮胎动平衡的检测	20	检测过程每错一步扣5分			
4	轮胎动平衡的调整	30	调整过程每错一步扣5分			
5	操作规范、不超时	10	不规范操作扣5分，超时扣5分			
6	遵守安全规范，无事故		不规范操作造成严重事故者，本次考核按0分计			
7	总分	100				
			教师签字		年　月　日	

　想一想，做一做

尝试检测轮胎动平衡。

　**项目7.5　电控悬架的检修**

项目目的

1）认识典型车辆电控悬架的基本组成、元件位置及名称。

2）了解典型车辆电控悬架的操作及功能。

3) 掌握典型车辆电控悬架的初步检查、故障诊断与检修程序。

1) 认识典型车辆电控悬架的基本组成、元件位置及名称。
2) 了解电控悬架的操作。
3) 电控悬架的初步检查。
4) 故障的诊断。

电控悬架的控制原理示意图如图 7-43 所示。

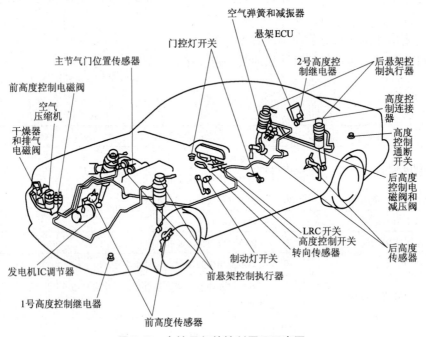

图 7-43 电控悬架的控制原理示意图

由于电控悬架需要进行车身高度、弹簧刚度和阻尼系数的控制，因此系统信号由高度传感器、车速传感器、节气门位置传感器、转向传感器、制动灯开关、停车灯开关、车门开关等的信号组成。这些信号经过 ECU 的运算处理，控制空气弹簧进行适应性的调节，以保持车辆平顺性和操纵稳定性。空气压缩机产生的压缩空气送入空气弹簧的空气室中，ECU 根据汽车高度信号，控制压缩机和排气阀充气或排气，使空气弹簧伸长或压缩而达到控制车辆高度的目的。同时，ECU 根据车速、转向、加速、制动、车高等信号，通过控制阀改变空气弹簧主、副气室间的流通面积，进行弹簧刚度的调节，并通过控制减振器中的旋转阀，通、断油孔，改变节流孔的数量，使阀体中减振液的流通速度发生变化，从而改变减振器的阻尼系数。

设备、工具和材料准备

1) 带电控悬架的典型车辆。
2) 专用或通用电脑检测仪。

3)游标卡尺、金属直尺、塞尺(厚薄规)、百分表、从动盘支架、平台。

1. 电控悬架的初步检查

1)汽车高度调整功能的检查。

① 检查轮胎气压是否正常。

② 检查汽车高度(下横臂安装螺栓中心到地面的距离)。

③ 如图7-44所示,将高度控制开关由"NORM"转换到"HIGH",车身高度应升高10~30mm,所需时间为20~40s。

2)溢流阀的检查。

① 将点火开关置于"ON"位置,将高度控制插接器的1、7端子短接(见图7-45),使压缩机工作。

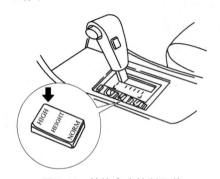

图7-44 转换高度控制开关

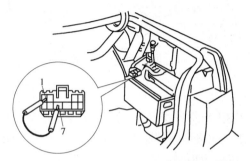

图7-45 将高度控制插接器的1、7端子短接

② 如图7-46所示,检查堵塞、压缩机故障或漏气的部位。

③ 检查结束后,将点火开关置于"OFF"位置,清除故障码。

3)漏气检查。

① 将高度控制开关置于"HIGH"位置。

② 使发动机熄火。

③ 在管子接头处涂抹肥皂水,如图7-47所示。

2. 故障诊断

1)指示灯的检查。

① 将点火开关置于"ON"位置。

② LRC指示灯(SPORT指示灯)和HEIGHT指示灯(NORM和HIGH指示灯)应点亮2s。

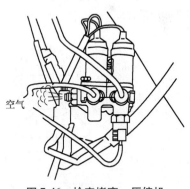

图7-46 检查堵塞、压缩机故障或漏气的部位

③ 如果NORM指示灯以1s的间隔闪烁时,则表明ECU中存在故障码。如果出现故障,则应检查相应电路。

2)读取故障码。

① 将点火开关置于"ON"位置。

② 跨接TDCL或检查插接器的T_C与E_1端子,如图7-48所示。

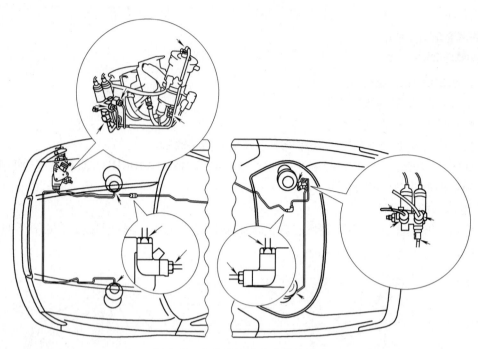

图 7-47 在管子接头处涂抹肥皂水

③ 依据 NORM 指示灯的闪烁情况读取故障码。

注意：如果高度控制 ON/OFF 开关置于"OFF"位置，则会输出故障码 71，这是正常的。

3）清除故障码。

① 将点火开关置于"OFF"位置，拆下 1 号接线盒中的 ECU-B 熔丝并保持 10s 以上，如图 7-49 所示。

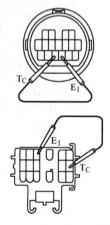

图 7-48 跨接 TDCL 或检查
插接器的 T_C 与 E_1 端子

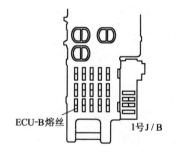

图 7-49 1 号接线盒中的
ECU-B 熔丝位置

② 或将点火开关置于"OFF"位置，跨接高度控制插接器的端子 9 与端子 8，并保持 10s 以上，如图 7-50 所示。

模块七　行驶系统的拆装与检修

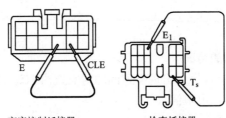

图 7-50　高度控制插接器的端子 9 与端子 8 的位置

考　核

序号	考核内容	配分	评分标准	考核记录	扣分	得分
1	正确使用工具、仪器	10	仪器使用不当最多扣 10 分			
			工具使用不当酌情扣分			
2	电控悬架的初步检查	40	检查过程每错一步扣 5 分			
3	电控悬架的故障诊断	40	检查过程每错一步扣 5 分			
4	操作规范、不超时	10	不规范操作扣 5 分，超时扣 5 分			
5	遵守安全规范，无事故		不规范操作造成严重事故者，本次考核按 0 分计			
6	总分	100				
			教师签字		年　月　日	

想一想，做一做

简述电控悬架的控制原理。

项目 7.6　四轮定位仪的使用与车轮定位检测

项目目的

1）掌握运用四轮定位仪进行四轮定位检测的方法。
2）能够根据检测数据分析调整部位。

项目内容

1）能够正确测出车轮定位值。
2）熟悉四轮定位仪的检测方法。
3）能够根据悬架类型确定车轮定位的调整部位。
4）了解四轮定位的测量原理。

1. 需要进行四轮定位检测的情况

汽车行驶 10000km 或 6 个月后,出现下列问题时需进行四轮定位检测:

1)直行时车子往左边或右边跑偏。
2)直行时需要紧握转向盘。
3)直行时转向盘不正。
4)感觉车身飘浮或摇摆不定。
5)前轮或后轮单轮磨损。
6)安装新的轮胎后。
7)碰撞事故维修后。
8)换装新的悬架或转向系统及有关配件后。
9)新车驾驶 3000km 后。

2. 定位前的检查项目

1)整备质量。
2)轮胎。
3)悬架高度。
4)转向盘游隙。
5)减振器或滑柱。
6)车轮轴承调整。
7)球铰状况。
8)摆臂及衬套。
9)转向传动装置及转向横拉杆接头。
10)横向稳定杆及衬套。
11)油箱是否满。

3. 停车时应进行的检查

1)检查粘到底盘上的泥是否过多,卸去不计在整备质量内的行李舱及客舱内的大宗物件。有的重物,如工具箱或机械用具与随车物品,在车轮定位过程中应留在车内。
2)将轮胎充气至规定值并注意每只轮胎上是否有异常磨损或损坏现象。注意:所有轮胎尺寸应相同。
3)检查前轮是否有较大的径向圆跳动量。
4)检查悬架高度,如果不在规定范围内,则检查弹簧是否下陷或破损。在有扭力杆的悬架中,检查扭力杆并进行调节。
5)当前轮处于中央位置时,来回转动转向盘,以检查转向轴、转向器或转向传动装置的间隙。
6)检查减振器或滑柱、衬套或螺栓是否松动,并查看减振器或撑杆是否存在渗漏现象。
7)对每只减振器或滑柱进行摇晃检查。

4. 车辆被抬升且悬架被支撑起后的检查

1)检查前轮轴承是否水平移动。对于前轮驱动的车辆,应检查所有的车轮轴承。车轮轴承必须在车轮定位以前调整好,并视情况进行清洁、重新装配或其他调整。

2）测量球铰的轴向、径向移动情况，如果在任何方向均出现过大的位移，就需要更换球铰。**注意**：在检查球铰时必须将悬架支撑妥当。

3）检查摆臂是否损坏以及摆臂衬套是否磨损。

4）检查所有转向传动装置以及转向横拉杆接头，看其是否松动。

5）检查横向稳定杆固定铰链及衬套是否磨损。

6）检查转向器固定螺栓是否松动，安装托架和衬套是否磨损。

5. 四轮定位仪可检测的项目

四轮定位仪可检测的项目包括：前轮前束、前轮外倾角、主销后倾角、主销内倾角、后轮前束角、后轮外倾角、轮距、轴距、转向 20°时的前张角、推力角和左右轴距差等，如图 7-51 所示。目前，常见的国产或进口四轮定位仪可以测量上述检测项目中的几个或全部。在这些检测项目中，前轮前束、前轮外倾角、主销后倾角、主销内倾角统称为前轮定位，也称为前轮定位四要素，各种前轮定位仪都能对其进行检测和调整。但汽车的操纵稳定性不仅由前轮定位来保证，后轮定位同样起着至关重要的作用，所以最好使用四轮定位仪进行检测和调整。

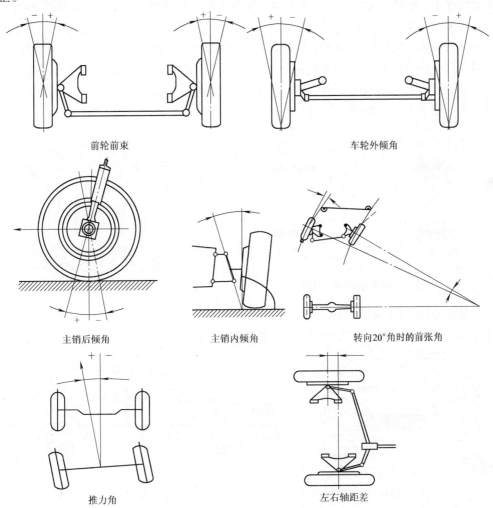

图 7-51　四轮定位仪可检测的项目

6. 光学测量矩形的测量原理

安装在车轮上的四个测量机头安装有 8 个传感器，用于接收和发出光电信号，形成光学测量矩形，如图 7-52 所示。四轮定位就是以此矩形来测量各定位参数的。因四轮定位仪采用的传感器不同，其测量方法也有所不同，这里仅以光电晶体管式传感器为例说明车轮前束的测量原理。

如图 7-52 所示，$O1f$ 代表的是左侧前轮投影仪的物镜所处的位置，Orf 代表的是右侧前轮投影仪的物镜所处的位置，$O1r$ 代表的是左侧后轮投影仪的物镜所处的位置，Orr 代表的是右侧后轮投影仪的物镜所处的位置。因为在上述车辆定位过程中保证了 $A=C$ 和 $B=D$，同时在安装投影仪的过程中，已经校准了左右测量机头闪光中心在同一轴线上，所以由 Orf 处所发出的光线与由 $O1f$ 处发出的光线重合，由 Orr 处发出的光线与 $O1r$ 处发出的光线重合，即形成四边形，其中两条边 $O1f$—Orf 与 $O1r$—Orr 相互平行。四轮定位仪在安装过程中保证两条边 $O1f$—$O1r$ 与 Orf—Orr 相互平行，由 $O1f$—Orf—Orr—$O1r$ 刚好围成一个矩形，从而保证了该光学系统的测试精度。

将待检车辆置于此矩形中，通过安装在车轮上的光学镜面或传感器，不仅可以检测前轮前束、后轮前束，而且还可以检测左右车轮的同轴度误差（即同一车轴上的左右车轮的同轴度误差）及推力角等。光电晶体管为近红外接收管，是一种光电转换器件，其工作状态为：在不加电压的情况下，利用 PN 结在受光照射时产生正向电压的原理，把它作为微型光电池，在光电晶体管后面接一些用于接收信号的元件，及时对光电晶体管上所获得的信号进行分析处理。

安装在两前轮和两后轮上的光电晶体管式传感器均有光线的接收和发射（或反射）功能，它们之间发射和接收的光线刚好能形成图 7-53 所示的四边形。在传感器的受光平面上等距离地将光电晶体管排成一排。在不同位置上光电晶体管接收到光线照射时，该光电晶体管产生的电信号就代表了前束角或推力角的大小。

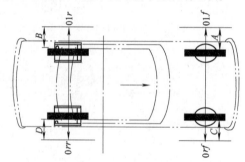

图 7-52 光学测量矩形的形成

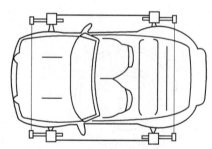

图 7-53 八束光线形成的封闭四边形

7. 四轮定位仪的其他测量功能

四轮定位仪的其他测量功能如图 7-54~图 7-62 所示。

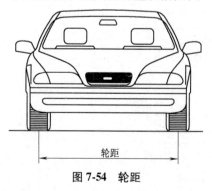

图 7-54 轮距

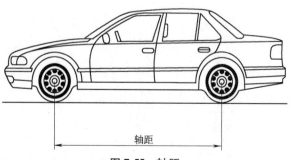

图 7-55 轴距

模块七　行驶系统的拆装与检修

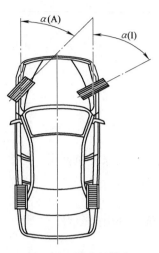

图 7-56　最大总转角

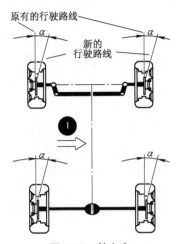

图 7-57　转向角

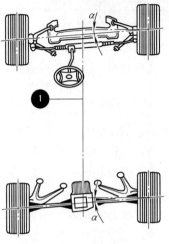

图 7-58　轮轴偏移

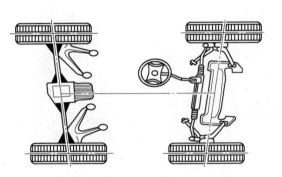

图 7-59　轮距偏差

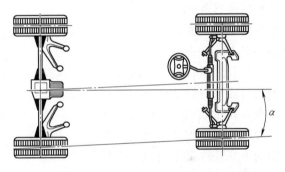

图 7-60　横向偏位

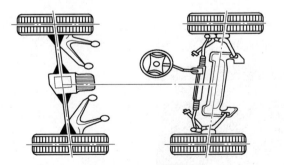

图 7-61　轨迹宽度偏差

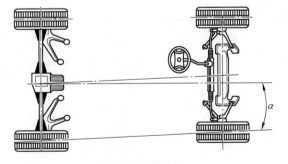

图 7-62　轴偏位

设备、工具和材料准备

1）四轮定位仪 1 台。
2）汽车 1 辆。
3）四柱举升机 1 台。

操作步骤

1. 做好准备工作

1) 调整转角盘和后滑板,根据轮距和轴距调整举升机的宽度。
2) 将汽车停在转角盘和后滑板上,车轮要位于转角盘和后滑板的中部。
3) 拉紧驻车制动器操纵手柄,防止车辆滑动。
4) 抽出转角盘和后滑板的安全销,使汽车车轮处于自由状态。
5) 目视检查车辆,检查车轮轮辋和轮胎尺寸,以及轮胎的胎面花纹深度和胎压。
6) 检查转向装置和轮轴间隙,以及弹簧装置和减振器的状态。
7) 安装卡具和传感头,进行轮辋补偿。
8) 松开制动器,用力压下车身前部和后部,使减振弹簧装置恢复到中间位置。
9) 安装制动器锁,锁定制动踏板。

2. 安装车轮卡具和传感头

在开始定位前,将每个车轮卡具(见图7-63)和传感头总成安装在车轮的轮辋上。务必注意各传感头的位置,其位置颠倒将导致四轮定位仪不能正常工作。留意各个传感头上的箭头标志就不会弄错位置了。

松开拧紧旋钮,通过拉伸上下滑板使卡具能够很快地由外向内或按相反方向夹紧在轮圈上,并使夹爪张到与轮辋直径相适应。安装卡具时,要求卡具手柄向上并且垂直于地面,四爪的定面必须与轮辋的边缘靠齐。转动手轮来调整

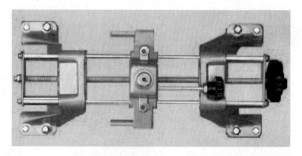

图7-63 车轮卡具

并锁定卡具在轮上的位置,晃动一下,检查卡具是否牢固,然后用防滑橡胶圈将卡具固定在轮胎上。

3. 接通仪器电源

开机进入四轮定位主界面(见图7-64),选择四轮定位测试,系统开始自检。

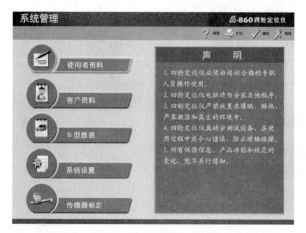

图7-64 四轮定位主界面

4. 选择制造厂家和车型资料

选择相应车辆制造商，按回车键进入汽车年款选项。按回车键确定后，车辆有关技术资料即出现在显示器上。记录这些数据，再次按回车键，进入项目检查选项。

5. 基本功能的选择

按下键盘上的下光标键，仪器进入基本功能选择状态，显示器显示如下：开始定位操作、设定；定位机操作说明；保养定位机；档案库管理（以上功能都可通过上、下光标键进行选择）。

6. 检查

依次进行定位预备检查、轮胎检查、制动检查、车底检查、发动机罩下检查，然后按回车键进入轮辋补偿。

7. 前轮退缩角的测定

后轮退缩角测定完毕后，仪器自动进入下一步操作。前轮退缩角的测量步骤如下：

1）将车轮按中央箭头指定的方向左右转动，直到仪器显示器的上转向盘调整杆视窗完全变为绿色，表示车轮已摆正。

2）将前轮传感器调整水平，直到屏幕上的红色水平泡处于中心位置，如图 7-65 所示。

3）显示器显示前轮退缩角正在测定中。测定完毕后，仪器自动进入下一界面，即主销后倾角测量界面。

8. 包容角的测量

按"M"键，进入 SAI（内倾角）、包容角及后倾角测量界面。

包容角是主销后倾角与车轮外倾角之和。因为包容角是由刚性零件（转向节组件或麦弗逊式减振柱）确定的，所以一般是不可调的。当这些零件变形时，SAI 将发生改变。因此，包容角是一个用来诊断车轴及减振器是否变形或磨损的有力工具。注意：某些车辆的包容角是可调的。

进入主销后倾角测量界面后，按照提示进行以下操作：

1）将转向盘向右转 10°，直到屏幕上显示"OK"。

2）根据提示将转向盘向左转 10°，直到屏幕上显示"OK"。

3）最后根据提示将转向盘归到 0°位置，直到屏幕上显示"OK"。

主销后倾角测量完毕，自动进入图 7-66 所示的界面，此时可以直接读出包容角的测定值。

图 7-65 前轮退缩角测定界面

图 7-66 包容角测定界面

9. 后轮的测量

按回车键进入后轮测量调整界面，调平机头，进入后轮测量调整状态，如图 7-67 所示。

10. 前轮的测量

按回车键，进入前轮测量调整界面，先调平并锁紧转向盘，再调平并锁紧机头，按"M"键进入前轮测量调整状态，如图 7-68 所示。

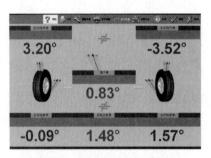
图 7-67　后轮测量调整界面

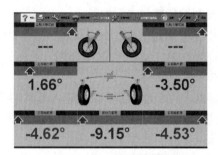
图 7-68　前轮测量调整界面

11. 打印测量结果

单击"调整结束"按钮,进入打印机打印设置界面,出现对话框,提示"是否保存客户资料?"。若需保存,则单击"Yes"按钮;若不需保存,则单击"NO"按钮。若保存数据,则在显示界面输入相关数据。其中,"车辆号码或客户名字"一项为必填项,若不填,则将无法储存。在确认已将输入的内容保存后,单击界面上的存储数据处,出现对话框,单击"OK"按钮,在出现的界面中填写信息后单击"打印数据"按钮,打印机将把车辆的数据打印出来。当不需要保存时,单击界面上的"取消操作"按钮。

1) 待测车辆要停放可靠,严格遵守安全操作规范。
2) 操作过程要严格按照仪器提示进行,不得随意更改项目进程。
3) 机头的装夹应牢固可靠,以免损伤。
4) 在测试过程中,不得在机头之间走动或放置杂物,以免影响机头测试质量。
5) 不得随意起动发动机,以免发生危险。
6) 在将车辆升起之后,锁好举升机安全保险杠,以免发生危险。
7) 在车辆升起之后的测试过程中,人员不得随意接近举升机。
8) 连接机头感应线时,尽量避免交叉,以免影响测试质量。

考 核

序号	考核内容	配分	评分标准	考核记录	扣分	得分
1	车辆测量前的检查	20	检查每遗漏一处扣 5 分			
	机头的装夹		装夹不合理扣 10			
2	相关材料输入	45	相关材料输入不当扣 15 分			
	操作步骤		不按照提示操作扣 10 分			
	最后结果		没有测出结果扣 15 分			
3	最后结果分析正确	20	一项结果分析不正确扣 5 分			
4	操作规范、合理有序	15	每项扣 7.5 分			
5	遵守规则、安全作业		违反安全规则者,本次考核按 0 分计			
6	总分	100				
			教师签字		年 月 日	

模块七　行驶系统的拆装与检修

　想一想，做一做

简述四轮定位失准对汽车行驶稳定性的影响。

项目 7.7　车轮定位的调整

1）根据检测的结果，判断车轮的定位角是否需要调整。
2）能正确调整车轮定位角。

1）前轮外倾角的调整。
2）前轮外倾角、主销内倾角和主销后倾角的调整。
3）前轮前束的调整。
4）后轮前束和外倾角的调整。

所谓四轮定位，是指在前轮的基础上增加后轮前束与后轮外倾角两个定位参数。许多前轮驱动的车辆有较小的负后轮外倾角，以改善转向稳定性。后轮外倾角与前轮外倾角基本上相同，如图 7-69 所示。在前轮驱动的车辆中，驱动力使后轮芯轴受到向后的力，因此，根据车辆本身的情况将后轮设计成零前束或很小的前束，如图 7-70 所示。正确的后轮前束设置对保证轮胎正常使用寿命有重要意义。

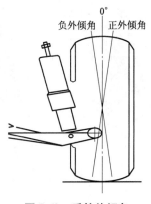

图 7-69　后轮外倾角

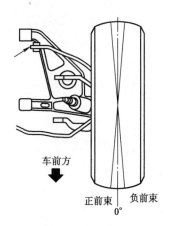

图 7-70　后轮前束

推力线（推进线）是两后轮总前束的平分线，如图 7-71 所示。推力角是汽车实际的车身几何中心线与推力线之间形成的夹角。

如果前轮前束不在标准规格之内，则会引起轮胎的不正常磨损。前轮的左右个别前束角允许有一个预期的变化差值，如果差值过大，则会影响车辆的行驶方向。假使后轮前束没有调整到标准规格之内，那么后轮轮胎也会产生与前轮轮胎一样的胎纹磨损情况。除了轮胎磨损之外，后轮前束也会影响汽车的行驶方向，假如调整不当，将会导致汽车的行驶方向无法与汽车的几何中心

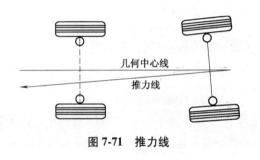

图 7-71　推力线

线平行。汽车的行进方向就是所谓的推力线，进行后轮个别前束测量的时候，必须以汽车的几何中心线为参考，而推力线定性的四轮定位在测量前轮的个别前束时是以推力线为定位基准来测量的，定位系统会计算并显示读数。在测量后轮前束之前，要先将前轮转正（左右前束的指示值相同），这是一个非常重要的步骤。

车辆在转弯时，前轮的相对位置称为转向角，如图 7-72 所示。当车辆直线行驶时，各轮胎应保持相互平行，否则会造成轮胎磨损、行驶阻力过大等。当车辆进入弯道时，如果左右轮的转动量相同，则两前车轮的转动中心不在一个交点上，这时会造成轮胎的磨损以及车辆转弯时不平衡。

当汽车转弯时，汽车两边的轮胎会通过两个不同大小的圆周，一边较大，一边较小，而汽车沿同心圆的方向转向。也就是说，从两个前轮的中心各自拉出一条线，这两条线的交会点就是所谓的转向中心。两个前轮会以不同的角度转弯，内侧轮的角度会比外侧轮的大，这就是转向前展，如图 7-73 所示。测量转向前展时，要从左前轮开始着手并且向左转动达到特定的角度，同时观察并记录另外一个轮的读数，左右轮的角度差应该在 1.5° 以内。若转向前展角度不正确，则只有更换转向盘，才可恢复正常的转向前展。转向前展类似 SAI，是一个诊断用的角度。

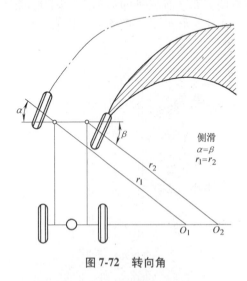

图 7-72　转向角

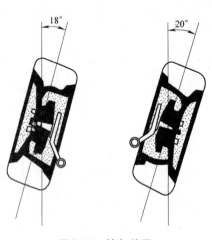

图 7-73　转向前展

1）典型车辆。

2）四轮定位仪。
3）常用工具。
4）调整前束、车轮外倾角和主销后倾角的专用工具各 1 件。

1）在检测车轮的定位参数时，轮胎气压必须符合规定；悬架装置的螺旋弹簧不应折断和过度松弛；车轮轮毂应不摆动或其径向圆跳动量不应过大；横直拉杆无松旷现象；汽车停在水平地面或专用检验台上；车轮保持直线行驶位置且无负载。
2）桑塔纳轿车车轮定位参数的技术标准见表 7-1。

表 7-1 桑塔纳轿车车轮定位参数的技术标准

车 轮	项 目	桑塔纳 LX 型轿车	桑塔纳 2000 型轿车
前轮	前束	$-3\sim-1\text{mm}$（$-20'\pm10'$）	$-1.6\sim0\text{mm}$（$8'\pm8'$）
	车轮外倾角	$-30'\pm20'$	$-15'\pm15'$
	主销外倾角	$50'\pm30'$	$1°30'\pm30'$
	主销后倾角	$14°12'$	—
	主销内倾角	$15'$	$10'$
后轮	前束	$25'\pm15'$	$25'\pm15'$
	车轮外倾角	$-1°40'\pm20'$	$1°4'\pm10'$

一、四轮定位测量结果分析

四轮定位测量的重点在测量结果的分析上，当测出的结果超出正常值时，可对照表 7-2 进行故障原因的进一步分析，为排除故障奠定基础。

表 7-2 麦弗逊式悬架的故障诊断表

主销内倾角	车轮外倾角	包容角	可能出现的故障区域
正常	小于规定值	小于规定值	半轴弯曲、麦弗逊立柱弯曲
正常	大于规定值	大于规定值	半轴弯曲、麦弗逊立柱弯曲
小于规定值	小于规定值	正常	控制臂弯曲，或车体变形使立柱上端向外受推力作用，或发动机托架扭曲失调
小于规定值	小于规定值	正常	车体变形使立柱上端向内受推力作用或发动机托架扭曲失调
小于规定值	大于规定值	大于规定值	控制臂弯曲，或车体变形使立柱上端向外受推力作用，也可能是半轴弯曲或立柱弯曲
小于规定值	大于规定值	小于规定值	控制臂弯曲，或车体变形使立柱上端向外受推力作用，也可能是半轴弯曲或立柱弯曲
小于规定值	小于规定值	小于规定值	控制臂弯曲，或车体变形使立柱上端向外受推力作用，也可能是半轴弯曲或立柱弯曲

1）前轮主销后倾角左右不对称，偏差超过 0.5°，车辆朝主销后倾角小的一侧跑偏。
2）前轮外倾角左右不对称，偏差超过 0.5°，车辆朝前轮外倾角正值最大的一侧跑偏。
3）后轮外倾角左右不对称，偏差超过 0.5°，车辆朝后轮外倾角最小的一侧跑偏。
4）根据前后轴的退缩角可以观察到车辆轴距的变化。如果前后退缩角之和超过 0.2°，就会出现可感觉到的跑偏，跑偏朝向轴距小的一侧。

二、后轮前束和外倾角的调整

进行定位前应先检查底盘零件是否损坏，轮胎气压是否正确。如果后桥上已装有任何形式的调整垫片，则应将垫片拆除后装好后轮再进行测量。车辆定位调整的顺序是：先调后轮，再调前轮；调后轮时应先调外倾角，再调前束角；调前轮时应先调主销后倾角，再调外倾角，最后调前束角。

通常刚性后桥（俗称死后桥）的车轴垂直，无前束和车轮外倾角可言，因此不考虑后轮定位的调整。但是，在车辆行驶过程中常常会出现后桥轻微变形或车轴轻微变形现象，这种变化长期作用会造成后轮磨损，出现偏磨或啃胎现象，还会产生推力角，引起汽车跑偏。出现该症状时，按图 7-74 所示采用方形垫片（即全接触式后轮定位调整专用垫片）调整刚性后桥车轮外倾角和前束角。具体操作步骤如下：

1）根据测量结果计算出后轮需要调整的角度，选择相等或相近的垫片。
2）拆下后轮及轮毂。
3）将与垫片接触的表面清理干净。
4）根据需要放置垫片。
① 若需增大外倾角，则使角度标注片朝上。
② 若需减小外倾角，则使角度标注片朝下。
③ 若需增大前束角，则使角度标注片朝后。
④ 若需减小前束角，则使角度标注片朝前。

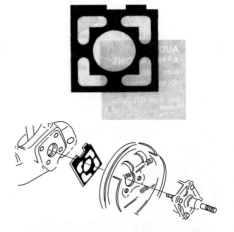

图 7-74 上海桑塔纳轿车前束的调整

5）若需同时改变外倾角和前束角，则可将两个垫片叠加使用（每侧车轮最多只能加两个垫片）。
6）将轮毂装回，按技术要求的力矩拧紧螺栓，安装车轮。

三、前轮定位参数的调整

1）通过增减调整垫片调整主销后倾角和车轮外倾角，适用于别克、丰田、马自达等车型，如图 7-75 所示。
2）通过移动上控制臂调整前轮外倾角和主销后倾角，适用于克莱斯勒等车型，如图 7-76 所示。
3）通过旋转偏心凸轮调整车轮外倾角和主销后倾角，适用于别克、凯迪拉克、雪佛兰、福特等车型，如图 7-77 所示。

模块七　行驶系统的拆装与检修

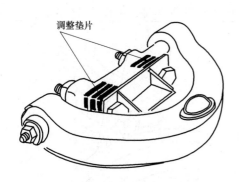 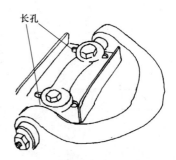

图 7-75　通过增减调整垫片调整主销　　　图 7-76　通过移动上控制臂调整
　　　　后倾角和车轮外倾角　　　　　　　　　　　前轮外倾角和主销后倾角

4）通过旋转两个偏心螺栓调整车轮外倾角和主销后倾角，适用于本田车型，如图 7-78 所示。

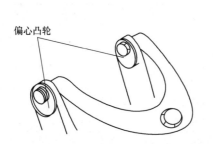 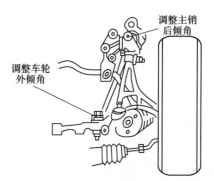

图 7-77　通过旋转偏心凸轮调整车轮　　　图 7-78　通过旋转两个偏心螺栓
　　　　外倾角和主销后倾角　　　　　　　　　　　调整车轮外倾角和主销后倾角

5）松开下控制臂前端的球头安装螺栓，可以推进或拉出球头，从而调整前轮外倾角，适用于奥迪、大众等车型，如图 7-79 所示。

6）松开前减振器顶上的几个定位螺栓，可以沿前卡孔左右移动减振器来调整前轮外倾角，适用于奥迪等车型，如图 7-80 所示。

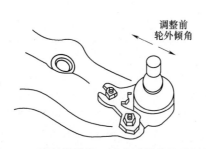 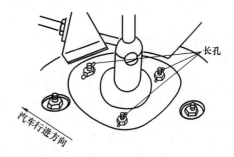

图 7-79　通过推动偏心球头调整前轮外倾角　　图 7-80　通过移动减振器来调整前轮外倾角

7）松开两个螺栓，向里推或向外拉轮胎，可以调整车轮外倾角，适用于别克、云雀、凯迪拉克、雪佛兰、克莱斯勒等车型，如图 7-81 所示。

8）松开减振器的两个螺栓，向外或向内移动轮胎上部，可以调整车轮外倾角。调整后可以加进楔形锯齿边铁片，既能固定又可防松脱，适用于福特等车型，如图 7-82 所示。

 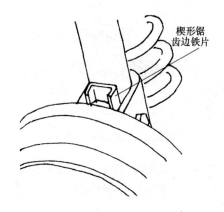

图 7-81　松开两个螺栓后调整车轮外倾角　　图 7-82　松开减振器后加进楔形锯齿边铁片

考　核

序号	考核内容	配分	评分标准	考核记录	扣分	得分
1	正确使用工具、仪器	10	仪器使用不当最多扣 10 分			
			工具使用不当酌情扣分			
2	前轮外倾角的调整	20	调整过程每错一步扣 5 分			
3	主销内倾角的调整	20	调整过程每错一步扣 5 分			
4	主销后倾角的调整	10	调整过程每错一步扣 5 分			
5	前轮前束的调整	10	调整过程每错一步扣 5 分			
6	后轮前束和外倾角的调整	20	调整过程每错一步扣 5 分			
7	操作规范、不超时	10	不规范操作扣 5 分，超时扣 5 分			
8	遵守安全规范，无事故		不规范操作造成严重事故者，本次考核按 0 分计			
9	总分	100				
			教师签字		年　月　日	

想一想，做一做

1. 对桑塔纳轿车的前轮定位进行调整。
2. 轮胎气压对四轮定位参数的测量有哪些影响？

模块八 转向系统的拆装与检修

项目 8.1 机械转向系统的检修

1) 熟练掌握转向器的拆装与调整方法。
2) 正确进行转向器的检修。

1) 齿轮齿条式转向器的检修。
2) 循环球式转向器的检修。

一、齿轮齿条式转向器相关知识

桑塔纳轿车的转向传动机构如图 8-1 所示。转向齿条一端输出动力,齿条输出端 8 铣削成平面并钻孔,用两个螺栓与转向支架 17 连接。转向支架 17 下端的两个孔分别与左、右横拉杆总成 15、12 的内端相连。横拉杆总成外端的球头销 16、13 分别与左、右转向节臂连接。通过调节杆 A、B 可以改变两根横拉杆总成的长度,以调整前束。

为了避免转向轮的径向圆跳动量过大,减缓传至转向盘上的冲击和振动,转向器上还装有转向减振器 2。转向减振器缸筒端 3 固定在转向器壳体上,转向减振器活塞杆端 1 经转向减振器支架 18 与转向齿条连接。

二、循环球式转向器相关知识

循环球式转向器是目前应用最广泛的转向器之一。它一般有两级传动副,第一级是螺杆螺母传动副,第二级是齿条齿扇传动副(如解放 CA1091、北京 BJ104-1、BJ2023,黄河 JN1181C13 等)。

图 8-2 所示为解放 CA1091 型汽车的循环球-齿条齿扇式转向器。转向螺杆 23 的轴颈支撑在两个推力球轴承 10 上,轴承预紧度可用调整垫片 21 进行调整。转向螺母 3 的下平面上加工出齿条,与齿扇轴(即摇臂轴)14 的内端齿扇部分啮合。转向螺母既是第一级传动副的从动

件,又是第二级传动副(齿条齿扇传动副)的主动件。通过转向盘和转向轴转动转向螺杆时,转向螺母不能转动,只能轴向移动,并驱使齿扇轴14转动。

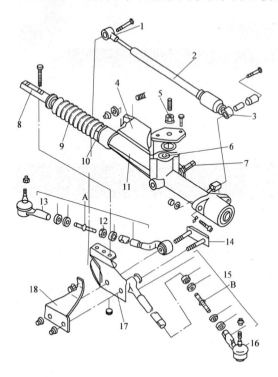
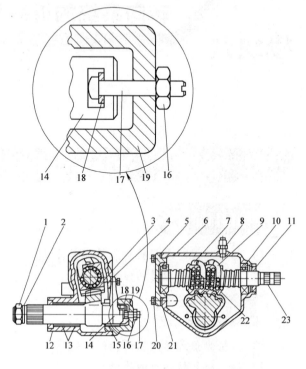

图8-1 桑塔纳轿车的转向传动机构
1—转向减振器活塞杆端 2—转向减振器 3—转向减振器缸筒端 4—转向器壳体凸台 5—锁紧螺母与调整螺栓 6—压簧 7—转向齿轮轴 8—齿条输出端 9—防尘罩 10—卡箍 11—转向器壳体 12—右横拉杆总成 13—右横拉杆球头销 14—连接件 15—左横拉杆总成 16—左横拉杆球头销 17—转向支架(齿条与横拉杆连接件) 18—转向减振器支架 A、B—调节杆

图8-2 解放CA1091型汽车的循环球-齿条齿扇式转向器
1—螺母 2—弹簧垫圈 3—转向螺母 4—转向器壳体垫片 5—转向器壳体底盖 6—转向器壳体 7—导管卡子 8—加油螺塞 9—钢球导管 10—推力球轴承 11、12—油封 13、15—滚针轴承 14—齿扇轴 16—锁紧螺母 17—调整螺钉 18、21—调整垫片 19—侧盖 20—螺栓 22—钢球 23—转向螺杆

为了减少转向螺杆23和转向螺母3之间的摩擦,二者的螺纹并不直接接触,其间装有多个钢球,以实现滚动摩擦。转向螺母的内径大于转向螺杆的外径,故能松套在转向螺杆上。转向螺杆和螺母都加工成断面轮廓近似半圆的螺旋槽,二者的螺旋槽配合形成近似圆形断面的螺旋管状通道。转向螺母侧面有两对通孔,可将钢球从此通孔塞入螺旋形通道内。转向螺母外有两根钢球导管9,每根导管的两端分别插入转向螺母侧面的一对通孔中,导管内也装满了钢球。这样,两根导管和转向螺母内的螺旋管状通道就组合成两条各自独立的封闭钢球"流道"。

转向螺杆转动时,通过钢球将力传给转向螺母,转向螺母即沿轴向移动。同时,在转向螺杆及转向螺母与钢球间的摩擦力作用下,所有钢球都在螺旋管状通道内滚动,形成"球流"。

钢球在管状通道内绕行两周后,流出转向螺母而进入导管的一端,再由导管另一端流回螺旋管状通道。故在转向器工作时,两列钢球只在各自的封闭流道内循环,而不脱出。

转向螺母上的齿条平面相对于齿扇轴线是倾斜的，因此与之啮合的齿扇应当是分度圆上的齿厚沿齿扇轴线按线性关系变化的变厚齿扇。只要使齿扇轴 14 相对于齿条做轴向移动，即能调整二者的啮合间隙。调整螺钉 17 悬装在侧盖 19 上。齿扇轴 14 内侧端部有切槽，调整螺钉 17 的圆柱形端头即嵌入此切槽中。将调整螺钉 17 旋入，则啮合间隙减小，反之则啮合间隙增大。将啮合间隙调整好后，用锁紧螺母 16 锁紧。转向器的第一级传动副（螺杆螺母传动副）因结构所限，不能进行啮合间隙的调整，零件磨损严重时，只能更换零件。

设备、工具和材料准备

1）转向器 1 个，调整垫片若干，V 形架 1 对，探伤设备、平台各 1 套。
2）塞尺、游标卡尺、内径百分表、百分表、扭力表、弹簧秤各 1 个。
3）呆扳手、梅花扳手、棘轮扳手、一字槽螺钉旋具、锤子、木块、铜冲子各 1 个。
4）清洗剂、机油、润滑脂、棉纱、油盆若干。

技术标准及要求

以循环球式转向器（BJ2020 型越野汽车的转向器）为例：
1）壳体无裂纹，结合面的平面度误差不大于 0.10mm。
2）摇臂轴与衬套的配合间隙不大于 0.10mm。
3）摇臂轴及转向螺杆无裂纹；转向螺杆、转向螺母齿面，循环球及其滚道表面无明显磨损及点蚀；转向螺杆轴承及油封完好。
4）转向螺母与转向螺杆的轴向及顶隙不大于 0.05mm。
5）在将转向螺杆安装好后，其转动力矩应为 0.7~1.2N·m。发动机能顺利起动，怠速、中速、加速工况良好。

操作步骤

1. 齿轮齿条式转向器的拆卸

1）使前轮处于直向前的位置，然后从点火开关上取下点火钥匙，锁住转向管柱。关闭点火开关，将安全带绕在转向盘上，防止车轮转动，如图 8-3 所示。
2）用落地千斤顶顶起车辆前部，然后在车辆底盘下放置安全台，将车辆降落在安全台上，拆下左右挡泥板密封件。
3）在万向节下部和转向器主动齿轮轴上做好冲点标记，以便将它们安装在原始位置上。松开万向节上的螺栓，拆下万向节下的螺栓，然后拆下万向节。
4）从外端横拉杆球接头上拆下开口销，松开但不要拆下横拉杆球接头螺母，用横拉杆球接头拆卸器松开转向臂上的外端横拉杆球接头，拆下横拉杆球接头螺母，然后从转向臂上拆下横拉杆球接头。
5）如图 8-4 所示，拆下 4 个稳定杆紧固螺栓。
6）拆卸转向器紧固螺栓。
7）从车辆的右侧拆下转向器总成。

2. 齿轮齿条式转向器的安装

1）确定好左右横拉杆与转向器壳的距离，然后穿过右挡泥板安装转向器。

图 8-3 将安全带绕在转向盘上

图 8-4 拆卸 4 个稳定杆紧固螺栓

2）按照冲点标记，把主动齿轮轴安装在万向节上，然后把万向节上、下螺栓拧紧到规定力矩。

3）安装转向器紧固螺栓，并将其拧紧到规定力矩。

4）安装稳定杆紧固螺栓，并将其拧紧到规定力矩。

5）在转向节上安装外端横拉杆球接头，并把其紧固螺母拧紧到规定力矩，然后在该螺母上安装开口销。

6）检查前轮前束，必要时进行调整。将外端横拉杆球接头锁紧螺母拧紧到规定力矩，并且拉紧波纹管式橡胶防尘罩外端卡箍。

7）安装左右挡泥板密封件，然后用落地千斤顶降低车辆。

8）在储液器中加入车辆制造商规定的动力转向液，然后排出动力转向系统内的空气。手动齿轮齿条式转向器不需要该步骤。

9）对车辆进行路试，检查转向器的运转和转向控制是否正常。

3. 齿轮齿条式转向器的检修（以桑塔纳轿车的机械式转向器为例，见图 8-5）

（1）转向器的拆卸　拆下仪表板罩板和阻风门控制手柄，取下阻风门操纵杆；拆下仪表板的下饰板；将转向器柱管密封衬套从前穿线板中向驾驶室方向抽出；从发动机罩中松开夹箍，取出螺栓，然后松开转向器上的减振支板；拆下齿条上的转向横拉杆支架，然后拆下转向器。

（2）转向器的检修

1）检查转向器外壳有无破裂及磨损现象，若破裂或磨损严重，则予以更换。

2）检查波形管是否完好，若有破损现象，则应更换。

3）检查各密封圈和密封环，若有溢漏现象，则必须更换。

4）自锁螺母和螺栓一经拆卸，在安装时就必须成对更换。

5）不允许对转向器零件进行焊接和整形。

（3）转向器的装配与调整　转向器装配顺序与拆卸顺序相反。装配密封衬套时，先在衬套内外涂上润滑液，然后用力将衬套推至驾驶室前穿线板中。装配转向器后检查并调整齿轮齿条间隙。调整时使车辆处于直线行驶位置，松开锁紧螺母，转动调整螺栓至接触止推垫圈挡块为止。拧紧锁止螺母时，应用内六角扳手固定，以防止调整螺栓转动。应最后紧固横拉杆，以防止齿条受压。

模块八 转向系统的拆装与检修

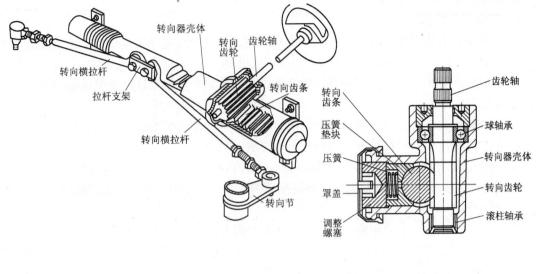

图 8-5 桑塔纳轿车机械式转向器的结构

4. 循环球式转向器的拆装

1) 拆下转向摇臂和垫片,并用冲子在转向摇臂轴上做好标记,然后用拆卸器拆下转向摇臂。

2) 从磨损的轴上拆下转向轴。

3) 如图 8-6 所示,拆下转向器紧固螺栓,然后从底盘上拆下转向器。

4) 按照步骤 1)~3) 的相反顺序安装转向器,并把所有的螺栓拧紧到规定力矩,确保将转向摇臂安装到原始位置。

1) 使用硬质钢螺栓固定转向器。螺栓头上的肋条显示了螺栓的硬度,较硬的螺栓在螺栓头部有五条、六条或者七条肋条。绝不允许使用软质钢螺栓代替原始的硬质钢螺栓,这是因为软质钢螺栓可能会突然断裂,使得转向器壳从底盘上脱落,从而导致转向失控。

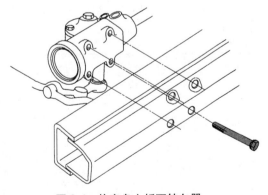

图 8-6 从底盘上拆下转向器

2) 从转向器上拆下转向连杆机构以后,不允许转动转向盘,否则可能损坏转向器的内部零件。

3) 通常,转向器固定在排气系统部件的附近,因此,在固定转向器的排气系统附近工作时,要戴好防护手套。

5. 循环球式转向器的检修

1) 转向器的检修。

① 检查蜗杆和球形螺母（滚珠）是否磨损严重或损坏，检查螺母是否能借本身重量顺利地在蜗杆轴上旋转。若发现其有损伤，则应修整或更换。

② 检查转向臂轴、止推垫圈和调整螺钉是否磨损或损伤，检查转向臂轴的推力间隙（最大间隙应小于 0.05mm）。

③ 检查蜗杆轴承、油封的磨损和损伤情况，视具体情况更换轴承、轴承座和油封。

④ 视具体情况更换蜗杆轴内座圈和壳上外座圈。

2) 转向器的装配：对于循环球式转向器，向转向螺杆与转向螺母组成的滚道内装入钢球。在向螺母导管槽中安装钢球时，应在导管两端涂少许润滑脂，以防止钢球脱出。

3) 转向器的调整。

① 转向轴轴承预紧度的调整：通过增减转向器壳与下盖之间的垫片来调整转向轴承预紧度。增加垫片，转向轴承预紧度减小；减少垫片，转向轴承预紧度增加。调整好后，用手上下推动转向轴，不应有松旷感，转向轴应转动灵活，所需转矩符合要求。用弹簧秤拉转向盘或转向轴，测其拉力即可。

② 啮合副啮合间隙的调整：调整啮合间隙时，应首先使啮合副处于中间啮合位置，然后通过转向器侧盖上的调整螺钉改变摇臂轴的轴向位置，使啮合间隙合适，最后用锁紧装置锁紧。啮合间隙（不大于 0.05mm）正常后，用力摇动摇臂轴，应无松旷感，在任何位置转动转向盘均应轻便灵活。

① 检查循环球式转向器时不能让球形螺母碰到蜗杆端头。
② 应在车辆处于直线行驶位置时调整转向器啮合间隙。
③ 在将转向系统装配好之后，还要进行最大转向角和转向盘游隙的检查与调整。

考 核

序号	考核内容	配分	评分标准	考核记录	扣分	得分
1	正确使用工具、仪器	10	仪器使用不当最多扣10分			
			工具使用不当酌情扣分			
2	转向器的拆卸	25	拆卸过程每错一步扣5分			
3	主要传动部件的检修	30	检修过程每错一步扣5分			
4	转向器的安装	25	安装过程每错一步扣5分			
5	操作规范、不超时	10	不规范操作扣5分，超时扣5分			
6	遵守安全规范、无事故		不规范操作造成严重事故者，本次考核按0分计			
7	总分	100				
			教师签字		年 月 日	

模块八　转向系统的拆装与检修

 想一想，做一做

试调整循环球式转向器齿轮的啮合间隙。

 项目 8.2　液压动力转向系统的检修

 **项目目的**

1) 掌握动力转向器的拆装步骤。
2) 熟悉转向系统的检查项目与注意事项。
3) 掌握转向柱的拆装与检查方法。

 **项目内容**

1) 动力转向器的拆卸。
2) 转向系统的检查。
3) 动力转向器的安装。
4) 转向柱的拆装与检查。

 **相关知识**

一、液压动力转向机构相关知识

在车辆转向过程中，液压动力转向系统使用液压为转向传动机构提供助力，以使车辆转向操作更容易、更轻快。液压动力转向系统包括液压泵、控制阀和动力缸三个主要部件。图 8-7 所示为桑塔纳 2000 型轿车动力转向器及管路的布置。

控制阀用来调节动力转向系统中阀的开度，控制通向系统的液压压力和方向，左侧或右侧也由阀控制。控制阀为常流转式，上部的阀体为滑阀结构，阀体与小齿轮设计并加工为一体。阀芯上有控制槽，阀芯通过转向齿轮轴上的拨叉拨动。转向齿轮轴用销钉与阀中的弹性扭力杆相连。扭力杆的刚度决定了阀的特性曲线，同时起到阀中心定位作用。

动力转向液压泵由发动机驱动，为操作动力转向系统提供必要的液压。桑塔纳轿车液压泵（叶片泵）的额定流量为 6L/min，额定工作压力为 $(10^4 \pm 4)$ kPa。为了保证轿车在高速行驶时有较强的路感，液压泵的流量随发动机转速的提高呈下降趋势。为了保证转向系统正常工作，防

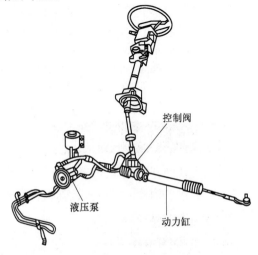

图 8-7　桑塔纳 2000 型轿车动力转向器及管路的布置

止液压系统的工作压力超过允许的最大工作压力,在液压泵内装有一个限压阀。当工作压力超过限压阀的额定值时,液压油通过限压阀卸压并返回到吸油口。发动机驱动液压泵,液压泵的液压油通过控制阀作用于动力缸,动力缸接收液压油为转向传动机构提供助力。

二、液压动力转向机构的分解与检修

液压动力转向机构的分解如图8-8所示。

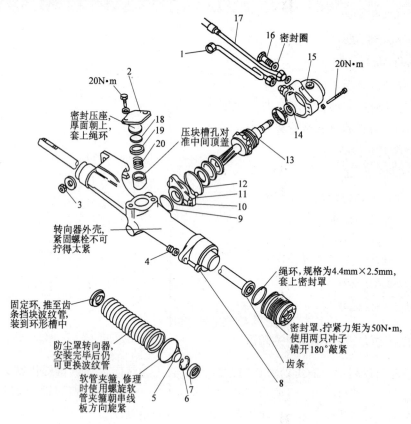

图8-8 液压动力转向机构的分解

1—油管(拧紧力矩为40N·m) 2—压盖 3—自锁螺母(拧紧力矩为35N·m) 4—自锁螺母(拧紧力矩为20N·m) 5—齿形环 6—挡圈 7—齿条密封罩 8—内六角圆柱头螺栓 9、11、12、18—圆绳环 10—中间盖 13—转向机构主动齿轮 14—密封圈 15—阀门罩壳 16—管接头螺栓(拧紧力矩为30N·m) 17—回油管 19—补偿垫片 20—压簧

设备、工具和材料准备

1)动力转向器总成1个。
2)台虎钳、铜棒、手压机、弹簧秤、液压表、常用拆装工具及扭力扳手各1件。

技术标准及要求

1)齿条的径向圆跳动量小于0.3mm。
2)转向器螺杆轴承的预紧力矩为1.0~1.8N·m。

模块八　转向系统的拆装与检修

3）压力标准：急速关闭截止阀的压力为 6.8~8.2MPa；当发动机工作时，急速打开液压表节流阀，转动转向盘到极限位置，同时读出液压表上的压力，应为 6.8~8.2MPa。

桑塔纳 2000 型轿车转向系统的主要技术参数见表 8-1。

表 8-1　桑塔纳 2000 型轿车转向系统的主要技术参数

项　目		技 术 参 数	项　目		技 术 参 数
转向盘直径		400mm	动力转向器	齿条工作行程	168mm
转向柱与转向盘连接三角花键	齿数	40 个		齿条可移动总行程	$195_{-0.1}^{0}$ mm
	模数	0.425mm		转向盘转动总周数	3.11 周
	防松螺母	M16		最小转弯半径	5.5m
	防松螺母拧紧力矩	45N·m		空载时内轮最大转角	40°18′
				空载时外轮最大转角	35°36′

1. 动力转向器的拆卸

1）吊起车辆，排放转向器液压油（自动变速器油）。

2）拆下固定横拉杆的螺母，如图 8-9 所示。

3）拆卸左前轮罩处的转向器紧固螺栓，如图 8-10 所示。

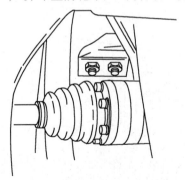
图 8-9　拆下固定横拉杆的螺母

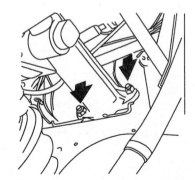
图 8-10　拆卸左前轮罩处的转向器紧固螺栓

4）松开转向控制阀外壳上的高压油管，如图 8-11 所示。

5）拆卸后横板上固定转向器的左边自锁螺母，如图 8-12 所示。

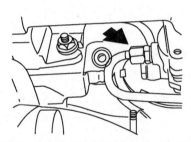
图 8-11　松开转向控制阀外壳上的高压油管

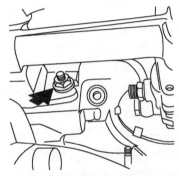
图 8-12　拆卸后横板上固定转向器的左边自锁螺母

6）把车辆放下，拆卸紧固齿条与转向横拉杆的螺栓，如图 8-13 所示。
7）拆卸仪表板侧边下盖、通风管和踏板盖。
8）拆卸紧固转向小齿轮与下轴的螺栓（图 8-14），并使各轴分开。

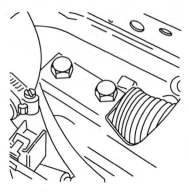

图 8-13　拆卸紧固齿条与转向横拉杆的螺栓

图 8-14　拆卸紧固转向小齿轮与下轴的螺栓

9）拆卸防尘套，从汽车内部拆卸固定转向控制阀外壳上回油软管的泄放螺栓，如图 8-15 所示。
10）拆卸后横板上转向器的固定自锁螺母，如图 8-16 所示。
11）拆下转向器。

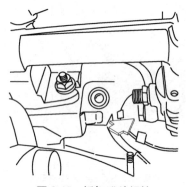

图 8-15　拆卸泄放螺栓

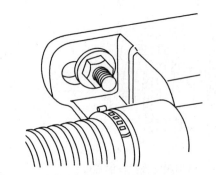

图 8-16　拆卸后横板上转向器的固定自销螺母

2. 转向系统的检查

1）检查系统密封性。转向系统密封性的检查应在热车时进行。

将转向盘快速朝左、右两侧转至极限位置，并保持不动，此时可产生最佳管内压力。目测检查转向控制阀、齿条密封处（松开波纹管软管夹箍，再将波纹管推至一旁）、叶轮泵、油管接头是否有漏油现象，若有渗漏现象，则应更换密封件。

如果发现储油罐中缺少自动变速器油，则应检查转向系统的密封性是否完好。

当转向器主动齿轮不密封时，必须更换阀体中的密封环和中间盖板上的圆绳环。

如果转向器罩壳中的齿轮齿条密封件不密封，则自动变速器油可能流入波纹管套里，此时应拆开转向机构，更换所有的密封环。

若油管接头漏油，则应查找原因并重新接好。

2）检查转向液压泵压力。

① 将液压表装到连接管阀体和弹性软管之间的压力管中。
② 起动发动机，如果需要，则向储油罐中补充自动变速器油。
③ 快速关闭截止阀（关闭时间不超过5min），并读出压力数，表压额定值为6.8~8.2MPa。如果没有达到额定值，就应检查压力和流量限制阀是否完好。若不正常，则应更换压力和流量限制阀，或更换叶轮泵。

3) 检查系统压力。当发动机怠速工作时，打开液压表节流阀，使转向盘向左或向右转至极限位置，同时读出液压表上的压力。表压额定值为6.8~8.2MPa，若达不到要求，则要修理转向器或更换总成。

3. 动力转向器的安装

安装动力转向器时应注意：液压泵和在转向控制阀上的固定泄放螺栓的密封环只要被拆卸，就应该更换。

1) 安装后横板的转向器，安装自锁螺母但不必完全拧紧。
2) 吊起车辆。
3) 在转向液压泵上安装高压和回油软管，用40N·m的力矩拧紧螺栓，并使用新的密封圈。安装左前轮罩上的转向器紧固螺栓，并用20N·m的力矩拧紧。安装后横板上的转向器自锁螺母，并用40N·m的力矩拧紧。把高压管固定在转向控制阀外壳上。
4) 把车辆放下。
5) 用40N·m的力矩拧紧后横板上转向器的紧固螺母；安装横拉杆支架紧固螺栓，并用45N·m的力矩拧紧；从车辆内部把回油软管安装到转向控制阀外壳上；安装保护网（防尘套）；连接下轴，安装紧固螺栓，并用25N·m的力矩拧紧；安装踏板盖、通风管和仪表板盖。
6) 吊起车辆。
7) 安装固定横拉杆支架的自锁螺母，并用45N·m的力矩拧紧。
8) 把车辆放下。
9) 向储油罐内注入自动变速器油，直到油面到达"Max"处。禁止使用已排出的自动变速器油。
10) 吊起车辆，在发动机停止工作的情况下转动转向盘数次，以便把系统中存在的空气排出，并补充自动变速器油，使油面到达"Max"处。
11) 起动发动机，完全向左和向右转动转向盘，观察油位，一直操作到油面稳定在"Max"处为止。

4. 转向柱的拆装与检查

1) 转向柱的拆卸。转向柱上装有一套组合开关，包括点火开关、前风窗玻璃刮水及清洗开关、转向灯开关、远近光变光开关。因此，在拆卸前必须将蓄电池电源线断开，并将转向指示灯开关放在中间位置，使车轮处于直线行驶位置，然后按下列步骤进行拆卸：
① 向下按橡胶边缘，撬出盖板。
② 取下喇叭盖，拆卸喇叭按钮及有关接线。
③ 拆下转向盘紧固螺母，用顶拔器将转向盘取下。
④ 拆下组合开关上的三个平口螺栓，取下开关。
⑤ 拆下阻风门控制把手手柄上的销子，然后旋下手柄、环形螺母，取下开关。
⑥ 拆下转向柱套管的两个螺钉，拆下套管。

⑦将转向柱上段往下压，使上段端部法兰上的两个驱动销脱离转向柱下端，取出转向柱上段。

⑧取下转向柱橡胶圈，松开夹紧箍的紧固螺栓，拆下转向柱下端。

⑨用水泵钳旋转卸下弹簧垫圈，卸下左边的内六角圆柱头螺栓，旋出右边的开口螺栓，拆下转向盘锁套。

2) 转向柱的检查。检查转向柱有无弯曲现象，联轴器有无磨损或损坏现象，弹簧弹性是否失效，若有，则应修理或更换新件。

3) 转向柱的安装。安装转向柱时基本按拆卸的相反顺序进行，但同时应注意以下几点：

① 转向柱与凸缘管应一起安装，并用水泵钳连接起来。

② 应将凸缘管推至转向机构主动齿轮上，夹紧箍圈口应向外，注意不可用手掰开夹箍。

③ 装配转向管柱的断开螺栓时，应将螺栓拧紧至螺栓头断开为止，然后拧紧圆柱头螺栓。

④ 只有当车轮处于直线行驶位置，转向灯开关处在中间位置时，才可装转向盘，否则在安装转向盘时，分离爪齿通过接触环上的簧片，有可能造成损坏。

⑤ 应更换所有的自锁螺母和螺栓。若转向柱损坏，不能进行焊接修理。

考 核

序号	考核内容	配分	评分标准	考核记录	扣分	得分
1	正确使用工具、仪器	10	仪器使用不当最多扣10分			
			工具使用不当酌情扣分			
2	动力转向器的拆卸	20	拆卸过程每错一步扣5分			
3	转向系统的检查	20	检查过程每错一步扣5分			
4	动力转向器的安装	20	安装过程每错一步扣5分			
5	转向柱的拆装与检查	20	拆装与检查过程每错一步扣5分			
6	操作规范、不超时	10	不规范操作扣5分，超时扣5分			
7	遵守安全规范，无事故		不规范操作造成严重事故者，本次考核按0分计			
8	总分	100				
			教师签字		年 月 日	

想一想，做一做

绘制转阀式动力转向器左转弯时的液压油回路。

项目8.3 电子控制动力转向系统的检修

项目目的

1) 熟练掌握电子控制动力转向器的结构。

模块八　转向系统的拆装与检修

2）掌握电子控制动力转向系统故障的诊断方法。

1）电动式动力转向系统（EPS）部件的检测。
2）动力转向系统故障码的读取与故障排除。

普通动力转向系统的助力特性是不变的，且与车速无关，这将导致停车及低速行驶时转向盘操纵沉重，中速行驶时转向盘操纵起来较轻快，当车速增大时更加轻快。如果考虑停车及低速时的轻便性，则高速行驶时转向盘操纵力过小，路感下降，易出现转向过度；反之，则会使停车及低速时转向盘操纵力过大，转向沉重，效率下降。为了使各种行驶条件下转向盘上所需要的操纵力都是最佳值，必须采用更先进的电子控制动力转向系统。电子控制动力转向系统可分为电动式动力转向系统、电控液力式转向系统、电动液力式转向系统。在此先介绍电动式动力转向系统。

一、电动式动力转向系统概述

1. 电动式动力转向系统的组成

如图 8-17 所示，电动式动力转向系统通常由转矩传感器、电动机、电磁离合器、电子控制单元等组成。

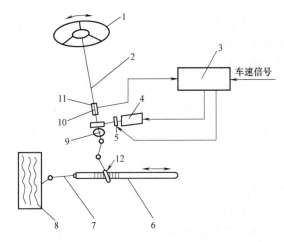

图 8-17　电动式动力转向系统的组成

1—转向盘　2—输入轴（转向轴）　3—电子控制单元　4—电动机　5—电磁离合器　6—转向齿条
7—转向横拉杆　8—轮胎　9—输出轴　10—扭力杆　11—转矩传感器　12—转向齿轮

2. 电动式动力转向系统的工作原理

当操纵转向盘时，装在转向轴上的转矩传感器不断测出转向轴上的转矩，并由此产生一个电压信号。该信号与车速信号同时输入电子控制单元。电子控制单元根据这些输入信号进行运算处理，确定助力转矩的大小和转向（即选定电动机的电流和转向），并调整转向的助力。电动机的转矩由电磁离合器通过减速机构减速增矩后，加在汽车的转向机构上，使之得到一个与工况相适应的转向作用力。

二、电动式动力转向系统的部件及其工作原理

1. 转矩传感器

转矩传感器也称为转向传感器，其作用是测定转向盘与转向器之间的相对转矩，将其作为电动助力的依据之一。转矩传感器的结构与工作原理如图 8-18 示。

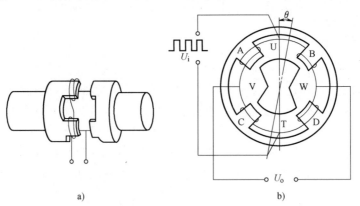

图 8-18 转矩传感器的结构与工作原理
a) 结构　b) 工作原理

用磁性材料制成的定子和转子可以形成闭合的磁路，线圈 A、B、C、D 分别绕在极靴上，形成一个桥式回路。因为转向轴扭转变形的扭转角与转矩成正比，所以只要测定轴的扭转角，就可间接地知道转向力的大小。

在线圈 U、T 两端施加连续的脉冲电压信号 U_i，当转向轴上的转矩为零时，定子与转子的相对转角也为零。这时转子的纵向对称面处于定子 AC、BD 的对称平面上，每个极靴上的磁通量都是相同的，电桥平衡，V、W 两端的电位差 $U_o = 0V$。

如果转向轴上存在转矩，则定子与转子的相对转角不为零，此时转子与定子间产生角位移 θ，极靴 A、D 间的磁阻增加，B、C 间的磁阻减小，各个极靴的磁阻产生差别，电桥失去平衡，在 V、W 两端产生电位差。这个电位差与轴的扭转角 θ 和输入电压 U_i 成比例，从而可知道转向轴的转矩。

一种实际应用的转矩传感器的结构如图 8-19 所示。其工作原理与上述转矩传感器的工作原理基本相同，优点是便于安装。

2. 电动机、电磁离合器与减速机构

电动机、电磁离合器和减速机构组成的整体称为电机组件，其结构如图 8-20 所示。

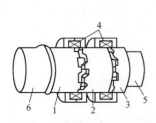

图 8-19 一种实际应用的转矩传感器的结构
1、2、3—检测环　4—检测线圈　5—输入轴　6—输出轴

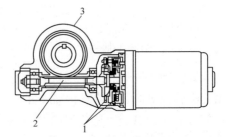

图 8-20 电机组件的结构
1—电磁离合器　2—蜗轮　3—斜齿轮

(1) 电动机　转向助力电动机就是一般的永磁电动机。其输出转矩是通过控制其输入电流来控制的，而电动机的正转和反转则是由电子控制单元输出的正、反转触发脉冲控制的。图 8-21 所示为一种比较简单实用的正反转控制电路。

a_1、a_2 为触发信号端。从电子控制单元得到的直流信号输入到 a_1、a_2 端，用以触发电动机进行正反转。当 a_1 端得到输入信号时，晶体管 VT_3 导通，VT_2 得到基极电流而导通，电流经 VT_2 的发射极和集电极、电动机、VT_3 的集电极和发射极搭铁，电动机有正向电流通过而正转。当 a_2 端得到输入信号时，晶体管 VT_4 导通，VT_1 得到基极电流而导通，电流经过 VT_1 的发射极和集电极、电动机、VT_4 的集电极和发射极搭铁，电动机有反向电流通过而反转。控制触发信号端的电流大小，就可以控制通过电动机的电流大小。

(2) 离合器　一般使用干式单片电磁离合器，其结构如图 8-22 所示。其工作电压为 12V，额定转速时传递的转矩为 15 N·m，线圈电阻（20℃时）为 19.5Ω。

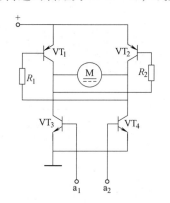

图 8-21　电动机的正反转控制电路

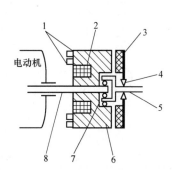

图 8-22　干式单片电磁离合器的结构

1—集电环　2—线圈　3—压板　4—花键
5—从动轴　6—主动轮　7—轴承　8—轴

其工作原理是：当电流通过集电环进入离合器线圈时，主动轮产生电磁吸力，带花键的压板被吸引与主动轮压紧，电动机的动力经过轴、主动轮、压板、花键、从动轴传给执行机构。

由于转向助力的工作范围限定在一个速度区域内，所以离合器一般设定一个速度范围。例如，当车速超过 30km/h 时，离合器便分离，电动机也停止工作，这时就没有转向助力作用。当电动机停止工作时，为了不使电动机及离合器的惯性影响转向系统的工作，离合器也应及时分离，以切断辅助动力。当系统中电动机等发生故障时，离合器会自动分离，这时仍可恢复手动控制转向。

(3) 减速机构　目前使用的减速机构有多种组合方式，一般采用蜗杆副与转向轴驱动组合式，也可采用两级行星齿轮与传动齿轮组合式，如图 8-23 所示。图 8-20 所示为蜗轮与斜齿轮组

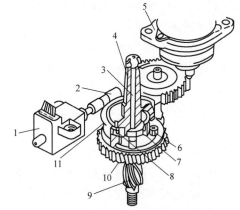

图 8-23　两级行星齿轮减速机构

1—转矩传感器　2—转轴　3—扭力杆　4—输入轴
5—电动机与离合器　6—行星小齿轮 A　7—太阳轮
8—行星小齿轮 B　9—驱动小齿轮
10—齿圈 B　11—齿圈 A

合方式。蜗轮与固定在转向输出轴上的斜齿轮相啮合,把电动机的回转运动减速后传递到输出轴上。为了抑制噪声和提高耐久性,减速机构中的齿轮有的采用特殊齿形,有的采用树脂材料制成。

3. 控制系统

电动式动力转向系统的控制系统如图 8-24 所示。该系统的核心是一个有 4KB ROM 和 256B RAM 的 8 位处理器。

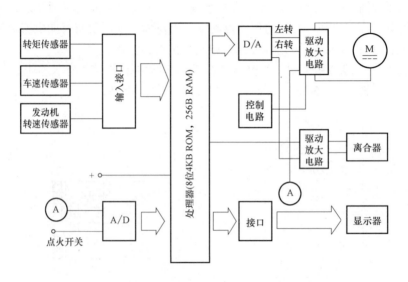

图 8-24 电动式动力转向系统的控制系统

转向盘转矩信号和车速信号经过输入接口送入处理器。随着车速的升高,处理器相应地降低助力电动机电流,以减小助力转矩。发动机转速信号也被送入处理器,当发动机处于急速状态时,由于供电不足,助力电动机和离合器不工作。因此,电动式动力转向系统工作时,ECU 必须控制发动机处于高急速工作状态。点火开关的通断(ON/OFF)信号经 A/D 转换接口送入处理器。当点火开关断开时,电动机和离合器不能工作。处理器输出控制指令经 D/A 转换接口送入电动机和离合器的驱动放大电路中,控制电动机的转向和离合器的离合。电动机的电流经驱动放大回路、电流表 A、A/D 转换接口反馈给处理器,将电动机的实际电流与按处理器指令应给的电流相比较,调节电动机的实际电流,使两者接近一致。

三菱"米尼卡"轿车的电动式动力转向系统如图 8-25 所示。其电子控制系统如图 8-26 所示。

由图 8-25 和图 8-26 可知:交流发电机的 L 端子可视为向 ECU 输入信号的传感器,利用交流发电机的 L 端子电压可以判断发动机是否转动。当发动机还未发动时,该系统不能工作。

电动机和离合器接收 ECU 输出的控制电流,产生助力转矩,经传动齿轮减速后,再经过小齿轮实现动力转向。电动机的动力是通过行星齿轮机构传递的。离合器是由电磁铁和弹簧等组成的电磁离合器。

当点火开关接通时,电源加于 ECU 上,电动式动力转向系统才能工作。在发动机起动后,交流发电机的 L 端子电压加到 ECU 上。当检测到发动机处于起动状态时,电动式动力转向系转为工作状态。

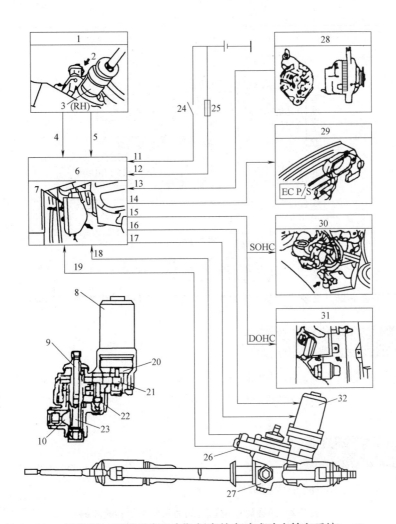

图 8-25 三菱"米尼卡"轿车的电动式动力转向系统

1—车速传感器 2—车速表引出电缆的部位 3—传动轴 4—车速信号（主） 5—车速信号（副） 6—ECU
7—副驾驶人脚下部位 8—电动机 9—扭杆 10—齿条 11—点火电源信号 12—蓄电池信号 13—发电信号
14—指示灯电流 15—高怠速电流 16—电动机电流 17—离合器电流 18—转矩信号（主）
19—转矩信号（副） 20—离合器 21—电动机齿轮 22—传动齿轮 23—小齿轮 24—点火开关
25—熔丝 26—转矩传感器 27—转向器齿轮总成 28—交流发电机（L端子） 29—警告灯
30—快怠速电磁阀 31—发动机 ECU 32—电动机与离合器

行车时，ECU 按不同车速下的转向盘转矩控制电动机的电流，并完成电子转向控制和普通转向控制之间的转换。当车速大于 30km/h 时，为普通转向控制，ECU 没有离合器信号和电动机电流输出，离合器处于分离状态；当车速低于 27km/h 时，ECU 又输出离合器信号和电动机电流，普通转向控制转换为电子转向控制。

ECU 还具有自我修正的控制功能。当电动式动力转向系统出现故障时，可自动断开电动机的输出电流，恢复到通常转向控制功能，同时车速表内的电动式动力转向警告灯点亮，以通知驾驶人动力转向系统发生故障。

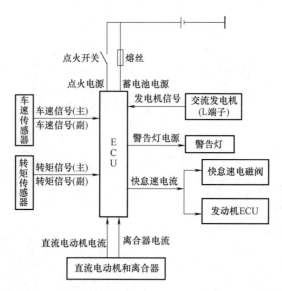

图 8-26 三菱"米尼卡"轿车电动式动力转向系统的电子控制系统

1) 奔驰 W140 型轿车电动式动力转向系统故障码的读取与清除。
2) 三菱"米尼卡"轿车的电动式动力转向系统。
3) 自制试灯 1 只。

技术标准及要求

三菱轿车电动式动力转向系统的故障码见表 8-2。

表 8-2 三菱轿车电动式动力转向系统的故障码

故障码	检查诊断项目	故障码	检查诊断项目
0	正常	41	直流电动机
11	转矩传感器（主）	42	直流电动机电路
12	转矩传感器（副）	43	直流电动机过电流
13	转矩传感器主、副侧电压差过大	44	直流电动机锁止
21	车速传感器（主）	51	电磁离合器
22	车速传感器主、副侧电压差过大	54	ECU
23	车速传感器（主）电压步骤减	55	转矩传感器 E/F 回路不良
31	交流发电机的 L 端子		

一、电动式动力转向系统部件的检测

以三菱"米尼卡"轿车的电动式动力转向系统为例进行说明。

1. 转矩传感器的检测

（1）检测转矩传感器线圈电阻　从转向器总成上拔下转矩传感器插接器，其端子如图 8-27a 所示。测量转矩传感器 3 号端子与 5 号端子之间、8 号端子与 10 号端子之间的电阻，其标准值应为 2.18kΩ±0.66kΩ。若不符合要求，则应更换转矩传感器。

（2）检测转矩传感器电压　将转向盘置于中间位置。用万用表直流电压挡测量上述各端子之间的电压。若测得的电压约为 2.5V，则说明良好；若测得的电压大于 4.7V，则说明断路；若测得的电压小于 0.3V，则说明短路。

2. 电磁离合器的检测

从转向器上断开电磁离合器插接器（其端子见图 8-27a），将蓄电池的正极接到 1 号端子上，蓄电池的负极与 6 号端子相接。在接通与断开 6 号端子的瞬间，电磁离合器应有工作声音，若没有声音，则表明电磁离合器有故障，应更换转向器总成。

3. 直流电动机的检测

从转向器上断开电动机插接器（其端子见图 8-27b），给电动机加上蓄电池电压时，电动机应有转动声音，若没有声音，则应更换转向器总成。

4. 车速传感器的检测

（1）检查车速传感器的转动情况　从变速器上拆下车速传感器，用手转动车速传感器的转子，检查其能否顺利转动，若卡滞，则应更换转速传感器。

（2）检测车速传感器电阻　拔开车速传感器插接器（其端子见图 8-27c），测量 1 号端子与 2 号端子之间、4 号端子与 5 号端子之间的电阻，其值等于 165Ω±20Ω 为良好。若实际测量值不符合要求，则必须更换车速传感器。

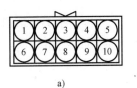

图 8-27　电动式动力转向系统的插接器端子
a）转矩传感器与电磁离合器的插接器端子　b）电动机的插接器端子　c）车速传感器的插接器端子

二、电动式动力转向系统的故障诊断

以三菱"米尼卡"轿车的电动式动力转向系统为例，说明电动式动力转向系统的故障诊断与排除方法。

1. 故障警告灯的检查

当点火开关处于"ON"位置时，故障警告灯应点亮，发动机起动后警告灯应熄灭。当警告灯不亮时，应检查灯泡是否损坏，熔丝和导线是否断路。若发动机起动后警告灯仍亮，则应先考虑系统是否处于保险状态（只有常规转向工作，无电动助力），然后进行自诊断操作。

2. 自诊断操作

将指针式万用表直流电压挡的正极表笔接在诊断插座的 2 号端子上，负极表笔搭铁，如图 8-28a 所示。接通点火开关，通过表针的摆动显示故障码。如果有多个故障码，则会按由小到大的顺序显示出来。故障码的波形如图 8-28b 所示，故障码的含义见表 8-2。

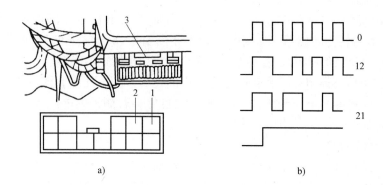

图 8-28 自诊断操作
a) 自诊断插接器 b) 故障码的波形
1—多点燃油喷射 2—电动动力转向 3—连接片

3. 故障诊断

出现故障码后,首先把蓄电池负极线拆下保持30s以上,即清除故障码,然后进行一次自诊断操作,若故障码再次显示,则表明故障确实存在(永久性故障),需进一步检查。下面以故障码 41、42、43、44 为例说明如何检查、排除故障。

(1) 故障码 41

1) 起动发动机,不转动转向盘,观察故障码是否再次出现。若再次出现,则按照故障码的含义检查有关部件;若不再出现,则直接进入步骤4)。

2) 拆下电动机插接器,检查电动机的两接线端子之间和端子与搭铁(外壳)之间的导通状态。用万用表电阻挡测试电动机两接线端子之间的电阻值,正常时,应有一定电阻值,若不通,则表明内部断路。电动机接线端子与搭铁之间应不通,否则,表明两接线端子与外壳之间有短路故障。

3) 若电动机及其接线端子均正常,则应检查转向器总成到 ECU 之间的导线是否良好。若导线正常,则表明 ECU 不良。

4) 检查导线无异常时,再次进行行驶试验,若故障码不再出现,则转动转向盘,检查电动机是否工作。

(2) 故障码 42

1) 起动发动机,以小于 1r/s 的转速转动转向盘,观察故障码是否再次出现,不再出现时,按 (1) 中所述检查导线,无异常时,进行再现试验。

2) 通过诊断,若故障码 42 再次出现,并且同时出现故障码 11 和 13 时,可考虑是由转矩传感器系统的导线或者转向器总成异常所致。

(3) 故障码 43 起动发动机,不转动转向盘,检查故障码是否再次出现。若再次出现,则表示 ECU 不良;不再出现时,试转动转向盘,若此时故障码再次出现,则应检查导线。

(4) 故障码 44 起动发动机,不转动转向盘,检查故障码是否再次出现。若再次出现,则应检查与电动机有关的导线,导线没有异常时,用良好的 ECU 换下车上的 ECU,进行对比检查判断;若故障码不再出现,则将点火开关重复通断 6 次,并使点火开关在"OFF"位置的时间在 5s 以上。如此反复检查,就能把有该种故障的部位查清楚。

考 核

序号	考核内容	配分	评分标准	考核记录	扣分	得分
1	正确使用工具、仪器	10	仪器使用不当最多扣10分			
			工具使用不当酌情扣分			
2	奔驰W140型轿车电动式动力转向系统故障码的读取	20	读取过程每错一步扣5分			
3	奔驰W140型轿车电动式动力转向系统故障码的清除	20	清除过程每错一步扣5分			
4	三菱轿车电动式动力转向系统故障码的读取	20	读取过程每错一步扣5分			
5	三菱轿车电动式动力转向系统故障码的清除	20	清除过程每错一步扣5分			
6	操作规范、不超时	10	不规范操作扣5分，超时扣5分			
7	遵守安全规范，无事故		不规范操作造成严重事故者，本次考核按0分计			
8	总分	100				
	教师签字			年 月 日		

想一想，做一做

简述电动式动力转向系统的控制原理。

模块九 制动系统的拆装与检修

项目 9.1 气压制动系统的分解与检修

1) 掌握制动系统的拆卸、解体,以及零件的检测和分类方法。
2) 能够认识制动系统主要零件的结构及相互装配关系。
3) 掌握制动系统主要零件的修理方法。

1) 气压制动系统的拆卸和认识零部件。
2) 气压制动系统主要零件的检修标准和检修方法。

相关知识

东风 EQ1092 型汽车的双管路制动系统示意图如图 9-1 所示。其中备有两个主储气筒 14 和 17。单缸空气压缩机 1 产生的压缩空气首先经过储气筒单向阀 4 输入湿储气筒 6 进行油水分离,之后分成两个回路:一个回路经过主储气筒 14、并列双腔式制动控制阀 3 的后腔通向前制动气室 2;另一回路经过主储气筒 17、并列双腔式制动控制阀 3 的前腔和快放阀 13 通向后制动气室 10。

当其中一个回路发生故障而失效时,另一回路仍能继续工作,以使汽车具有一定的制动能力,从而提高汽车的行驶安全性。但是,切不可仅利用一个制动回路长时间行车,以防发生意外。

装在并列双腔式制动控制阀 3 至后制动气室 10 之间的快放阀 13 的作用是:当松开制动踏板时,使后轮制动气室放气线路和时间缩短,以保证后轮制动器迅速解除制动。

前、后制动回路的储气筒上都装有低压报警器 15。当储气筒中的气压低于 0.35MPa 时,便接通装在驾驶室内转向柱支架内侧的蜂鸣器的电路,使之发出断续鸣叫声,以警告驾驶人注意储气筒内气压过低。

在不制动的情况下,前制动主储气筒 14 还通过挂车制动阀 9、挂车分离开关 11、连接头 12 向挂车储气筒充气。制动时,双腔制动阀的前、后腔输出气压可能不一致,但都通入锁阀 8。锁阀则只让压力较高的一腔的压缩空气输入挂车制动阀 9,后者输出的气压又控制装在挂车上的制动阀,使挂车产生制动。

模块九　制动系统的拆装与检修

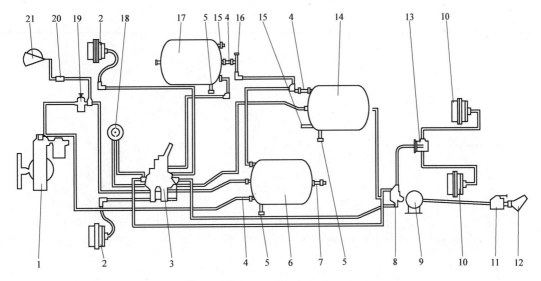

图 9-1　东风 EQ1092 型汽车的双管路制动系统示意图

1—单缸空气压缩机　2—前制动气室　3—并列双腔式制动控制阀　4—储气筒单向阀　5—放水阀　6—湿储气筒
7—安全阀　8—锁阀　9—挂车制动阀　10—后制动气室　11—挂车分离开关　12—连接头　13—快放阀
14、17—主储气筒　15—低压报警阀　16—取气阀　18—双针气压表　19—气压调节阀
20—气喇叭开关　21—气喇叭

设备、工具和材料准备

1）制动系统维修常用工量具若干套。

2）制动系统维修专用工量具及设备（制动系统拆装工具、制动鼓专用检测量具、制动盘专用检测量具和通用或专用故障诊断仪等）。

3）东风 EQ1092 型汽车数辆（也可用制动系统各总成）。

技术标准及要求

1）摩擦片厚度允许的最大磨损量为 7.00mm，残片剩余厚度不小于 6.00mm；摩擦片表面与铆钉头的距离不应小于 1.00mm。

2）制动蹄表面的最大磨损量不大于 0.30mm。

3）制动蹄复位弹簧的自由长度标准值为 130.00mm；当拉力为 590~785N 时，拉伸长度为 179.00mm。

4）平衡弹簧的刚度为 216N/mm。

5）摩擦片表面与铆钉头的距离小于 0.5mm 时，应更换摩擦片。

6）制动蹄轴承孔与制动蹄轴外径的配合间隙为 0.025~0.118mm，使用极限为 0.30mm。

操作步骤

制动系统的正确合理维修是汽车安全行驶和延长车辆使用寿命的重要保障。下面以东风 EQ1092 型汽车为例进行实训。

1. 制动系统的分解

1）东风 EQ1092 型汽车前轮制动器的分解如图 9-2 所示。

2）东风 EQ1092 型汽车后轮制动器的分解如图 9-3 所示。

图 9-2 东风 EQ1092 型汽车前轮制动器的分解

1—调整垫片（数量按需） 2—制动凸轮垫圈 3—前制动调整臂总成 4—外壳盖 5—蜗轮 6—蜗杆 7—滚珠 8—前制动调整臂外壳 9—螺塞 10—弹簧 11—塞片 12—蜗杆轴 13—直通润滑脂嘴 14—半圆头铆钉 15—制动凸轮调整垫片（数量按需） 16—前制动室总成 17—制动室推杆连接叉 18—前制动室外壳总成 19—制动室回动弹簧 20—前制动室卡箍总成 21—前制动室推杆总成 22—前制动室橡胶膜 23—前制动室外壳盖总成 24—螺母（将前制动底板固于转向节） 25—前制动底板总成 26—前制动挡尘盘衬套 27—前制动挡尘盘总成 28—螺栓（将前制动挡尘盘紧固于前制动底板） 29—前制动蹄轴 30—前制动蹄带衬套总成 31—前制动蹄衬套 32—前制动蹄 33—前制动蹄片总成 34—制动蹄轴垫板 35—制动回动弹簧 36—前制动摩擦片 37—前后轮制动摩擦片铆钉 38—前制动凸轮 39—前制动蹄支撑垫片 40—钢丝锁线（锁定前制动室支架紧固螺栓） 41—前制动底板垫线 42—制动凸轮O形密封圈 43—前制动室支架带衬套总成 44—衬套 45—前制动室左支架 46—锥形套

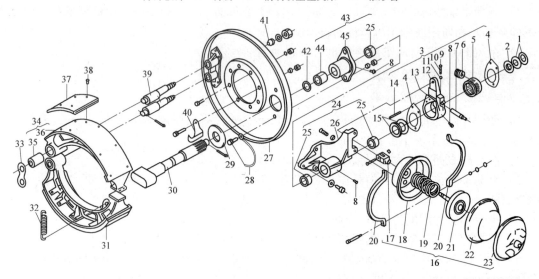

图 9-3 东风 EQ1092 型汽车后轮制动器的分解

1—后制动凸轮调整垫片（数量按需） 2—制动凸轮垫圈 3—后制动调整臂总成 4—外壳盖 5—蜗轮 6—蜗杆 7—蜗杆轴 8—直通润滑脂嘴 9—螺塞 10—弹簧 11—滚珠 12—外壳 13—塞片 14—半圆头铆钉 15—后制动凸轮调整垫片 16—后制动室总成 17—后制动室推杆连接叉 18—后制动室外壳总成 19—制动室回位弹簧 20—后制动室卡箍总成 21—后制动室推杆总成 22—后制动室橡胶膜 23—后制动室外壳盖总成 24—后制动室支架带衬套总成 25—后制动室支架衬套 26—后制动室支架 27—后制动底板总成 28—钢丝锁线（锁定后制动凸轮支撑座紧固螺栓） 29—制动蹄支撑垫片 30—后制动凸轮 31—后制动蹄片总成 32—制动蹄回动弹簧 33—制动蹄轴垫板 34—后制动蹄衬套总成 35—后制动蹄轴衬套 36—后制动蹄 37—后制动摩擦片 38—前后轮制动摩擦片铆钉 39—后制动蹄轴 40—后制动蹄回动弹簧挡钩 41—锥形套 42—制动凸轮O形密封圈 43—后制动凸轮支撑座带衬套总成 44—后制动凸轮支撑座衬套 45—后制动凸轮支撑座

3) 并列双腔膜片式制动控制阀（制动总泵）的结构和分解分别如图 9-4 和图 9-5 所示。

① 拆下与制动阀相连的所有空气管路，拆掉制动阀拉臂与制动踏板拉杆的联接销，拆掉制动阀的紧固螺栓、螺母，拆掉制动灯开关上的导线，把制动阀从车上拆下。

② 拧下上体、下体的联接螺栓，卸掉拉臂与上体连接的拉臂轴，即可将阀体解体。

③ 拧下柱塞座，松开螺母，拧下调整螺母，即可将下体总成解体。

④ 用卡簧钳卸掉挡圈（注意，不要损伤挺杆的阀口和导向面），即可将膜片总成解体。

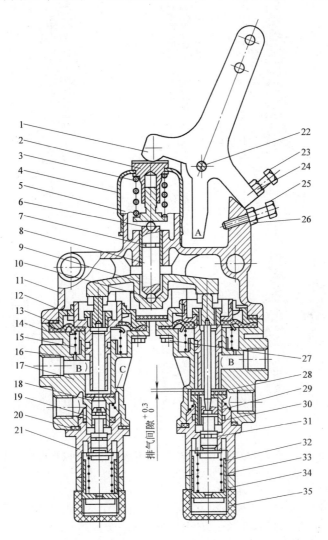

图 9-4　东风 EQ1092 型汽车并列双腔膜片式制动控制阀的结构

1—拉臂　2—平衡弹簧上座　3—平衡弹簧　4—防尘罩　5—平衡弹簧下座　6、10—钢球　7—密封圈　8、28—推杆　9—平衡臂　11—上壳体　12—导向座　13—密封垫及钢垫　14—膜片　15—膜片复位弹簧　16—膜片芯管　17—下壳体　18—两用阀总成　19—阀门复位弹簧　20—密封垫　21—柱塞座　22—拉臂轴　23、25—调整螺钉　24、26、34—锁紧螺母　27—紧固螺钉　29—密封柱塞　30、31—密封圈　32—滞后弹簧　33—调整螺母　35—塑料罩　A—拉臂限位块　B—节流孔　C—进气阀口

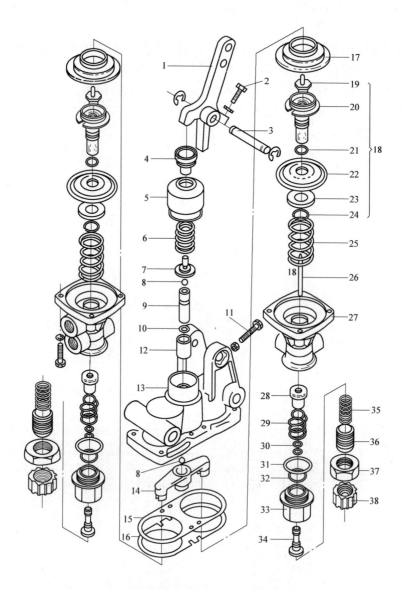

图 9-5 东风 EQ1092 型汽车并列双腔膜片式制动控制阀的分解

1—拉臂 2、11—调整螺钉 3—拉臂轴 4—平衡弹簧上座 5—防尘罩 6—平衡弹簧 7—平衡弹簧下座 8—钢球 9—推杆 10—小活塞环 12—衬套 13—上体 14—平衡臂 15—橡胶垫圈 16—钢垫片 17—膜片压紧圈 18—膜片总成 19—挺杆头 20—挺杆 21、30、32—O 形密封圈 22—膜片 23—夹片 24—轴用弹性挡圈 25—膜片复位弹簧 26—顶杆 27—下体 28—进气阀门总成 29—进气阀复位弹簧 31—密封垫片 33—柱塞座 34—柱塞 35—调整弹簧 36—调整螺栓 37—螺母 38—塑料罩

⑤ 将拆散的零件彻底清洗干净（禁止用汽油等有机溶剂清洗橡胶件）。

4）东风 EQ1092 型汽车驻车制动器的分解如图 9-6 所示。

5）东风 EQ1092 型汽车空气压缩机的结构和分解分别如图 9-7、图 9-8 所示。

① 拆掉空气压缩机的进油管、出油管、出气管、减压阀回气管、固定螺栓等，将空气压缩机从发动机上拆下。

模块九　制动系统的拆装与检修

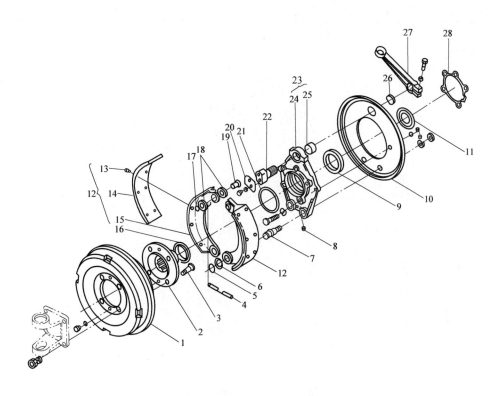

图 9-6　东风 EQ1092 型汽车驻车制动器的分解

1—驻车制动鼓　2—凸缘　3—驻车制动定位螺栓　4—驻车制动蹄回动弹簧　5—轴弹性锁片　6—驻车制动蹄轴垫圈　7—驻车制动蹄轴　8—通气塞塞头（泄油用）　9—油封　10—驻车制动底板　11—甩油阀　12—驻车制动蹄带摩擦片总成　13—驻车制动摩擦片铆钉　14—驻车制动摩擦片　15—驻车制动蹄总成　16—甩油环　17—轴用弹性挡圈　18—滚轮　19—滚轮轴　20—限位片　21—挡油盘　22—驻车制动凸轮轴　23—驻车制动盘支座总成　24—驻车制动盘支座　25—驻车制动凸轮衬套　26—弹性锁片　27—驻车制动凸轮摆臂　28—驻车制动底板支座衬垫

② 拆掉空气压缩机的缸盖总成，拆开底盖，拆掉连杆上的开口销，拧松连杆螺母，取下连杆盖，从气缸体上部取出活塞连杆总成，拆掉气缸体。

③ 从曲轴 V 带轮前端拔掉开口销，拧掉螺母，即可卸下带轮；拆掉曲轴箱前后端盖（注意后端盖里面的油堵和弹簧），取下轴承上的锁环，即可将曲轴从前后端压出。

④ 将活塞销挡圈取掉，压出活塞销，活塞与连杆即可分离。从活塞上取下活塞环，空气压缩机即全部解体。

2. 制动系统的检修

1）（前、后）车轮制动器的检修。

① 检查制动鼓，制动鼓不得有裂纹或变形现象，否则必须更换。

② 制动鼓磨损圆度超差后可以进行镗削修理，但在直径方向的镗削量不应大于 4.00mm（制动鼓内径的测量如图 9-9 所示，制动鼓的标准直径为 420.00mm）。

③ 摩擦片厚度允许的最大磨损量为 7.00mm，残片剩余厚度不应小于 6.00mm。若摩擦片表面与铆钉头的距离小于 1.00mm，或摩擦片碎裂，均应更换、重铆摩擦片。

④ 制动蹄表面的最大磨损量不应大于 0.30mm，否则，应更换制动蹄或进行焊修。

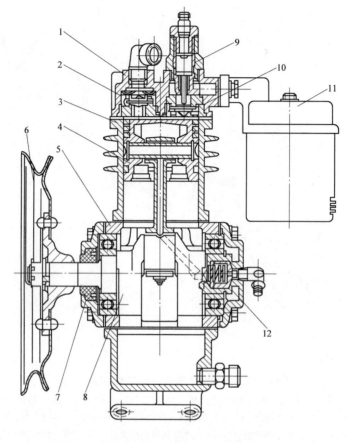

图 9-7 东风 EQ1092 型汽车空气压缩机的结构

1—气缸盖 2—排气阀 3—气缸体 4—活塞 5—曲轴箱 6—V 带轮 7—油封
8—曲轴 9—减压阀 10—进气阀 11—空气滤清器 12—油堵

⑤ 制动蹄复位弹簧若有裂纹，则必须更换。弹簧的自由长度标准值为 130.00mm，当拉力为 590~785N 时，拉伸长度为 179.00mm，不符合要求时，应更换。

2）制动阀的检修。

① 仔细检查制动阀的各个壳体，不得有裂纹或变形现象，否则应更换壳体。

② 耐油橡胶阀门密封面不得有老化、变形和严重磨损现象，否则应更换阀门。

③ 膜片应无老化、破裂、变形现象，否则应更换新件。

④ 密封垫、密封圈若有损坏、变形现象，则必须更换新件。

⑤ 平衡弹簧的刚度为 216N/mm，若不符合要求，则应更换新件。

3）驻车制动器的检修。

① 当摩擦片表面与铆钉头的距离小于 0.5mm 时，应更换新摩擦片。

② 制动蹄轴承孔与制动蹄轴外径的配合间隙为 0.025~0.118mm，使用极限为 0.30mm，若超过极限，则应予以修复或更换新件。

③ 检查其他零件的磨损情况，若有损坏，则应视情况修理或更换新件。

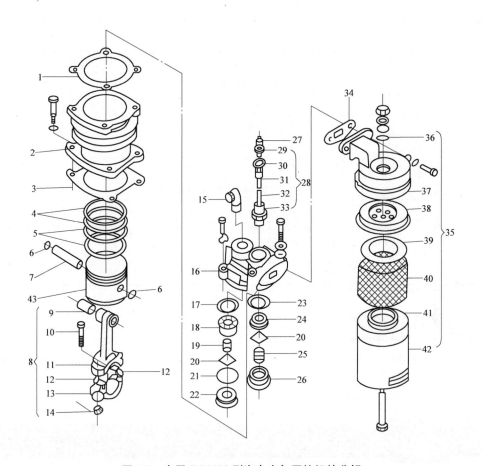

图 9-8　东风 EQ1092 型汽车空气压缩机的分解

1—气缸垫　2—气缸体　3—气缸体衬垫　4—气环　5—油环　6—挡圈　7—活塞销　8—连杆总成　9—连杆衬套　10—连杆螺栓　11—连杆　12—调整垫片　13—连杆盖　14—连杆螺栓螺母　15—出气弯接头　16—缸盖　17—波形垫圈　18—排气阀导向座　19—排气阀弹簧　20—阀片　21—排气阀座密封圈　22—排气阀座　23—进气阀密封圈　24—进气阀座　25—进气阀弹簧　26—进气阀导向座　27—管接头　28—松压阀总成　29—定位塞　30—密封圈　31—阀杆门　32—回动弹簧　33—本体总成　34—衬垫　35—空气滤清器总成　36—密封垫圈　37—底座　38—隔板　39—滤芯上垫圈　40—滤芯　41—滤芯下垫圈　42—外壳　43—活塞

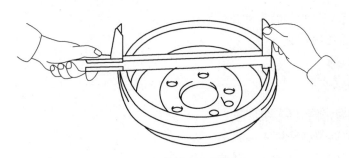

图 9-9　制动鼓内径的测量

考 核

序号	考核内容	配分	评分标准	考核记录	扣分	得分
1	前、后制动器的分解	10	分解过程每错一步扣3分			
			工具使用不当酌情扣分			
2	制动总泵的分解	25	分解过程每错一步扣5分			
3	驻车制动器的分解	30	分解过程每错一步扣5分			
4	制动系统的检修	25	检修过程每错一步扣5分			
5	操作规范、不超时	10	不规范操作扣5分，超时扣5分			
6	遵守安全规范，无事故		不规范操作造成严重事故者，本次考核按0分计			
7	总分	100				
	教师签字			年	月	日

 想一想，做一做

分解东风EQ1092型汽车的空气压缩机，说明其与发动机配气机构和曲柄连杆机构的区别。

项目9.2 气压制动系统的安装与调整

1) 掌握气压制动系统的安装方法。
2) 能够认识制动系统的装配关系。
3) 掌握制动系统的调整方法。

1) 气压制动系统的拆卸和零部件的装配。
2) 气压制动系统的调整。

 （略）

1) 制动系统维修常用工量具若干套。
2) 制动系统维修专用工量具及设备（制动系统拆装工具、制动鼓专用检测量具、制动盘专用检测量具和通用或专用故障诊断仪等）。

3) 东风 EQ1092 型汽车数辆(也可用气压制动系统各总成)。

技术标准及要求

1) 东风 EQ1092 型汽车制动蹄摩擦片与制动鼓的间隙：凸轮端为 0.40~0.70mm，支撑销端为 0.25~0.40mm。
2) 东风 EQ1092 型汽车驻车制动器摩擦片与制动鼓的间隙为 0.20~0.40mm。

操作步骤

1. 东风 EQ1092 型汽车制动器的安装与调整

1) 东风 EQ1092 型汽车前、后轮制动器的安装按与拆卸相反的顺序进行。
2) 安装完毕后，按照东风 EQ1092 型汽车维护中的全面调整方法，检查、调整好制动蹄与制动鼓的配合间隙。制动蹄与制动鼓配合间隙的全面调整方法，适用于制动器经解体或修理，蹄片与制动鼓工作面的同轴度因蹄片销轴松动而被破坏，以及更换蹄片、镗削制动鼓等部件后，对制动调整臂蜗杆及支撑销进行全面调整。调整方法如下：

① 用千斤顶顶起车桥，使车轮离地至能自由转动，松开制动蹄支撑销的固定螺母。

② 将标记相对的两个支撑销向外转动(见图 9-10)，先使蹄片下端向制动鼓靠近，再转动制动臂调整蜗杆，使蹄片上端向制动鼓靠近。这样上下反复调整，使两蹄上、下端均能全面均匀地和制动鼓接触、抵紧，直至制动鼓不能转动为止。

③ 按相反方向转动制动臂调整蜗杆，使摩擦片与制动鼓脱离接触，产生间隙，并用符合规定值的塞尺从制动鼓检视孔中插入(见图 9-11)，分别在距摩擦片上、下端 20~30mm 处测量。若下端间隙不合适，则可再稍微转动支撑销。如此上下配合进行，直至间隙符合规定为止。东风 EQ1092 型汽车制动蹄摩擦片与制动鼓的间隙为：凸轮端(上端)为 0.40~0.70mm；支撑销端(下端)为 0.25~0.40mm。

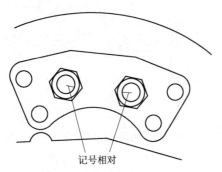

图 9-10 东风 EQ1092 型汽车
车轮制动器支撑销的标记

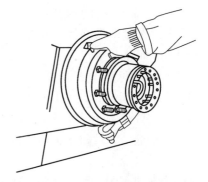

图 9-11 东风 EQ1092 型汽车
制动器间隙的检查

④ 将制动蹄摩擦片与制动鼓的间隙调整到正常值后，拧紧支撑销的锁紧螺母。

⑤ 用同样的方法调整好其余各车轮的制动鼓与制动蹄摩擦片的间隙。在实际调整过程中，有时会出现同一车轮制动器内前后制动鼓与制动蹄摩擦片间隙调整不一致的情况。这时，可将制动凸轮轴支架固定螺栓旋松，然后用撬棒撬动凸轮轴支架，向蹄片间隙大的一边移动少许，调整好后再固定凸轮轴支架。如果用上述方法仍不能使两边间隙相接近，则可在间隙大

的一边给制动蹄与凸轮接触的部位套上一个铁套,使两边蹄片间隙相同。

2. 东风 EQ1092 型汽车制动总泵的安装与调整

东风 EQ1092 型汽车制动总泵的安装按与拆卸相反的顺序进行。安装完毕后,按以下步骤进行检查与调整:

1) 检查与调整排气间隙。拆下前、后腔柱塞座总成,用游标卡尺的深度尺测量两腔的排气间隙,均应为 $1.5^{+0.30}_{0}$ mm。若不符合要求,则应拧动装在拉臂上的调整螺钉进行调整。旋入螺钉时,排气间隙减小,反之则增大。调整好后,拧紧锁紧螺母,装上柱塞总成。

2) 检查与调整最大制动输出气压(可在气压制动阀试验台上进行,也可以在装车后进行。就车检查与调整时,可在前、后制动管路上分别串联一只气压表)。在将制动踏板踩到底的同时,拧动调整螺钉,使制动输出气压为 539~589kPa。此时,调整螺钉应该与拉臂的限位块接触。重新将制动踏板踩到底进行检查,若输出气压仍不符合要求,则应重新调整。旋入螺钉时,输出气压变小,反之则增大。反复调整至合格后,拧紧锁紧螺母。

3) 检查与调整两腔气压差。在后腔内有一个推杆,可以通过调节推杆上弹簧力的大小来调整两腔的气压差。从前、后制动气室各引一个气压表,检查两腔的气压。拆下后腔的塑料护套,松开锁紧螺母,踏下制动踏板到任意位置,拧动调整螺母,旋入时后腔输出气压降低,反之则升高。一边检查一边调整,直至后腔的输出气压较前腔低 9.8~39.2kPa,再踏下制动踏板进行检查,待符合要求后拧紧锁紧螺母,装好防尘罩。

3. 东风 EQ1092 型汽车驻车制动器的检查与调整

东风 EQ1092 型汽车驻车制动器的检查与调整如图 9-12 所示。若驻车制动器的零件或总成已更换,蹄片轴拆卸过,或蹄片轴松动,均应该进行该项检查与调整。

1) 拆开拉索与摆臂的连接。

2) 松开蹄片轴锁紧螺母,同时用力转动摆臂转动凸轮,使两个蹄片的中部同时与制动鼓接触,然后拧紧蹄片轴的锁紧螺母。东风 EQ1092 型汽车驻车制动器摩擦片与制动鼓的间隙为 0.20~0.40mm。

3) 连接拉索和摆臂,调整操纵装置。

4) 连接拉索和摆臂,调整操纵驻车装置。其技术规范为:将驻车制动操纵手柄拉紧 7~9 齿时,汽车二挡不能起步;放松手柄后,以汽车行驶中制动鼓不发烫为合格。

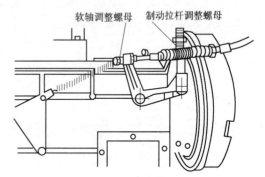

图 9-12 东风 EQ1092 型汽车驻车制动器的检查与调整

注意:因为东风 EQ1092 型汽车的驻车制动器为钢丝软索操纵,刚性较差,在操纵手柄的过程中,软轴和支架可能会变形。

4. 东风 EQ1092 型汽车空气压缩机的安装与调整

1) 东风 EQ1092 型汽车空气压缩机的安装按与拆卸相反的顺序进行。安装时必须注意以下几点:

① 将所有零件清洗干净。

② 活塞环的装配要求与发动机一样,不能同时对口,可以每装好一个安排一个开口间隙,四环错开。

③ 装配活塞连杆时应该按原装配方向装复,装上垫片后,将连杆螺栓螺母以 14.7~19.6N·m 的力矩拧紧。拧紧后,应能以小于或等于 59N·m 的力矩转动连杆。

④ 缸盖总成的进、排气阀座的拧紧力矩为 98N·m。

⑤ 将缸盖螺栓按对角线的次序以 17.1~21.6N·m 的力矩均匀拧紧。

2) 东风 EQ1092 型汽车空气压缩机总成的检验。

① 检验减压阀是否灵敏。当空气压缩机装复并工作至气压达到 785kPa 时,减压阀应能顶开进气阀片,此时接储气筒的气压表的指针不应该有继续上升的现象。

② 检验是否漏油,轴承是否有过热现象和不正常的噪声。

③ 检查缸盖的各接合面是否有漏气现象。

④ 进行泵气量的检验。当东风 EQ1092 型汽车空气压缩机的转速为 1200~1250r/min 时,向 6L 储气筒充气,压力由 98kPa 上升至 785kPa 时,所用时间应不大于 28s。若不能达到上述要求,则应重新检修空气压缩机。

考 核

序号	考核内容	配分	评分标准	考核记录	扣分	得分
1	车轮制动器的安装与调整	10	安装过程每错一步扣 10 分			
			工具使用不当酌情扣分			
2	制动总泵的检查与调整	25	操作过程每错一步扣 5 分			
3	驻车制动器的检查与调整	30	操作过程每漏一步扣 5 分			
4	空气压缩机的安装与调整	25	操作过程每漏一步扣 5 分			
5	操作规范、不超时	10	不规范操作扣 5 分,超时扣 5 分			
6	遵守安全规范,无事故		不规范操作造成严重事故者,本次考核按 0 分计			
7	总分	100				
			教师签字		年 月 日	

当东风 EQ1092 型汽车车轮制动器支撑销的标记相对时,制动鼓与制动蹄片的间隙最大还是最小?

项目 9.3 液压制动系统的拆装与测量

项目目的

1) 掌握制动系统的拆卸、解体和零件的分类方法。
2) 能够认识制动系统主要零件的结构。

1) 前、后轮制动器的拆卸与分解。
2) 制动总泵的拆卸。
3) 桑塔纳 2000 型汽车真空助力器的拆卸与分解。
4) 桑塔纳 2000 型汽车驻车制动器的分解。

制动传力装置按传力介质的不同分为机械式、液压式和气压式。机械式制动传力装置在汽车中早已经不再采用,气压式制动传力装置在项目 9.1、9.2 中已经介绍过。液压制动系统的结构示意图如图 9-13 所示。

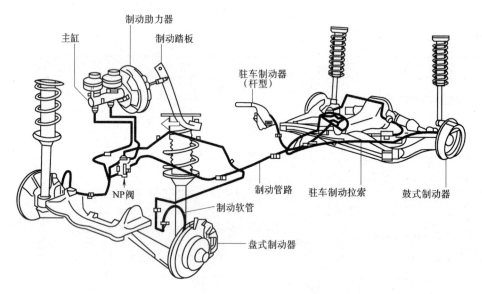

图 9-13 液压制动系统的结构示意图

图 9-14 所示为上海桑塔纳轿车双管路液压制动系统的示意图。它属于交叉(X)型布置,由制动踏板、真空助力器、储液室、串联式双腔制动主缸、轮缸(图 9-14 中未标出)、油管和接头等组成。制动踏板和主缸装在车架上;主缸与装在制动底板上的轮缸均装有活塞,用油管互相连通。由于车轮是通过弹性悬架与车架联系的,主缸与轮缸的相对位置经常变化,故主缸与轮缸的连接油管除用钢管外,部分有相对运动的区段还用高强度的橡胶软管连接。制动前,整个系统充满了制动液。另外,串联式双腔制动主缸利用一个气缸体装入两个活塞,形成两个彼此独立的工作腔,分别和各自的管路连接。管路中还有各管接头和制动灯开关等。

制动时,驾驶人踩下制动踏板,先使制动主缸的后腔活塞工作,再使前腔活塞工作,将制动液自主缸中压出并经油管同时分别进入前后各车轮缸内,使轮缸活塞向外移动,从而将制动蹄压靠到制动鼓(盘)上,使汽车产生制动。

在踩下制动踏板以及制动蹄和制动鼓(盘)之间的间隙消除之前,系统中的制动液压力并不高,只能克服制动蹄复位弹簧的张力以及制动液在管路中流动的阻力。在制动器间隙消失并开始产生制动力矩时,制动液压力才随着制动踏板力继续增长,车轮制动器的制动力也随之与制动踏板力成正比例地增长,直到完全制动。

放开制动踏板,制动蹄和轮缸活塞在复位弹簧的作用下复位,将制动液压回到制动主缸,制动作用即解除。

显然,管路制动液压力和制动器产生的制动力矩与制动踏板力呈线性关系。若轮胎与路面间的附着力足够,则汽车所受到的制动力也与制动踏板力呈线性关系。制动系统的这项性能称为制动踏板感(或称路感)。驾驶人可因此而直接感觉到汽车的制动强度,以便及时进行必要的控制和调节。

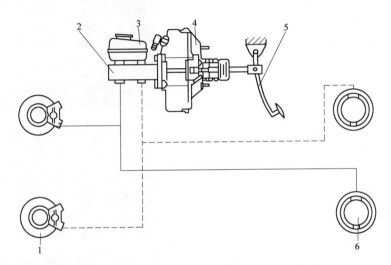

图 9-14 上海桑塔纳轿车双管路液压制动系统的示意图
1—盘式制动器（前轮） 2—串联式双腔制动主缸 3—储液室 4—真空助力器
5—制动踏板 6—鼓式制动器（后轮兼驻车制动器）

设备、工具和材料准备

1）制动系统维修常用工量具若干套。
2）制动系统维修专用工具及设备（制动系统拆装工具）一套。
3）桑塔纳 2000 型轿车数辆（也可用制动系统各总成）。

技术标准及要求

1）汽车制动系统制动主缸螺栓的拧紧力矩为 25N·m。
2）汽车制动系统油管接头压紧螺母的拧紧力矩为 25N·m。

操作步骤

1. 前轮制动器摩擦片的更换

当需要更换前轮制动器摩擦片、制动盘或进行高等级维护时,应按表 9-1 中的步骤进行。

表 9-1 前轮制动器摩擦片的更换步骤

序号	操作内容	操作照片
1	用虹吸器吸出主缸储液罐中制动液或盘式制动器储液罐中制动液总量的 1/2，更换前制动衬片	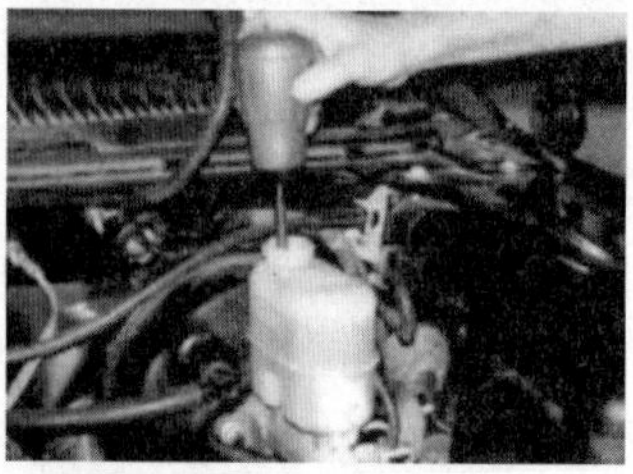
2	用举升机将车辆升高，正确定位，然后卸下车轮总成	
3	检查制动器总成，其中包括卡钳、制动管路、软管及制动盘，寻找具有漏液迹象、折断或裂纹的管路或软管，以及损坏的制动盘。在更换制动衬片之前，解决发现的所有问题	
4	松开并卸下制动衬片定位销	
5	提起并转动卡钳总成，使其脱离制动盘	
6	卸下卡钳总成的旧制动衬片	

模块九 制动系统的拆装与检修　247

(续)

序号	操作内容	操作照片
7	为了减少损坏卡钳的机会，用一根钢丝将卡钳总成挂在车身底部	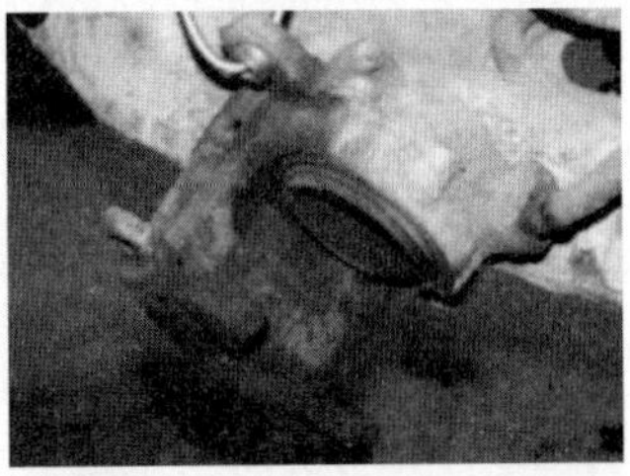
8	检查卡钳定位销隔振子和套筒，用机油清洁并润滑必要的位置	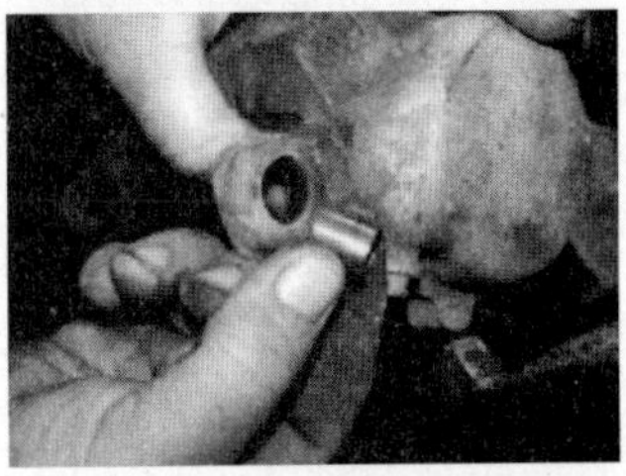
9	在放气螺钉与容器之间连上软管，打开放气螺钉	
10	在卡钳活塞上垫一块木头，并装上C形夹子，将木头和卡钳夹在一起，然后拧紧C形夹子，迫使活塞进入孔中，在活塞底部刚好进入孔中时关闭放气螺钉	
11	卸下C形夹子并检查活塞防尘套，安装新的制动衬片。如果有需要，则安装新的定位销隔振子和套筒	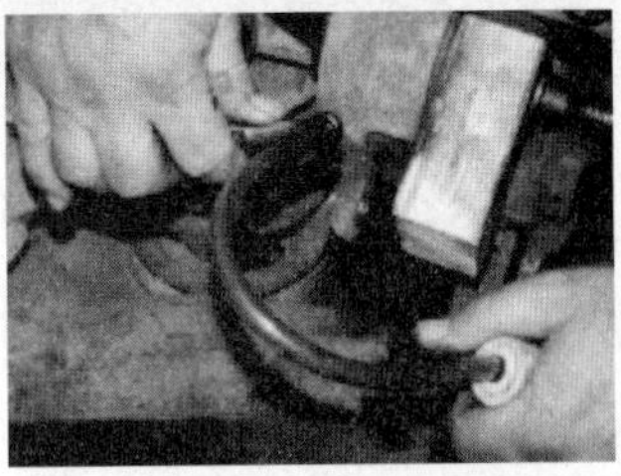
12	将新的制动衬片装入卡钳，然后将带有新制动衬片的卡钳放到制动盘上，并安装定位销，检查该总成位置是否适合，并将定位销拧到规定值	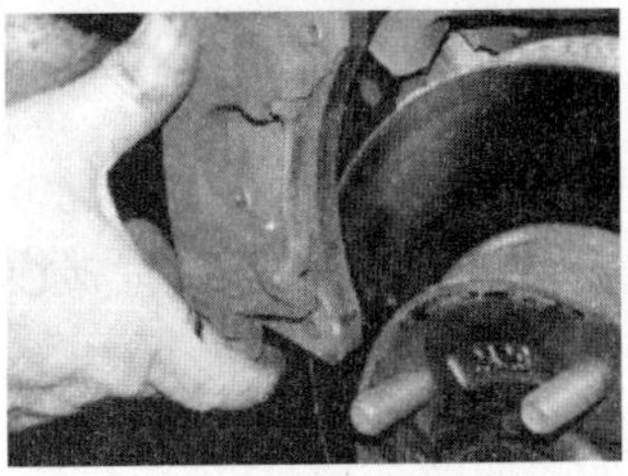

(续)

序号	操作内容	操作照片
13	安装轮胎及车轮总成,拧紧到规定力矩,然后缓慢压下制动踏板,调整制动器	

2. 制动盘的检查与测量

制动盘表面的精加工不是制动维修工作中必须进行的项目。尽管有损伤或不完整的制动盘不可能提供最佳的制动效能,但是制动盘的维修仍然很重要。

(1) 制动盘的检查 在维修衬片或卡钳时,或因为某些原因而将车轮旋下时,需检查制动盘。在检查制动盘前,应将制动盘从汽车上卸下,如图9-15所示。许多制动盘问题可能在粗略的检查中并不明显。制动盘厚度、平行度误差、摆动量、平面度误差和凹痕深度都只能用精确的仪器或千分尺测量。其他制动盘的检测指标应该用同样精度的仪器测量。卸下卡钳后,按以下步骤检查制动盘:

1) 如果制动盘表面太脏而影响测量,则应先用蘸有制动器清洁剂或酒精的布将其擦拭干净。如果摩擦表面被腐蚀了,则需要用中粒度砂布或金刚砂布蘸上清洁剂或酒精擦掉腐蚀层。

2) 将制动盘翻转过来,在一个可视角度观察制动盘的内侧(通常是卡钳安装处)。

3) 检查制动盘表面的刮伤和凹槽厚度,如图9-16所示。检查凹槽深度以决定其是否还在可加工的极限范围内时,可用带尖铁砧和轴的制动盘千分尺测量。深度小于0.25mm的刮伤或小凹槽不会影响制动。

图9-15 将制动盘从汽车上卸下

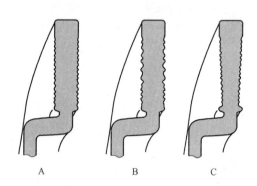

图9-16 制动盘的凹槽厚度
注:A中的凹槽厚度小于0.25mm,可以继续使用;
B中的凹槽厚度较深,需要重新进行精加工;
C中的达到极限厚度,不能重新进行精加工。

4) 彻底检查制动盘的裂纹或受损边缘状况,更换任何有裂纹或缺口的制动盘,但不要将小的表面裂纹误认为结构裂纹。表面微裂痕将会在精加工至几千分之一英寸后消失,但结构性裂纹将因表面加工而变得更加明显。

5) 检查制动盘表面交织状的热裂纹,如图9-17所示。热裂纹会降低散热性能和减小磨损系数。热裂纹比普通的裂纹更明显,且在加工之后不消失。

6)检测制动盘表面的蓝斑,如图9-17所示。蓝斑是在摩擦表面呈圆形的、发亮的、浅蓝色的区域。蓝斑能通过加工去除,但必须保证之前没有进行别的加工,并有足够的厚度来承受这次加工。事实上,蓝斑是很难去除的,可能需要用到装有特殊刀具的制动器机床。由于去除蓝斑的难度和不确定性,所以汽车制造商往往建议更换有蓝斑的制动盘。

7)检查通风制动盘风扇区域的裂纹和腐蚀。风扇附近的腐蚀会导致制动盘膨胀及制动盘平行度、厚度变动并超出极限范围,甚至使制动盘破裂。加工制动盘也许可以去除摆动和厚度变化的现象,但制动盘腐蚀造成的膨胀将很快导致这些问题重新出现。建议更换这类制动盘,防止这类故障复发。有些制动盘有一个加工的凹槽,如图9-18所示。这个凹槽有利于防止衬片径向移出并降低噪声。

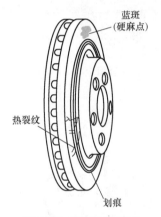

图9-17 制动盘的检查

图9-18 制动盘表面的凹槽

如果制动盘通过以上预备检查,则进入后续测量。如果制动盘厚度已超出极限范围,则不能继续加工。

(2)制动盘的测量 多种千分尺和刻度盘测量仪是必备的。千分尺能用来测量制动盘厚度、平行度误差和锥度。如果制动盘两侧表面精确平行,就能保证平行度。正常的磨损会导致平行度出现偏差。千分表用于检查制动盘的摆差,有些制动盘需要额外的表面测量。

所有的制动盘都有一个能标定其厚度是否超标的设计,如图9-19所示。如果没找到制动盘初始直径或不容易将其读出来,则可以参考维修手册中的极限值。如果制动盘厚度小于这个极限值,那么必须更换制动盘。对于新式汽车,这个极限值比制动盘的标准厚度略小。

3. 后轮制动器摩擦片的更换

(1)制动器的拆卸 带有轮毂的单件式制动鼓常用在前驱车辆的后轴上和老式全鼓式制动器车辆的前轴上。轮毂(包括轴承)被单独的大螺母固定到轴上。这种螺母也被用来调整轴承游隙。按以下步骤将固定于圆锥滚子轴承的制动鼓拆下:

1)如果拆卸后制动鼓,则需要先松开驻车制动器。
2)用防尘盖钳或大滑动节钳来移除防尘盖。
3)从轴上移除开口销或锁紧螺母。
4)取下制动鼓防松螺母和止推垫片。
5)将制动鼓从轴上拉下(见图9-20),如果制动鼓与制动蹄卡在一起,则需要把制动鼓推回,并暂时用螺母加以固定,然后放松驻车制动器和制动蹄调整装置。

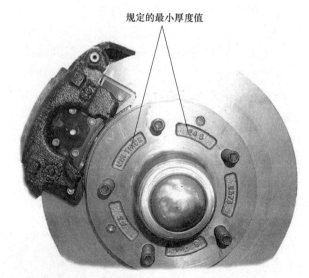

图 9-19 盘式制动器的极限厚度值铸在盘面上

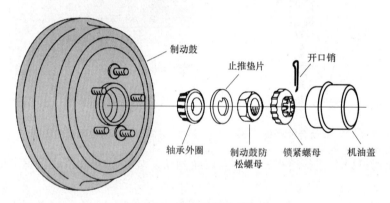

图 9-20 制动鼓的安装顺序

6)当移除制动鼓时,注意不要把轴承外圈掉到地上,也不要把内圈从轴上硬拉下来,特别在轴的末端有螺纹的情况时。

在卸下制动鼓后,检查轴上和轴承上的润滑脂。如果润滑脂已被污染或已耗尽,则说明轴承可能损坏。将制动鼓和所有的轴承零件放到一旁进行清洗和细查。如果润滑脂情况良好,则将制动鼓口朝下放到一旁,用布将轴承开口盖住以防尘。将制动鼓从轴上卸下的具体步骤见表 9-2。

表 9-2 制动鼓从轴上卸下的步骤

序号	操作内容	操作照片
1	松开驻车制动器并将车抬起,在轮子和轴缘之间做上标记,以便于正确安装和平衡	

(续)

序号	操作内容	操作照片
2	卸下固定车轮的螺母并将轮胎和车轮拉下	
3	在制动鼓和轴缘间做好标记,以便于安装	
4	松开平衡机构上的调整螺母,以卸去拉力	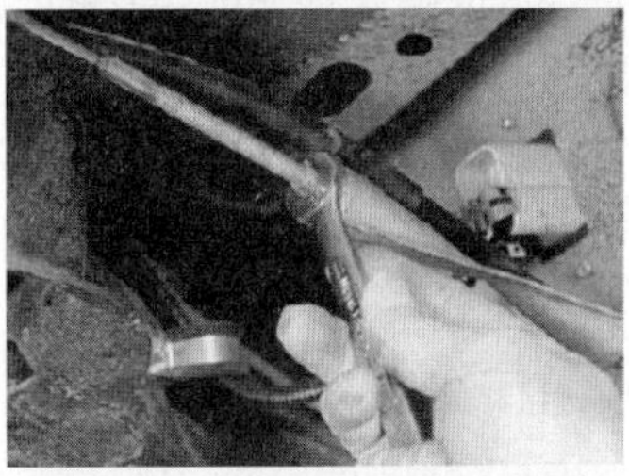
5	将塑料或金属的塞子从底板孔中移除,露出调整机构。在一些底板上,一些金属部分需要被敲开或钻开	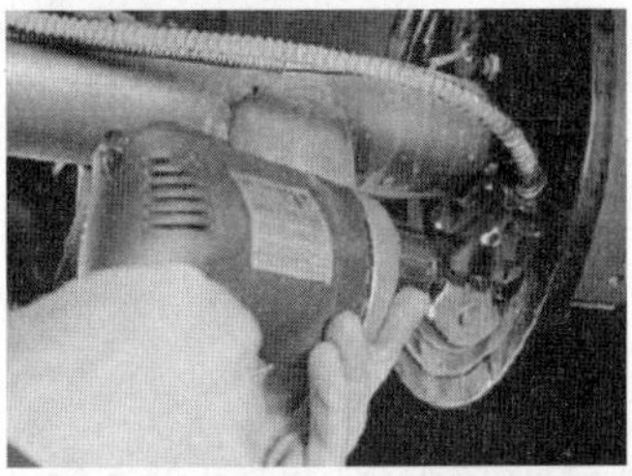
6	通过小孔插入一个弯成钩的钢丝,将调整杠杆从棘轮上拉离或推离	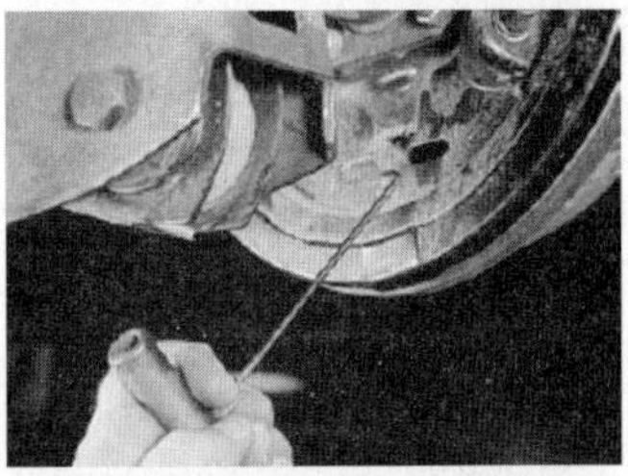
7	当棘爪与棘轮分离时,用螺钉旋具或制动器调整工具使棘轮倒转20齿,直到制动鼓与销松脱	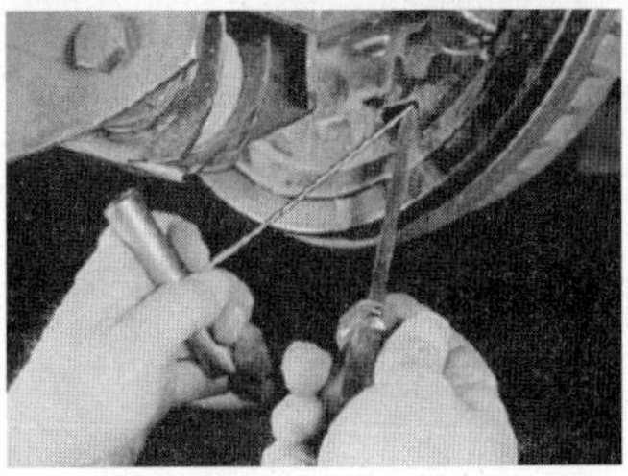

(续)

序号	操作内容	操作照片
8	将制动鼓从销和轴缘上取下。一些制动鼓可能被两个螺钉固定到轴缘上,应先卸下螺钉再卸下制动鼓	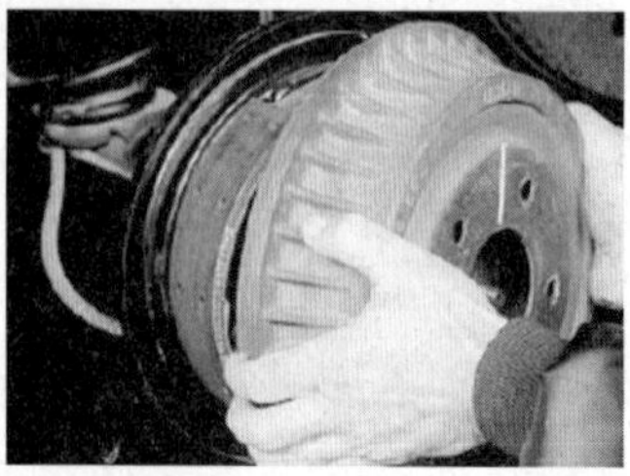
9	如果制动鼓卡到了轴缘上,则用软锤轻轻将其敲下。如果制动鼓卡得太紧,则用前面介绍的方法将其卸下	
10	用 HEPA 过滤器(高效空气过滤器)对露在外面的部分进行全面的清洗	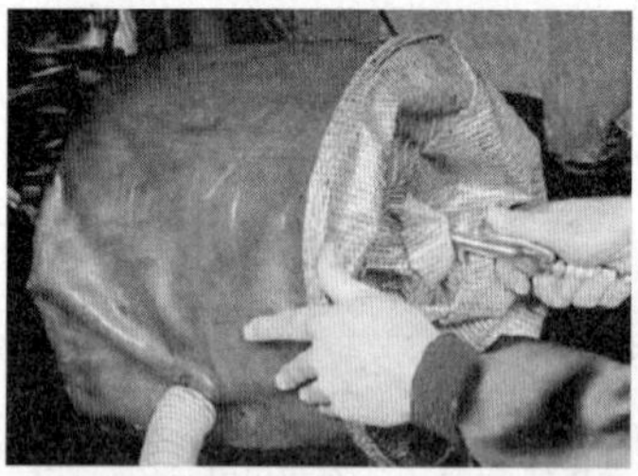
11	检查有没有损坏的弹簧,以及热损坏、轮缸泄漏或其他磨损现象	
12	检查制动鼓有没有划痕或损坏现象	

(续)

序号	操作内容	操作照片
13	从支撑端和制动蹄上卸下顶端的回位弹簧。记住回位弹簧的位置，以便将其装回到原来的位置	
14	将从蹄上的回位弹簧取下。这时不要取下领蹄上的回位弹簧	
15	将从蹄向前、向下旋转，当制动蹄松开时，夹住自调整装置	
16	将驻车制动器的推杆从领蹄上取下，并将其拉向前侧。记住其哪一端与弹簧相连，哪一端朝前	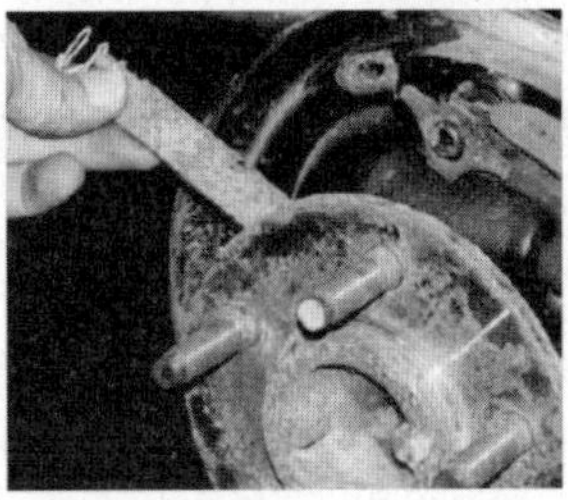
17	取下领蹄上的支撑弹簧，不要让制动蹄和自调整机构掉下	

(续)

序号	操作内容	操作照片
18	有两种方法可以将驻车制动器从领蹄上取下：一种方法是从驻车制动器与制动蹄相连处取下驻车制动器杠杆，但不要松开制动蹄后的波形垫片；另一种方法是将拉索与杠杆分开，杠杆可以在稍后取下	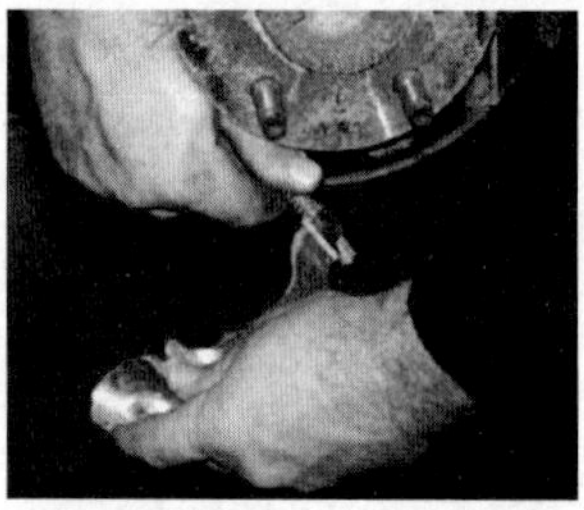
19	清洗并润滑制动蹄支撑垫。这是很容易被遗忘的地方	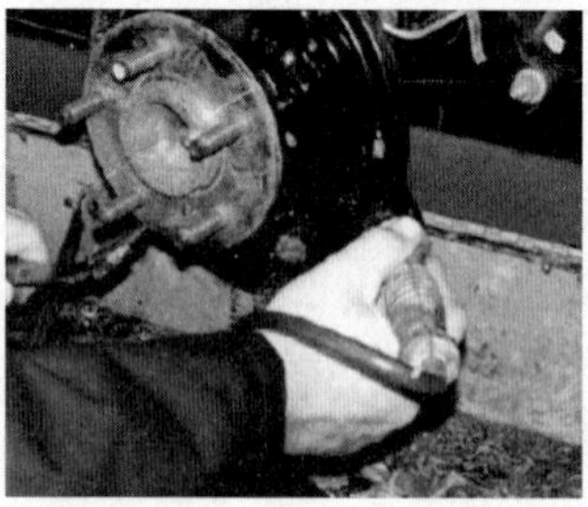
20	将制动器的零件大致摆成它们安装在车上的样子，以方便安装时找到合适的位置	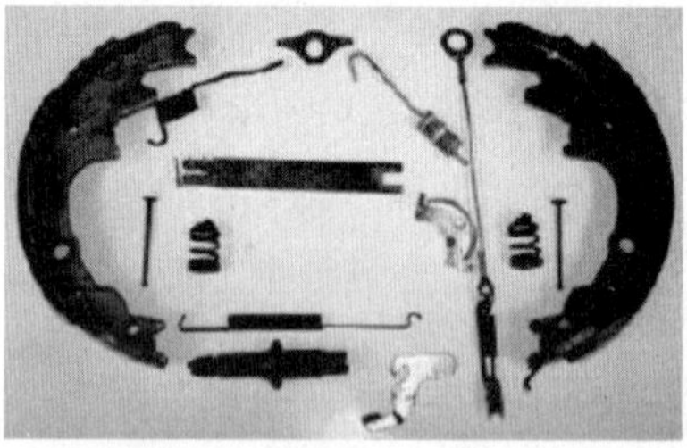

（2）鼓式制动器总成的检查　后轮鼓式制动器与前轮盘式制动器相比，磨损要慢得多，因为后轮制动器只提供20%~40%的制动力。老式四轮全鼓式汽车前、后轮制动器的磨损较平均，但前轮制动器的磨损仍然快一些。目前，汽车大都采用前盘后鼓的方式，故对后轮制动器的检查仍是必不可少的。

拆下制动鼓，将其放到一边并进行检查、测量，然后按照以下所述的步骤检查制动蹄、摩擦片、轮缸、弹簧和其他部分。在拆分之前进行检查，有利于找出问题的原因所在。例如，如果摩擦片上有油污，则油污可能是制动液或齿轮油。若为其他情况，则说明需要对轮缸和轴进行仔细检查。同样，不正常的磨损若出现在弹簧、推杆和杠杆上，则说明零件没有正确安装或操作错误。整体检查时很容易发现这样的故障。

1）摩擦片和制动蹄的检查。对摩擦片厚度、磨损形式和是否损坏三个方面进行检查。用精密量具或深度计来准确测量摩擦片的厚度，如图9-21所示。轮胎测量计也是很好的摩擦片厚度测量工具。摩擦片厚度是判断是否需要更换摩擦片的一个重要标准，但不是唯一标准。大多数汽车制造商会指明摩擦片高出制动蹄或铆钉的最小厚度，如0.75mm。

同时检查摩擦片是否破损，铆钉是否脱落，是否有润滑脂和制动液污染。泄漏的轮缸会在摩擦片上积聚制动液。一种可能但不经常出现的污染摩擦片的原因是车轮轴承润滑脂泄漏。

无论摩擦片出现哪种形式的污染,都要对其进行更换。因为摩擦片同时工作在后轴上,所以若出现损坏,则两个车轮都要进行更换。

检查制动蹄和摩擦片间的不正常磨损,同时要检查每个摩擦片上的不均匀磨损,如图 9-22 所示。如果双作用制动器的一个摩擦片比另一个磨损得厉害,则要保证领蹄和从蹄安装到了正确位置。有较短摩擦片的制动蹄应是领蹄。如果一个车轮上的摩擦片比另一个车轮上的摩擦片磨损得厉害,那么制动鼓可能会被划伤。从一侧到另一侧的不均匀磨损也可能是由于锥形的制动鼓造成的。检查驻车制动器拉索,看其是否卡住。

图 9-21　用深度计精确测量摩擦片的厚度

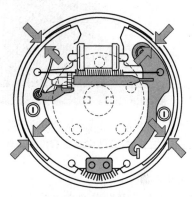

图 9-22　检查摩擦片

如果制动蹄和摩擦片上有微微的蓝色,则说明弹簧过热。在此情况下,需要更换制动器调整弹簧和压紧弹簧。过热的弹簧会失去弹性,并会使新换的摩擦片过早磨损。

如果一个制动蹄上的摩擦片比另一个制动蹄上的摩擦片磨损得厉害,则检查磨损较少的一侧,看其是否有不完全接触的情况。与双作用制动器相比,这样的问题更常出现在领从蹄式制动器上。如果摩擦片中间磨损严重或两侧磨损严重,则表明摩擦片没有与制动鼓同心。如果这样,则当安装新的摩擦片和修磨过的制动鼓时,要仔细检查其间的配合。如果摩擦片在与驻车制动器相连的一端出现严重磨损,则原因可能是驻车制动器被调整得过紧。两端的摩擦片磨损,则可能是由失圆的制动鼓引起的。

2) 轮缸和轴的检查。如果对泄漏的轮缸不做处理,则会流掉几乎一半的制动液,并且会污损摩擦片,制动性和安全性将会大打折扣。

检查轮缸的外侧是否有泄漏现象,然后拉下防尘罩并观察轮缸的一端,如图 9-23 所示。轻微的潮湿和渗漏是允许的,但如果有明显的液体出现,就需要对轮缸进行大修或更换。另外,还要确认是否将顶杆安装到了正确的位置。

检查安装在底板上的轮缸是否松脱或丢失固定件。大多数轮缸是由小的螺栓固定到底板上的,也有一些是由夹子固定的。有时即使夹子掉了,制动器弹簧的压力和安装孔上小的间隙也会使由夹子固定的轮缸看起来固定良好,要注意这种情况。

检查后驱动轴,看是否有因轴密封不好而产生的齿轮油泄漏现象。如果存在这一问题,则要在齿轮油到达摩擦片之前对其进行更换。同样,检查底板是否有因非驱动轴车轮轴承泄漏而产生的润滑脂泄漏现象。

3) 底板、弹簧和机构的检查。底板很少需要更换,除非因事故而造成了损坏。对底板进行仔细观察可以解决其他部分的一些问题。检查底板是否有明显的破损或弯曲,同时观察摩擦片支撑垫是否磨损或存在划痕,如图 9-24 所示。如果有,则表明制动蹄出现弯曲或安装不正确。用一把直尺掠过底板上两个距离较远的支撑垫，看底板是否平整。如果不能合适地接触到两个支撑垫，则移下底板以便进一步观察测量。检查深沟（长深沟）是否磨穿到了底板，若是，则会引起制动蹄悬空。

图9-23　轻轻地从轮缸拉下防尘罩，检查防尘罩中有没有液体　　　图9-24　在装载制动蹄之前，要将制动蹄支撑垫清洗并加以润滑

检查回位弹簧和压紧弹簧，看其是否破坏和磨损，如图9-25所示。将制动蹄轻轻拉离制动底板并放开，压紧弹簧应当能够将制动蹄迅速拉回。

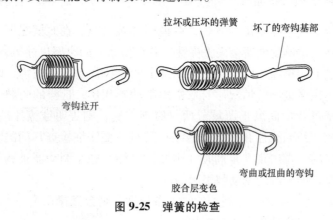

图9-25　弹簧的检查

检查自调整装置的杠杆、棘爪、弹簧并更换损坏的零件，如图9-26所示。棘爪是带动自调整装置（棘轮）的杠杆。在维修时一般要更换自调整装置，但至少也要检查一下是否有损坏的拉索和明显的磨损或拉长。

检查驻车制动器连接部分，看其是否损坏或生锈。要保证所有的驻车制动器杠杆和连接件都被良好地润滑并能运动自如，如图9-27所示。拉索链条机油常被用于此处的润滑。将拉索拉出，越长越好，喷上机油，拉出、收进几次并清除掉过多的机油。

（3）鼓式制动器的安装　鼓式制动器总成的安装步骤常常与其拆卸步骤相反，其中几个特别步骤十分重要。一般情况下，不要用含有机油成分的压缩空气，这可能会造成橡胶损坏。鼓式制动器的安装步骤见表9-3。

注意：如果移除或分离液压系统中的任一部件，就要放掉全部或部分制动液。如果旧的轮缸被取下，则首先应安装已经大修过的轮缸或更换新的轮缸。用螺母扳手取下制动管路系统的盖子，并把零件安装到轮缸上。

模块九 制动系统的拆装与检修

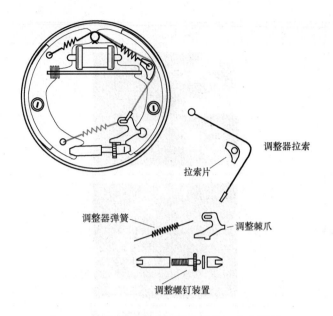

图 9-26 检查所有的自调整装置是否出现磨损

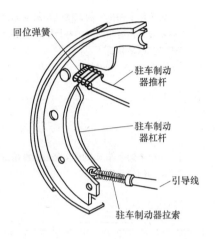

图 9-27 检查驻车制动器连接件是否磨损

表 9-3 鼓式制动器的安装步骤

序号	操 作 内 容	操作照片
1	将旧零件与新零件相比较，以保证其一致性	
2	与拆卸时相对应，这里也有两种方法来连接驻车制动器：一种方法是将杠杆销推入领蹄中并加装新的卡环；另一种方法是将拉索与杠杆相连	
3	当安装支撑弹簧时，应保持自调整机构在领蹄中处于正确位置	

（续）

序号	操作内容	操作照片
4	将从蹄上端拉向前，使驻车制动器推杆正确安装到两制动蹄间，并使推杆上的大长孔在后，弹簧朝前	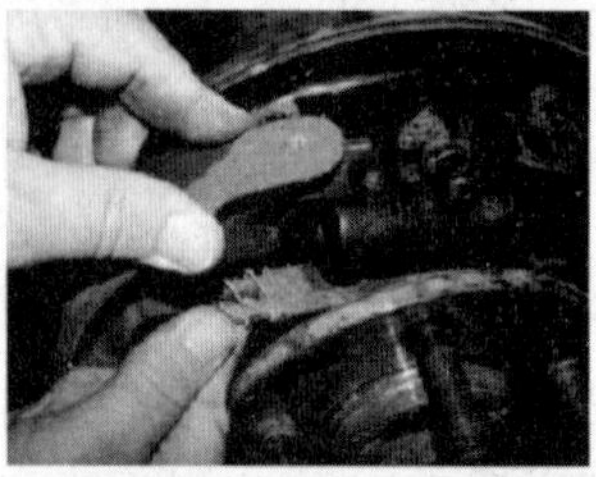
5	将拉索的孔端安装到支撑上，然后安装制动蹄的回位弹簧	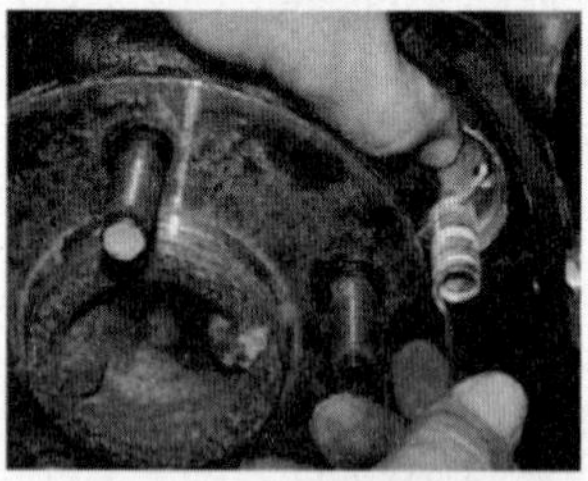
6	将拉索安装到领蹄上	
7	安装棘爪及其弹簧	
8	将制动蹄的下端拉开并将自调整装置正确装入，当放开制动蹄时，检查自调整装置是否正确地与制动蹄相连，以及棘轮是否安装正确	
9	将拉索弯向棘轮并推向棘轮，使拉索绕过凸轮，当放松棘爪时，应保证拉索在凸轮上处于正确位置	

(续)

序号	操作内容	操作照片
10	检查装置的每一个零件，确保都安装到了正确的位置并加以固定	
11	安装轮毂和车轮	 扭力杆

（4）驻车制动器的检查与调整　桑塔纳 2000 型轿车的驻车制动器是通过钢丝拉索拉紧后轮制动器来实现制动的。其检查与调整规范为：驻车制动自由行程为驻车制动器操纵手柄移动两个齿；当放松驻车制动器操纵手柄时，两后轮都能自由转动。若不符合要求，则应按下述方法进行调整：

1）松开驻车制动器。
2）用力踩制动踏板一次。
3）将驻车制动器操纵手柄拉紧两个齿。
4）拧紧调整螺母，直到用手不能拨动后轮为止。
5）放松驻车制动器操纵手柄，两后轮应能转动自如，并以行驶过程中制动鼓不发烫为合格。

考　核

序号	考核内容	配分	评分标准	考核记录	扣分	得分
1	前轮制动器摩擦片的更换	10	拆卸过程每错一步扣 5 分			
			工具使用不当酌情扣分			
2	制动盘的检查与测量，鼓式制动器总成的检查	25	操作过程每错一步扣 5 分			
3	后轮制动器摩擦片的更换	30	操作过程每错一步扣 5 分			
4	鼓式制动器的安装	25	操作过程每错一步扣 5 分			
5	操作规范、不超时	10	操作不规范扣 5 分，超时扣 5 分			
6	遵守安全规范，无事故		操作不规范造成严重事故者，本次考核按 0 分计			
7	总分	100				
			教师签字		年　月　日	

更换桑塔纳 2000 型轿车的盘式制动蹄片。

项目9.4 制动液与真空助力器的更换

1) 掌握制动液的添加与更换要求。
2) 熟悉制动系统放气的操作步骤。
3) 掌握真空助力器的安装与检查方法。

1) 制动液的更换。
2) 制动系统放气。
3) 真空助力器的安装与检查。

一、汽车制动液的更换和管理

汽车制动液是否更换，由汽车行驶里程或使用时间决定。部分汽车制动液的更换周期见表9-4。

表9-4 部分汽车制动液的更换周期

汽车型号	制动液更换周期	汽车型号	制动液更换周期
上海桑塔纳（LX系列、2000型）	每24个月或行驶超过5万km	捷达	每24个月或行驶超过3万km
富康（CHTOEN ZX型）	每24个月或行驶超过3万km	北京切诺基	每24个月或行驶超过2.4万km
夏利（TJ7100）	每12个月		

二、汽车制动液使用注意事项

1) 不同规格的制动液不能混用。
2) 防止水分或矿物油混入。
3) 制动缸橡胶皮碗不可敞开放置。
4) 汽车制动液多由有机溶剂制成，易挥发、易燃，因此管理和使用中要注意防火。

桑塔纳轿车一辆，制动液一瓶，常用工具一套，VW1238/1型制动系统放气装置一套。

模块九　制动系统的拆装与检修

1) 桑塔纳轿车每隔两年或行驶超过 5 万 km 时应更换一次制动液。
2) 制动液液面应始终保持在罐表面标记"Max"和"Min"之间。

1. 制动液的更换

更换制动液时，应使用原产的 VW/Audi 制动液（符合美国 FMVSS 116 DOT 标准）或大众汽车公司规定的制动液。每隔两年应更换制动液一次，如果不到两年，但汽车行驶里程超过 5 万 km 时，也应更换制动液。

制动液有毒性和强腐蚀性，不可与油漆接触。制动液具有吸湿性，即它能吸收周围空气中的水分，因此要将它存放在密封的容器里。

制动液储液罐位于发动机罩内制动主缸的上方，制动液罐表面刻有"Max"和"Min"的标记，应注意检查液面高度。正常工作时，液面应始终保持在标记"Max"和"Min"之间。汽车制动摩擦片磨损后能自动调节，引起制动液液面略有下降是完全正常的。若短时间内出现制动液液面显著下降或低于"Min"标记，则可能是制动系统有渗漏故障，应立即检查，故障排除后方可使用。桑塔纳 2000 型轿车配有制动液液面过低报警信号灯，一旦储液罐内液面过低，就会自动报警，提醒驾驶人注意。

2. 制动系统放气

对车轮制动器放气时，可以参照汽车制造商提供的操作建议。如果没有制造商的建议，下面的操作顺序对于大多数汽车来说都是适用的：主缸→组合阀或比例阀→右后轮→左后轮→右前轮→左前轮→高度传感比例阀。这个操作顺序基于从制动系统的最高点往下，从车轮离高缸最远处到最近处的原则。

如果制动系统是在前轮和后轮之间分开的，则一般先对后轮（离主缸最远）放气。如果制动系统是对角线分开的，则最普通的放气顺序是：右后→左前→左后→右前。

手动放气时可利用制动踏板和主缸作为液压泵，在放气螺钉开启时从系统中排出空气和制动液。通常手动放气由两个人操作，一个人踏制动踏板，另一人操作放气螺钉。

手动放气需要一个正确尺寸的放气阀螺钉扳手，一个盛有部分新鲜制动液的容器，一段干净的可以套到放气阀螺钉顶部的塑料管，以及几块干净的车间用布。在手动放气过程中，制动踏板必须稳定并且缓慢使用，如图 9-28 所示。快速踩制动踏板会搅动系统中的空气，使空气更难驱除。对制动系统放气的步骤如下：

1) 检查主缸储液罐的制动液液位并确保两部分都是满的。在对每个车轮制动器放气之后，重新检查制动液液位并在需要的情况下加满。

2) 在点火开关关闭的情况下，利用多次快速踩制动踏板使其变硬的方法来断开助力器中的真空或液压压力储备。

3) 用一块干净的车间用布，将推荐顺序中第一个车轮上的放气螺钉的灰尘擦拭干净。

4) 将塑料软管装到放气螺钉的顶部并把另一头浸在盛有新鲜制动液的容器中。

5) 将放气螺钉松动 0.5~1 圈，让助手缓慢并稳定地压制动踏板并保持将其压在车地板

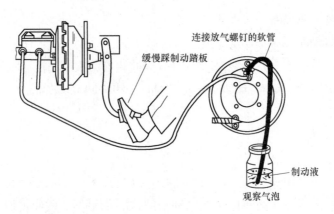

图 9-28 手动放气的基本装备

上,可观察到有气泡从软管流到盛有制动液的容器中。

6)拧紧放气螺钉并让助手缓慢地放开制动踏板。

7)重复步骤5)和6),直到没有气泡从软管流到盛有制动液的容器中。

8)检查主缸的制动液液位(如果需要补充,则进行添加),然后对下一个车轮的制动器进行放气操作。按需要重复放气顺序直到制动踏板一直都坚固。最后一次检查制动液液位并安装储液罐盖板或盖子。

制动系统手动放气的操作步骤见表9-5。

表 9-5 制动系统手动放气的操作步骤

序号	操作内容	操作照片
1	确认储液罐中装的是清洁的制动液,放气过程中必须重复检查并添加损失的制动液	
2	将放气软管的一端装接到放气螺钉上	
3	将软管的另一端放入有制动液的玻璃容器中。该端一定要浸没在制动液内,这有助于显示从制动系统中排出的气泡,防止空气通过放气螺钉被吸入液压系统内	

（续）

序号	操作内容	操作照片
4	让助手以稳定的压力踩制动踏板并将其压住	
5	拧开放气螺钉	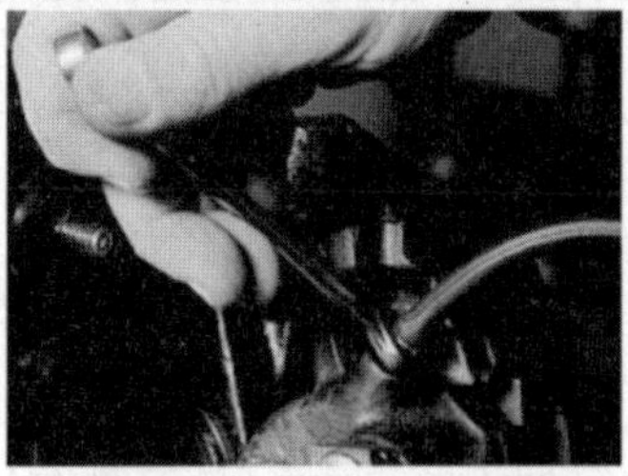
6	观察软管流出的制动液，开始时应见到气泡	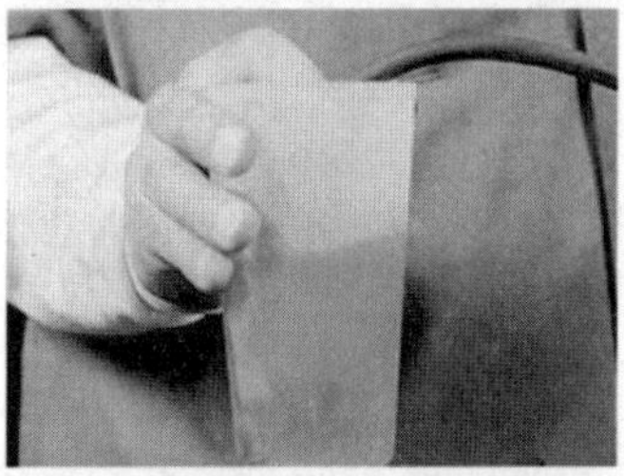
7	当液体清澈、没有气泡时，关闭放气螺钉	
8	让助手松开制动踏板，等15s，重复步骤4和5，直到放气螺钉打开时没有气泡。关上该车轮的放气螺钉，移至下一个车轮进行放气。四个车轮均用同样的方式放气	
9	整个制动系统放气完毕，将点火开关转到"接通"位置	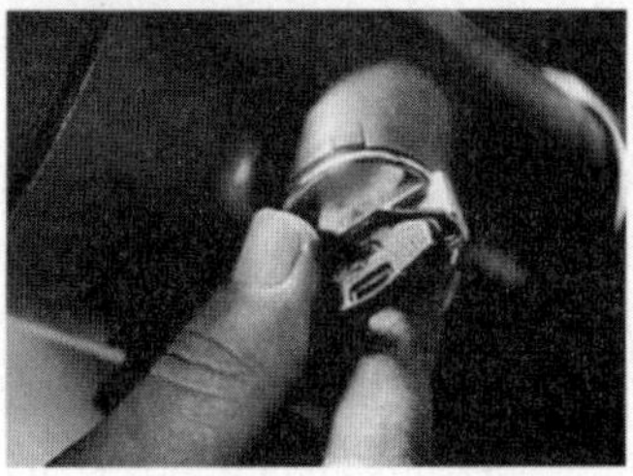

（续）

序号	操作内容	操作照片
10	检查制动踏板发软程度	
11	检查制动警告灯对不平衡压力的指示，重复放气顺序，纠正故障	
12	向主缸储液罐中添加制动液到正确液位，结束放气操作	

3. 真空助力器的检查

真空助力装置一般没有故障，通常都能在整个汽车使用寿命内持续正常工作。真空助力器的检测步骤见表9-6。

表9-6 真空助力器的检测步骤

序号	操作内容	操作照片
1	使发动机保持怠速运转，将真空计接到进气歧管口，若真空度过低，则表明发动机有问题	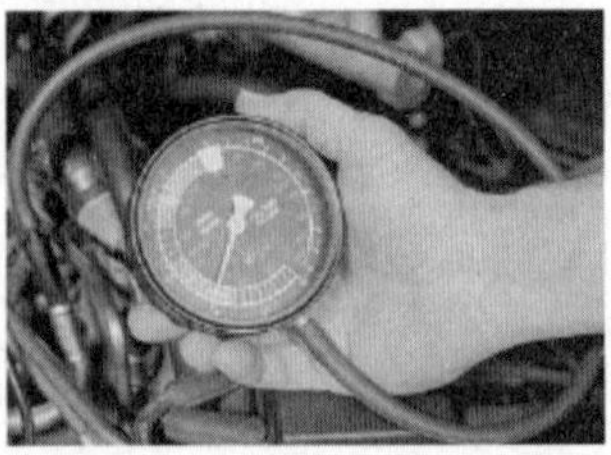
2	断开真空管或从进气歧管到助力装置的软管，在发动机停机前用拇指迅速将管堵住，应能感受到强烈的真空	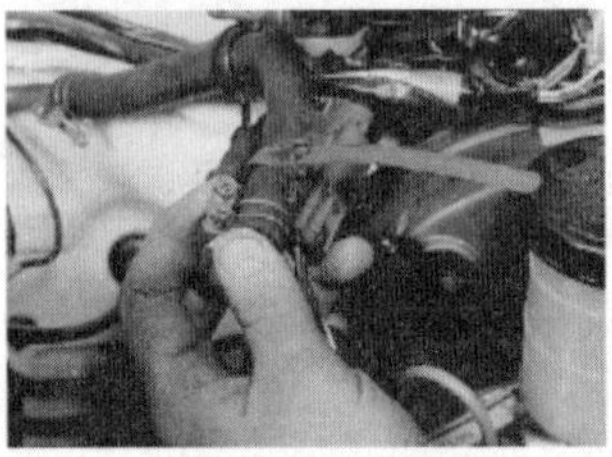

（续）

序号	操作内容	操作照片
3	如果在步骤 2 中没有感受到强烈的真空，则关掉发动机，卸下真空管子，查看其是否毁坏、卷曲或堵塞。若出现上述现象，则应更换真空管	
4	为了检验真空单向阀的工作情况，关闭发动机等待 5min，施加制动力，至少在一个踏板行程中应有助力作用。如果在第一次踩制动踏板时没有助力作用，则说明单向阀存在泄漏问题	
5	从助力器上卸下单向阀	
6	通过向单向阀一端吹气来检验单向阀的工作情况，正常时气流应一点都不能通	
7	向单向阀的助力装置一端施加真空，真空应被封锁住。若达不到第 6 步和这一步的要求，则应更换单向阀	
8	通过制动器拖滞试验，检查助力装置的空气控制阀。将车轮升离地面，踩制动踏板，从助力器中抽去真空	

(续)

序号	操作内容	操作照片
9	用手转动前轮,注意感受助力的大小	
10	起动发动机,让其运转1min,然后关掉发动机	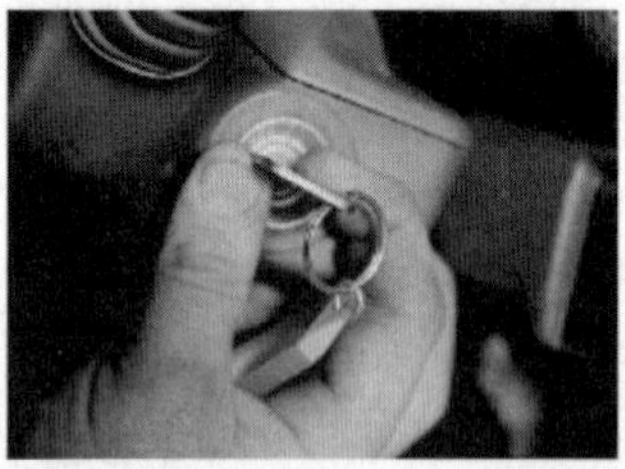
11	再次用手转动前轮,如果阻力增加,则表明空气控制阀有故障。此时,应随着制动器解除制动让空气进入助力器,更换或重装助力器	

4. 真空助力装置的拆卸和安装

一旦检测出真空助力器失效,就需要更换真空助力装置。拆卸真空助力装置时要按照以下步骤进行:

1) 设置停车制动并断开蓄电池搭铁线。
2) 在助力装置单向阀处断开真空软管。
3) 卸下所有连接主缸和助力装置的紧固件,小心地搬起主缸,使其脱离发动机舱。
4) 从助力装置的后方拉出主缸,注意防止制动管路褶皱,否则管路很有可能破裂而导致主缸中制动液泄漏。
5) 在将主缸移除后,进入汽车里面,从制动灯开关上断开一些电线插头,如图 9-29 所示。
6) 从安装销上卸下开关。
7) 在靠近副驾驶舱一侧的隔板上将紧固助力装置的螺母卸下。
8) 从制动踏板销上滑下助力装置推杆。
9) 回到发动机舱,清洁助力装置周围的区域。可能需要移动真空存储器或真空出口歧管、线束(见图 9-30),或卸下变速器变速索及支架总成。
10) 在将障碍物清除之后,向前移动助力装置,使助力装置螺柱离开仪表板。
11) 从发动机舱中取出真空助力装置。
12) 按照与拆卸相反的顺序安装真空助力装置。

模块九　制动系统的拆装与检修

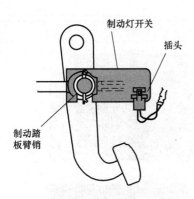

图 9-29　拆卸制动灯开关插头

图 9-30　拆卸或移动元件时不要损坏电子装置

真空助力装置拆卸和安装的具体步骤见表 9-7。

表 9-7　真空助力装置拆卸和安装的具体步骤

序号	操作内容	操作照片
1	将周围的零部件拆下或移开后，即可接触到主缸的紧固件	
2	将紧固件取下后，再将主缸从助力器的后部拉出，需小心，别弄坏了制动管路	
3	很多时候，必须先取下处于较低位置的仪表板，以便接触到制动踏板。如果维修人员很高或体型很大，则应先将前座移开	
4	对于很多汽车，有必要先移走制动灯开关，以防止将其损坏	

267

（续）

序号	操作内容	操作照片
5	支撑在推杆和制动踏板之间的弹簧一般用一字槽螺钉旋具进行拆卸	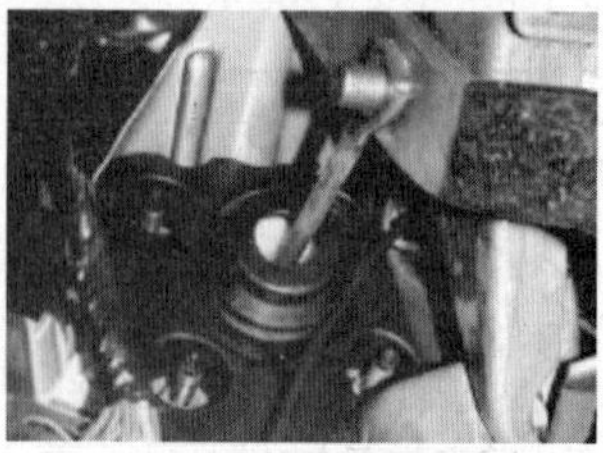
6	助力器的装配螺栓有时在横隔板的上部，通常需要使用棘轮机构、扳手、通用工具、可伸缩工具等进行拆卸	
7	将紧固件拆下后，即能将助力器从发动机舱中取出	
8	滑动新的助力器，使之到达发动机舱的相应位置。如果可能的话，让助手将助力器置于仪表板下方，直到四个紧固件将其固定住，然后按照说明书，紧固这四个紧固件	
9	连接推杆和制动踏板，并安装支撑卡箍。如果维修手册有要求，则更换卡箍	
10	安装制动灯开关并重新连接线束	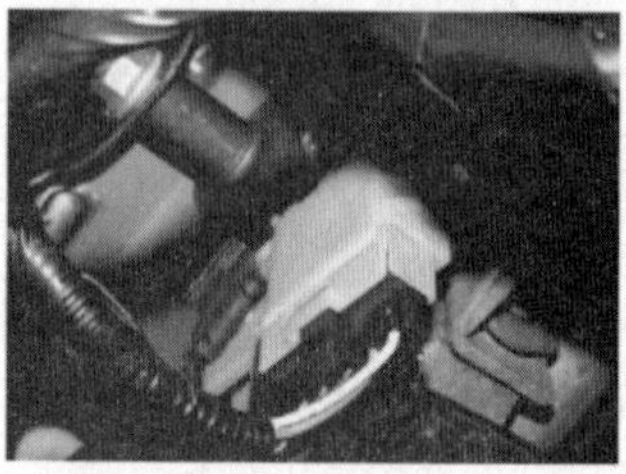

（续）

序号	操作内容	操作照片
11	清洁并安装下仪表板和拆卸助力器时拆下的零部件	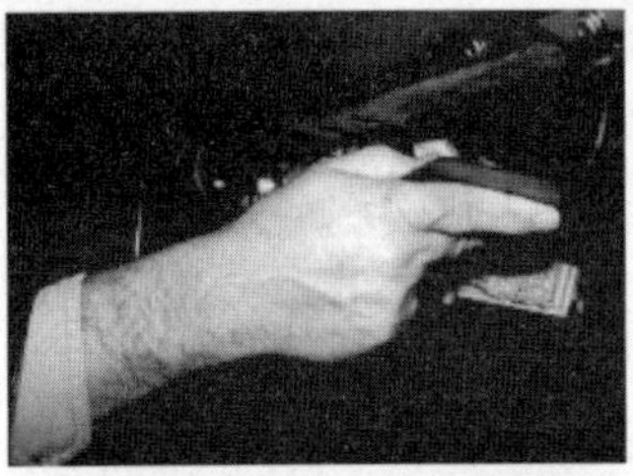
12	安装主缸，并按要求对其进行紧固，然后检查制动管路是否弯曲或扭曲	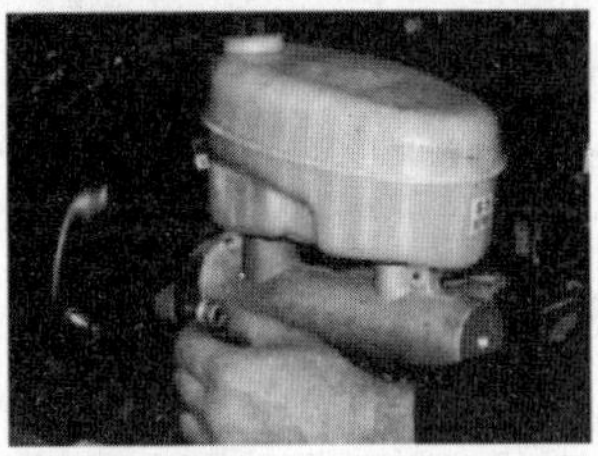
13	安装其他拆卸助力器和主缸时拆下的零部件	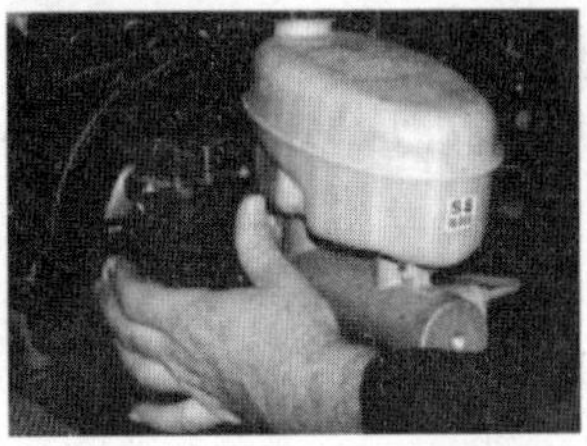

考 核

序号	考核内容	配分	评分标准	考核记录	扣分	得分
1	制动液的更换	20	每忽略一项制动液使用注意事项扣5分			
2	制动系统放气	40	放气顺序每错一步扣5分			
3	真空助力器的安装与检查	30	操作过程每漏一项扣5分			
4	操作规范、不超时	10	不规范操作扣5分，超时扣5分			
5	遵守安全规范，无事故		不规范操作造成严重事故者，本次考核按0分计			
6	总分	100				

教师签字　　　　　　　　　　　　　　　　　　　　　年　月　日

 想一想，做一做

对桑塔纳轿车的制动系统进行排气。

附录

汽车安全作业个人安全防护规则

在汽车维修车间，安全和事故防患始终是头等大事，每个汽车维修技术人员都必须严肃、认真对待。工具设备使用不当、维护不善和使用时粗心大意，都有可能引发重大事故。

汽车维修人员的工作条件较差，例如：车辆、一些维修设备和大多数汽车零部件都非常沉重，而且有些零部件之间的配合非常牢固；在汽车维修过程中，一些零部件的温度可能会很高；在冷却系统、燃油系统和蓄电池等部位有高压液体；蓄电池内部储存有强腐蚀性、爆炸性的酸性物质；在维修过程中不可避免地会用到易燃物质，如汽车燃料和一些清洗溶剂等；汽车尾气中含有大量有毒物质，如 CO、NO_x 等；在整个维修过程中，维修技术人员将处在充满有害微小颗粒物（如金属屑）和气体的环境当中。

正确操作工具及设备能够避免很多事故的发生，粗心大意或野蛮操作往往会导致事故。因此，安全是一个必须严肃对待的问题，绝不能有丝毫侥幸心理；老板和雇员应该团结协作，以保障车间内每个人的安全与健康。

一、个人安全防护规则

个人安全防护措施包括护目镜、工作服的穿戴，以及工具、设备的正确操作等。

1. 眼睛的防护

眼睛是人体最脆弱的部位，容易受到伤害。在汽车维修过程中，研磨产生的微小金属屑和粉尘可能会以很高的速度四处飞溅，很容易进入操作人员的眼睛，伤及眼皮甚至眼球。如果高压管路破裂或有小孔，里面的高压气体或液体就会喷出很远，若这些化学气体或者液体溅入眼睛，就可能会导致失明。当在车下工作时，一些很脏很尖的锈蚀金属屑也有可能会掉入眼睛。

所以，在工作的任何时刻，都应该戴上眼睛保护装置，例如戴护目镜。一些常用的眼睛保护装置如附图1所示。为了能够全方位地保护眼睛，护目镜的镜片采用安全玻璃制造，而且周边有保护功能。不能用普通眼镜替代护目镜，因为其不能够充分地保护眼睛。

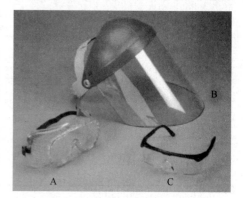

附图1　一些常用的眼睛保护装置
注：A为护目镜，B为面罩，C为安全眼镜。

工作时，护目镜不能摘下。为了养成时刻戴护目镜的习惯，应该戴大小合适、感觉舒服的护目镜。

如果蓄电池酸性电解液、燃料或者其他化学溶剂溅入眼睛，则应立即用清水清洗，然后立即就医，做进一步的治疗。

2. 着装安全

汽车维修人员的衣服必须合身，不能太宽松，最好用结实的布料制成。短袖和短裤是不适合用作工作服的，一般情况下维修车间会有专门的工作服。

在汽车或设备运行过程中，一些重的零部件可能会落下，所以在维修时，应穿用皮革或类似材料制造的工作鞋或者非滑底的靴子，以防落下物砸伤脚。有的安全工作鞋在脚尖处镶有钢片，这样可以更好地保护脚。

手的安全防护问题经常会被忽视。在维修过程中，刮伤、划伤或者烧伤手，都会严重影响工作效率。在进行一些操作时，比如磨削、焊接及搬运高温物件等，都应戴合适的手套。碱性化学物质具有强烈的腐蚀性，一旦溅到身上就会烧伤皮肤。因此，在使用碱性化学物质时必须格外小心，应该戴专用的橡胶手套。

很多汽车维修人员为了安全，在使用有毒化学试剂时常戴外科手术用的手套。经常碰到的有毒化学试剂有发动机油或机油、制动油、清洗剂。

3. 耳朵的防护

长时间处于高噪声的环境中有可能会导致耳聋。使用气动扳手、在一定负荷下运行发动机、在一个比较狭小的空间内运行汽车等，都会有较大的噪声，这些噪声的分贝值往往超过人类所能承受的安全值。因此，持续在嘈杂的环境下工作时，应该戴上耳塞或者耳机。

4. 头发与饰品安全

头发修长、散乱、戴饰品，与穿宽松衣服一样，都易招致人身伤害。特别是在做回转运动的机器设备旁工作时，如果头发、饰品外露，则有可能被卷进去而发生事故。如果头发很长，则工作时应把头发扎好，放在后面或者压在工作帽里面。工作时不要戴任何饰品，如耳环、手表、手镯和项链等。这些饰品很容易卷入运转的部件中，导致严重的伤害事故发生。

5. 其他的人身安全防护要点

1）在车内和车间工作时禁止吸烟。

2）在维修操作过程中严禁喧闹、玩耍、斗嘴、打架甚至开玩笑。

3）为了避免被烫伤或烧伤，不要靠近热金属部件，如散热器、排气歧管、排气管、催化转化器、消声器等。

4）在使用液压设备时，必须确保压力不超过许可值，而且尽量靠边站，同时要戴好护目镜。

5）必须把物件和工具放在固定的地方，并确保不会绊倒人。这样不仅可以避免事故的发生，而且要使用时也可以方便地拿取，减少寻找的时间。

二、举升与搬运重物规则

修理汽车时常常需要搬运重物，而人力搬运极容易使脊椎受损，因此掌握举升、搬运重物的正确方法非常重要。在搬运重物时最好能够穿戴背部保护装置，而且要量力而行，当不确定是否能够搬动时，应请人帮忙。有时候即使体积很小的物件，也有可能非常重。在移动重物之前应该想好移动的办法。举升、搬运物件时，应严格遵守以下步骤：

1）搬运物件之前，必须确保有足够的空间安放零部件和工具。

2）脚尽量靠近物件，找一个能够站得稳的地方。

3）尽可能将背和肘关节挺直，弯曲膝关节，直到手能够使出最大的力，如附图2所示。

4）如果重物放在纸箱里，则应先检查纸箱是否损坏。破旧、潮湿和密封不好的纸箱在搬运过程中可能会破裂，导致里面的物件散落。

5）必须抓牢重物和容器，并且在搬运过程中应用力一致，中途不能放松。

6）尽量将重物贴近身体，一边把腿伸直一边抬起重物，用腿部肌肉发力，千万不能用背部肌肉发力。

7）在搬运过程中如果要改变方向，千万不能扭转上身，而要全身（包括脚）转动。

8）将重物放到架子上时，千万不能向前弯曲身体，应先把重物放在架子边缘，再慢慢将其推进去。注意不要压到手指。

9）放下重物时，慢慢弯曲膝关节，但仍然要保持背部挺直，千万不能向前弯曲，否则会损伤背部肌肉。

10）将重物放在地板上或者放入木箱时，一定要注意保护手指。

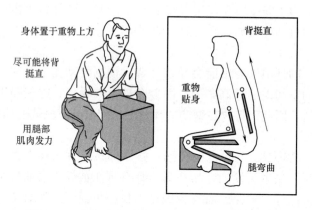

附图2　用腿部力量搬起重物，千万不能用背部力量

参 考 文 献

[1] 张凯良. 汽车修理手册 [M]. 北京：机械工业出版社，2004.
[2] 张大成，戴波南. 上海桑塔纳2000系列轿车维修手册 [M]. 北京：北京理工大学出版社，2001.
[3] 王世维，钱永哲，张原. 汽车管理维修标准选编 [M]. 北京：中国标准出版社，1998.
[4] 屠卫星. 汽车底盘构造与维修 [M]. 北京：人民交通出版社，2001.
[5] 周林福，封建国. 汽车底盘构造与维修 [M]. 4版. 北京：人民交通出版社，2019.
[6] 马东霄，曹景升，李贤彬. 汽车维修实训教程 [M]. 北京：人民邮电出版社，2002.
[7] 张红伟. 汽车底盘结构与维修 [M]. 西安：西安电子科技大学出版社，2013.
[8] 刘汉军. 丰田汽车新技术结构原理与维修 [M]. 广州：广东科技出版社，2002.
[9] 黄虎，夏令伟. 现代汽车维修 [M]. 上海：上海交通大学出版社，2001.